EDUCAÇÃO PERSONALIZADA
DESAFIOS E PERSPECTIVAS

Do mesmo Autor:

Atualidade da pedagogia jesuítica, Loyola

LUIZ FERNANDO KLEIN, SJ

EDUCAÇÃO PERSONALIZADA

DESAFIOS E PERSPECTIVAS

Edições Loyola

Revisão
Tereza Gouvêa
Sandra Garcia
Renato Rocha Carlos

Diagramação
Telma dos S. Custódio

Edições Loyola
Rua 1822 nº 347 – Ipiranga
04216-000 São Paulo, SP
Caixa Postal 42.335 – 04299-970 São Paulo, SP
✆ (011) 6914-1922
Fax: (011) 6163-4275
Home page: www.loyola.com.br
e-mail: loyola@ibm.net

ISBN: 85-15-01721-0

À memória de
Sheila Caroline Cortopassi de Oliveira (1986-1993)
Fez ver, sem saber, o valor da pessoa, mesmo criança e doente

A tantos educadores amigos que se esforçam por ajudar seus alunos a ser cada vez mais pessoas

Agradecimentos

Este trabalho é fruto da colaboração fraterna de muitas pessoas, de diversas partes do mundo, que me forneceram informações, documentos e bibliografia. Trago seus nomes no coração, com imensa gratidão.

Andrea Cecilia Ramal, Sonia Maria Magalhães e Sueli Bulhões da Silva, colegas e amigas do Centro Pedagógico Pedro Arrupe, dedicaram horas ao texto, ajudando-me a aprimorá-lo.

SUMÁRIO

APRESENTAÇÃO

Os autores contemporâneos falam da importância da educação centrada na pessoa do aluno, de como este constrói o conhecimento, dos vários processos e ritmos de aprendizagem, das inteligências múltiplas, do aprender fazendo e experimentando, e de várias outras correntes pedagógicas.

Sinto-me honrado em apresentar o excelente trabalho de Luiz Fernando Klein: *Educação personalizada — desafios e perspectivas*. Depois de vários anos de estudo, trabalho e intercâmbio com educadores, alunos e pais de família no campo educacional, este é, a meu ver, o melhor livro sobre educação personalizada e o que oferece a mais completa visão sobre seus desafios e perspectivas.

Por ter conhecido pessoalmente Pierre Faure, trabalhado com ele e estudado sua obra, vejo que Luiz Fernando mostra com fidelidade a visão, as experiências educativas e a influência muito significativa que o pedagogo francês teve na renovação da educação na América Latina nas últimas décadas. O valor e a importância do espírito educativo fauriano respondem muito adequadamente aos desafios e às perspectivas do novo milênio.

Este livro apóia-se na pesquisa para a tese de doutorado, sem dúvida, embora não seja simplesmente uma publicação dessa pesquisa, pois encontramos nele uma apresentação muito completa e clara do projeto de Pierre Faure — como o percebem os que o aplicaram na vida real da escola, ou viveram-no como alunos — e das possibilidades que esse projeto e enfoque contêm para a educação atual e futura.

Pela amizade e freqüente trato pessoal com Luiz Fernando e pelo privilégio de ter integrado a banca examinadora da defesa de sua tese doutoral, pude comprovar como ele não apenas investigou exaustivamente o pensamento e as experiências pedagógicas de Pierre Faure mas também analisou em profundidade a literatura e confrontou as experiências de numerosos educadores e estudantes por meio de visitas e entrevistas de campo, que lhe permitiram formar e oferecer uma visão objetiva e realista da educação personalizada.

Deste novo livro de Luiz Fernando, destaco quatro aspectos principais que tornam particularmente recomendável sua leitura por todos os que, como ele bem o diz na dedicatória, "se esforçam por ajudar seus alunos a ser cada vez mais pessoas".

Primeiro: é especialmente significativa a apresentação sistemática e organizada da visão pedagógica de Pierre Faure, pois até o momento nenhum autor havia sequer tentado fazê-lo. Luiz Fernando contextualiza e fundamenta com clareza e precisão o projeto de Faure, conferindo-lhe uma identidade própria e muito bem delineada. O autor preenche muito bem um dos vazios ou carências que encontrávamos no projeto fauriano: a falta de fundamentação epistemológica e antropológica, e o fato de que Faure, concretamente, não tratara da ética nem se referira a valores, critérios e princípios.

Segundo: cabe destacar, também, a contribuição e os aportes que o autor faz ao apresentar a realidade de como se entendeu, praticou e apreciou o projeto de Faure nos colégios que o implementaram. Esta é também a única apresentação sistemática e organizada conhecida sobre sua aplicação à vida concreta e real da escola. A ampla série de visitas e entrevistas realizadas pelo autor, com educadores que conhecem e aplicam a educação personalizada e com alunos que a têm vivido, dá-lhe um matiz muito próprio e peculiar que lhe permite oferecer uma apreciação e valorização mais objetiva e realista, ao mesmo tempo que aumenta o interesse e a receptividade do leitor.

Terceiro: ressalta-se, ainda, a concretização e viabilidade do projeto fauriano na vida real e atual das escolas, hoje. Um dos aportes valiosos do autor é precisamente o de não se deter em considerações teóricas ou em análises especulativas ou comparativas de outros educadores, mas enfrentar a questão de como essas valiosas experiências podem contribuir, construtivamente, para responder aos desafios que o novo milênio apresenta à escola atual. Por isso mesmo, Luiz Fernando apresenta outro ponto que Faure não tratou e que tem importância decisiva para a efetividade da aplicação prática da educação personalizada: a formação e atualização permanente do professorado e dos dirigentes das escolas.

Este livro é especialmente valioso para renovar e estimular os educadores brasileiros e de outros países da América Latina que seguem o estilo personalizado. Hoje muitos colégios brasileiros (eu mesmo conheço um pouco dos esforços de várias instituições dirigidas pela Companhia de Jesus e pelas Religiosas Concepcionistas

Missionárias do Ensino) enfrentam com entusiasmo e decisão o desafio de preparar e capacitar seus educadores nessa linha pedagógica. Aqui encontramos uma rica fonte de inspiração e atualização.

Quarto: pela especial consideração que merece a bibliografia final, sem dúvida a mais completa e rica que conheço, além do acerto na forma de apresentá-la, distinguindo as fontes consultadas e consideradas para seu estudo, e do amplo Anexo Bibliográfico que oferece um complemento paralelo, os educadores encontrarão aqui um guia amplo e orientador para capacitação e renovação permanentes.

Educação personalizada — desafios e perspectivas é o mais recente dos sérios, profundos e enriquecedores escritos a que Luiz Fernando já nos vem acostumando. A ele, sendo porta-voz de seus leitores, felicito e agradeço de coração por esta excelente contribuição.

Nosso desejo, finalmente, é que oxalá sua leitura não só inspire outros livros como este, mas nos motive e estimule a ser educadores cada vez mais personalizados, aceitando e respondendo adequadamente aos desafios que a educação nos apresenta no novo milênio.

Santa Fé de Bogotá, 19 de janeiro de 1998.

ALVARO VÉLEZ ESCOBAR, SJ
Pontificia Universidad Javeriana

INTRODUÇÃO

Instruir e formar são termos excludentes, antagônicos ou complementares na educação escolar? À escola, em meio ao fascinante progresso tecnológico nesta mudança de milênio, cabe trabalhar conceitos ou atitudes com seus alunos? Ou mais aqueles do que estas, ou vice-versa? Qual a função da educação escolar hoje, quando as informações são veiculadas de modo mais rápido, abundante e prazeroso por um número incalculável de meios de comunicação, formal e informal?

E mais: ao mesmo tempo que o avanço das ciências gera progressos até há pouco insuspeitados, contingentes inumeráveis de seres humanos são impiedosamente mantidos à margem de seus resultados. Assim se degradam, se aviltam, não se realizam como pessoas. Diante de tal quadro perverso brota a pergunta: por que o progresso teima em beneficiar tão poucos, se tem possibilidades para estender-se a muitos? O reforço desse desequilíbrio contaria com alguma cumplicidade da educação escolar? O que a escola poderia fazer para reverter esse jogo?

À escola, como apontava o último relatório da Comissão Internacional da Unesco sobre Educação para o século XXI, cabe ser a bússola, a direção para o progresso produzido pela humanidade. Toca-lhe educar em valores, visando à humanização da pessoa, seu desenvolvimento integral.

Mas como educar em valores quando a escola se sente acuada por legislações governamentais, descaracterizada pelos exames vestibulares ao ensino superior, "usada" pelos alunos em vista de uma capacitação profissional? É possível educar eficazmente em valores e trabalhar seriamente conteúdos? Como desenvolver um trabalho escolar em que instrução e formação sejam opção de toda escola, constituam o empenho de todos os educadores e caminhem de modo integrado?

Questionamentos como esses, gerados pela prática e reflexão pedagógicas que vimos desenvolvendo há 30 anos em diversas funções, motivaram-nos a buscar sua resposta no programa de doutorado na Faculdade de Educação da Universidade de São Paulo (FEUSP). Sob a orientação da professora-doutora Selma Garrido Pimenta, coadjuvada pela professora-doutora Vera Candau, da PUC-RJ, desenvolvemos uma ampla pesquisa sobre a articulação de duas propostas de educação em valores: a atual formulação da pedagogia jesuítica, expressa nos principais documentos do governo central da Ordem dos Jesuítas, e a educação personalizada e comunitária, estimulada pelo pedagogo jesuíta francês Pierre Faure, morto há dez anos. Fruto do trabalho foi a tese aprovada em abril de 1997: *O atual paradigma pedagógico dos Jesuítas e a proposta de Pierre Faure: educação personalizada e solidariedade.*

Em nosso livro *Atualidade da pedagogia jesuítica* (Loyola, 1997, 171 pp.), publicamos a primeira parte desse trabalho: os elementos determinantes da renovação daquela pedagogia, suas categorias principais e possibilidades de resposta aos desafios da contemporaneidade. Apresentamos, agora, a seqüência de nossa pesquisa, especificamente sobre o projeto de educação personalizada e comunitária segundo Pierre Faure.

A escolha desse projeto pedagógico como objeto de nossa investigação deve-se, primordialmente, às semelhanças de suas intuições com as da atual pedagogia jesuítica, enquanto também defende a valorização da pessoa como protagonista de seu processo formativo em vista da solidariedade com os demais. Além disso, a proposta pedagógica fauriana tem sido aplicada em diversos colégios da Europa e da América Latina, como indicaremos em farta documentação e expressivo número e variedade de entrevistas, no capítulo II. O terceiro fator da escolha é a influência de Faure na formulação do projeto de "classes experimentais" que diversos colégios católicos do Brasil apresentaram ao Ministério de Educação em 1959. Finalmente, 24 colégios brasileiros retomam, desde 1993, a implementação da educação personalizada e comunitária segundo esse enfoque, como um meio suficientemente claro e flexível para realizar em sala de aula a *educação em valores* que pretendem. Expomos no capítulo III as condições de aplicabilidade desse projeto na educação contemporânea.

Por diversas razões, que analisaremos no decorrer do trabalho, Pierre Faure permanece pouco conhecido no meio acadêmico educativo brasileiro. Suas vindas anuais ao Brasil, dos anos 50 aos 70, para sessões pedagógicas e visitas a colégios que concretizavam seu projeto, foram consignadas em poucos relatórios e anotações pessoais dos sessionistas, sem suscitar nenhum estudo específico. Ao tratar da introdução do método montessoriano no Brasil, naquela ocasião, Gersolina Antonia Avelar (1978), em seu livro *Renovação educacional católica*, historia o influxo de Faure no Brasil. A única obra em português surgiu em 1993: *Ensino personalizado e comunitário*, último livro de Faure, publicado em francês em 1979. Da bibliografia estrangeira, estudos mais amplos sobre o projeto pedagógico de Faure até o momento são o de Maria Nieves Pereira: *Educación personalizada: un proyecto pedagógico en Pierre Faure*, publicado em 1976, fruto de sua tese de doutorado na Universidade de Murcia (Nieves, 1997), e a tese de Anne Marie Audic: *Pierre Faure, originalité d'une oeuvre éducative et d'une pensée pédagogique*, defendida em 1997 na Universidade de Lyon-Lumière (Audic, 1997). Os trabalhos de Galino (1991), Jaramillo (1988), Vélez Escobar (1996) e Verduzco (1985) apresentam detalhadamente a proposta pedagógica faureana. Outras publicações e dissertações de mestrado abordam aspectos específicos da proposta ou estudam sua conexão com outros autores e correntes pedagógicas, tais como Carlos Vásquez Posada (1993), que estuda Faure e Mounier, e José Alberto Mesa (1986), que compara os diversos estudiosos do que chama movimento de educação personalizada. Há ainda outros autores que tratam dessa proposta pedagógica que, como veremos, é anterior e mais ampla que a contribuição do pedagogo francês.

Nosso trabalho pretende revelar uma contribuição científica importante e socializar com educadores e estudiosos um enfoque pedagógico para efetivar, hoje, em sala de aula, a educação em valores, mediante um roteiro preciso, suficientemente flexível e aberto a ulteriores reflexões e enriquecimentos. Partilhamos, igualmente, a extensa bibliografia que pudemos levantar até a presente data.

LUIZ FERNANDO KLEIN, SJ
Rio de Janeiro, 15 de janeiro de 1998

CAPÍTULO I

O PROJETO PEDAGÓGICO DE PIERRE FAURE: PESSOA E COMUNIDADE

Diante da exigüidade de estudos sobre Pierre Faure, optamos, no capítulo I, por ouvir, o máximo possível, o autor: sua cosmovisão, suas convicções filosóficas e pedagógicas, suas reações às experiências que observara em diversos países.

Apoiamo-nos, para tanto, numa pesquisa, documental e bibliográfica, de fontes primárias de Faure, até então insuficientemente divulgadas. Trata-se de seus escritos (livros e artigos) e conferências. Por isso, optamos por recorrer menos a outros comentários e interpretações, a não ser os que mais diretamente se referem ao objeto de estudo definido. Em diversos momentos encaminhamos o leitor a outros autores para os aprofundamentos que desejarem.

Neste capítulo, procuramos identificar a preocupação pela atenção pessoal com o aluno em vista de sua ação social, percorrendo o contexto sociopolítico-educacional que marcou Pierre Faure, as bases em que se apóia para formular os princípios e as metas pedagógicas, a identidade, a configuração e as condições de seu projeto pedagógico.

1. PIERRE FAURE: OBRA E CONTEXTO

1.1. A trajetória do educador

Pierre Faure morreu em 10 de janeiro de 1988, aos 84 anos, em Pau, sul da França, para onde se retirara três anos antes, após ter militado durante cerca de 60 anos no campo da educação[1]. Deixou

1. Os dados biográficos de Pierre Faure constam em Audic (1997); Nieves (1997); no número especial de *Recherche et Animation Pédagogiques*, n. 62 (1988), por ocasião de sua morte, no breve necrológio que escreveu seu superior religioso, padre Jean Sainclair (1988).

uma produção bibliográfica de dez livros e mais de uma centena de artigos publicados nas revistas *Pédagogie* e *Recherche et Animation Pédagogiques*. Foi secretário para a educação jesuítica na França. Lecionou durante cinco anos, enquanto seminarista jesuíta, e 38 anos, depois de ordenado sacerdote, no departamento de pedagogia do Institut Catholique de Paris, que também dirigiu. Orientou dezenas de sessões pedagógicas, ou cursos de verão, para a capacitação de professores, de duas semanas de duração, em cerca de 15 países, procedimento que começara em 1940 com Hélène Lubienska de Lenval (1892-1972). Criou em Paris um centro de estudos pedagógicos[2]; diversas publicações periódicas[3]; três escolas normais[4]; uma escola de aplicação, que funcionou de 1947 a 1952 à rue de Madrid em Paris. Colaborou também, em 1971, na fundação da Association Internationale pour la Recherche et l'Animation Pédagogiques (Airap)[5].

---

2. O Centre de Formation Pédagogique Pierre Faure (CFP) funciona atualmente em Paris: 78 A, rue de Sèvres.

3. Incumbido por padre Desbuquois, seu superior religioso na Action Populaire, em Vanves, padre Faure criou, em 1937, o Centre d'Études Pédagogiques e colaborou com as revistas *Pour les Parents, Trait d'Union, Fichier Scolaire* e, em 1940, *Renouveaux Pédagogiques*. Em 1945 fundou a revista *Pédagogie,* dirigindo-a até 1972. A revista publicou seis números anuais até 1975. A partir de 1953, o Centre d'Études Pédagogiques passou a publicar a revista *Parents et Maîtres,* com quatro números anuais, para estreitar os laços entre os colégios jesuítas da França e os pais dos alunos (Audic, 1996 e 1997; Le Gall, 1974; Nieves, 1997; Sainclair, 1988b; 20 ANS).

4. École Notre Dame, em 1947, em Paris, para professores da Educação Básica e primeiras séries do Ensino Fundamental; Centre de Formation Pédagogique, em 1949, em Neuilly-sur-Seine; Centre de Formation Pédagogique pour l'Enseignement Spécialisé (CFPES), em 1956, no Institut Catholique de Paris, atualmente em: 3, rue de l'Abbaye.

5. A Airap foi fundada em 22 de fevereiro de 1971, em Chantilly (França), por um grupo de 50 educadores de todas as séries das redes pública e particular de ensino para desenvolver e promover uma pedagogia visando à formação total do aluno numa perspectiva humanista e espiritual, personalista e comunitária, e para prosseguir a obra de padre Faure. Publica atualmente o *Airap Info,* cinco vezes por ano, em lugar de *Recherche et Animation Pédagogiques* (RAP), que cessou em 1986. A Associação está sediada em Paris (78 A, rue de Sèvres) e tem seu ramo latino-americano no Instituto Pierre Faure em Guadalajara (México): Calle Tezozómoc, 170 (Colonia Ciudad del Sol). Para melhor compreensão da atuação da Associação ver na Bibliografia: LES ACTES e 20 ANS. Há também em Paris a Association Pierre Faure pour la Promotion de l'Enseignement Personnalisé et Communautaire, nascida do Centre d'Études Pédagogiques (20 ANS).

1.2. O contexto educacional da França no pós-guerra

Com o cessar fogo de 1945, irrompeu na França caloroso debate em busca da reordenação de seu sistema educacional, que Faure acompanhou intensamente, tendo produzido quatro publicações a respeito nesse ano. Ele percebia como a pedagogia que havia sido austera e solene, mas verbalista e inócua no século XIX, encontrava um rápido prestígio, seja por meio da inclusão das cláusulas educativas nos planos de paz, seja pela expectativa da sociedade quanto ao papel da escola como fator de união nacional e coadjuvante do processo de reorganização nos planos econômico, cívico e social:

> *"A pedagogia foi enaltecida com uma rapidez impressionante. Em pouco tempo a palavra popularizou-se. Multiplicaram-se centros, institutos, revistas e artigos pedagógicos (...). Há algo ainda mais sério: as reformas do ensino, em todos os países, notadamente na França, apresentam-se como reformas antes de mais nada pedagógicas. Esse é o fato"* (1945d: 3)[6].

Faure vive a "revolução pedagógica" na França, cujos objetivos ele entende que não podem se restringir a meras reformulações de programas de conhecimentos a ser transmitidos à criança, mas sim visar aos meios para ajudá-la a atingi-los e assim construir-se a si mesma. Denuncia o fosso entre a escola e a vida, também existente entre o mundo social e o econômico. Embora desconfiado do perigo de um desempenho antidemocrático do Estado ao pretender, sutilmente, a imposição de um modelo único de escola, anima-se com certas perspectivas nos rumos educacionais. A nova política estatal francesa, de 1944, promete resgatar o papel da pessoa, privilegiando a dimensão formativa e a educação moral em lugar do anterior exclusivismo das ciências; visando à formação integral da criança para ingressar na vida social; racionalizando os programas; propondo métodos ativos para a aprendizagem e o aproveitamento de certas dinâmicas encontradas em movimentos de juventude (como o escotismo e a Juventude Estudantil Católica — JEC); passando a encarar o curso primário não como um todo, mas como passagem

6. É nossa a tradução das citações dos originais em francês e em castelhano não traduzidos ainda para o português.

para os estudos subseqüentes, e o curso secundário não mais privilégio da elite (1945a: 43-49; 1945d).

2. FUNDAMENTOS DO PROJETO

2.1. Bases teórico-práticas

A participação intensa no debate educacional francês permitiu a Faure apropriar-se de diversas intuições, então apresentadas, para um novo enfoque da pedagogia e da renovação da escola e, ao mesmo tempo, reivindicar a liberdade de pesquisa e de inovação e propor limites para a intervenção do Estado na educação.

O estudo da obra de Pierre Faure revela um tríplice embasamento: antropológico-religioso, biopsicológico e pedagógico. No exercício de suas funções de diretor de estabelecimento de ensino, professor universitário, conferencista e escritor, Faure demonstrou ser um pedagogo eminentemente prático, embora não avesso à fundamentação teórica. Perseguindo sempre a dimensão personalizadora e comunitária na educação, ele seleciona da história da pedagogia os autores cuja prática pedagógica comprova seu objetivo[7].

– Base antropológico-religiosa

A tradição católica, os documentos eclesiais, a espiritualidade jesuítica, o pensamento de Emmanuel Mounier (1905-1950) e de Lubienska fornecem o embasamento antropológico-religioso da proposta pedagógica fauriana.

Nos documentos eclesiais: *Divini Illius Magistri* (papa Pio XI, 1929), *Pacem in Terris* (papa João XXIII, 1963) e *Gaudium et Spes* (Concílio Vaticano II, 1965), que comenta em quatro artigos, Faure encontra inspiração para a liberdade na pesquisa de métodos educativos, para a orientação social da educação, para o diálogo com outras instâncias da sociedade preocupadas com a formação do ser humano (Faure, 1954; 1963; 1965d; 1968b). O último do-

7. Faure deixou o rascunho de *Enseignement personnalisé et communautaire. Précurseurs et témoins à travers l'histoire de la pédagogie*, no qual apresenta, em 19 capítulos, os principais autores e correntes que buscaram a formação do ser humano consciente. Em *Recherche* publicou 28 artigos a respeito.

cumento, de modo especial, parece ter marcado mais Pierre Faure quanto às implicações pedagógicas da formação social:

> "*(...) é uma questão de pedagogia cuja regra essencial não pode ser mais o silêncio e as filas, o mutismo no trabalho, a predominância do escrito sobre o oral, das exposições dos professores sobre as dos alunos (...). Se se quer uma educação social, aprendizagens de vida comunitária sob variadas formas, outras técnicas devem ser aplicadas*" (1968b: 128).

Faure refere-se, embora de modo breve, à influência recebida da espiritualidade de santo Inácio de Loyola (1491-1556):

> "*Minha vocação à educação personalizada foi motivada pela espiritualidade de santo Inácio de Loyola, que significa, antes de tudo, interiorização e ação de cunho católico*" (apud Nieves, 1997: 28).

E também:

> "*o que eu havia descoberto na Companhia de Jesus, quando fiz os Exercícios Espirituais, a idéia genial do fundador que era dar responsabilidade a cada um, ali onde ele estivesse, com aqueles com quem vivia*" (Faure, 1975a: 26).

A presença de Mounier é notória ao longo da obra de Faure, mas ele o menciona poucas vezes, apenas para destacar os inícios do personalismo e a dimensão comunitária inerente a toda aspiração a ser pessoa. Ele entendeu o trabalho do filósofo como reação ao sociologismo, ao individualismo e aos totalitarismos dos séculos XIX e XX. Viu com apreço sua proposta de recuperar a primazia da pessoa, por meio de atividades conscientes e responsáveis. A partir de tais idéias, Faure procurou tirar as principais conclusões práticas para seu enfoque pedagógico: respeito pelo ritmo de amadurecimento e de aquisição de cada pessoa, diversidade de atividades para seu máximo desenvolvimento, expressão comunitária da originalidade da pessoa (1993: 40; 1981d; 1983e).

Ao encontrar Lubienska em 1940, e começar a trabalhar com ela desde então, Faure declara: "Se aprendi muito de Maria

Montessori, aprendi sobretudo de Lubienska", graças à insistência desta, seguidora de Séguin, em considerar e estimular a interioridade da criança, em valorizar a educação espiritual, procurando integrá-la à atividade corporal (1972b: 7; 1975a: 25, 26)[8].

– *Base biopsicológica*

Faure encontra a fundamentação biopsicológica de seu projeto em Maria Montessori (1870-1952) e Jean Piaget (1896-1982). A pedagogia científica de Jean Itard (1775-1838), de Bourneville e de Édouard Séguin (1850-1917) mereceu grande apreço graças à preocupação que eles demonstraram em despertar sinais de inteligência entre as crianças deficientes e instáveis.

Faure considerou Séguin "o mais genial dentre eles [os autores acima]" (1958: 126), pois seu exercício de observação da criança, a partir da fisiologia, despertou-lhe a confiança na capacidade de o ser humano orientar a mente para dominar os gestos e o corpo, em especial pela 'lição de imobilidade', tendo sido o primeiro criador de material e de exercícios específicos para a reeducação dos deficientes, que seus alunos e seguidores adaptaram a todas as crianças. Faure entendia que:

> *"Para Édouard Séguin, como para os grandes doutores escolásticos e filósofos cristãos, o corpo está intimamente ligado à alma, o espírito ao corpo. A educação consiste em desenvolver suas atividades recíprocas a fim de que o corpo se torne o dócil intérprete do espírito, seu fiel instrumento"* (1958: 128).

Na formulação de seu pensamento e prática personalizadores, Faure reconhece a grande influência de Maria Montessori — "a quem considero um gênio (...), a quem devemos muito" (1975a: 25) —, sobretudo porque ela compreendeu e valorizou a educação como chamado interior à criança, à própria atividade[9]. Seu material di-

8. Audic, uma das primeiras colaboradoras de Faure, fala que "este encontro será determinante para ele. Madame Lubienska lhe fornecerá a chave permitindo-lhe elaborar sua síntese pessoal e atingir a própria originalidade... A linha diretriz de Madame Lubienska, a 'Educação do Homem Consciente', em todas as dimensões, sem esquecer a dimensão espiritual, torna-se sua também".

9. É sugestivo o depoimento de Faure sobre Montessori: "Estive com ela em Paris, na editora de suas obras, com a tradutora de seus livros para o francês. Foi

dático, inspirado na "educação fisiológica" do mestre Séguin, aparentemente visando apenas à destreza manual ou à atividade muscular, estimula, por meio dos sentidos, o desenvolvimento mental, a disciplina e a autocorreção (1980e: 85). Estendeu a todas as idades as experiências de Séguin com crianças deficientes, a partir de um duplo eixo: psicológico, pelo respeito ao ritmo de cada etapa evolutiva da criança; e didático, pela dosagem progressiva das noções e dos respectivos exercícios a estudar (1958: 129)[10]. Faure percebeu que "Maria Montessori fez descobrir duas coisas: a necessidade do ambiente e do material adequado, permitindo à criança agir sozinha" (1974/1976: 537). Por isso repetiria em seus escritos e conferências os postulados montessorianos: "a criança é o pai do homem", "toda ajuda inoportuna atrasa a criança", "ajuda-me a fazer só"[11].

É na teoria da autogênese, contudo, que Faure parece ter encontrado a legitimação científica para suas propostas pedagógicas (1975c: 18; 1993: 32-37). Deparou com um grande achado ao estudar as explicações neurofisiológicas que Piaget realizou durante 50 anos sobre o desenvolvimento mental e a aprendizagem da criança. Ao sentir que encontrara nessa teoria a fundamentação que procurava para o trabalho personalizador, Faure sintetizou-a em seu livro *Ensino personalizado e comunitário* (1993), no capítulo VI, "Legitimação psicológica".

Piaget crê que entre os processos vitais biológicos e o conhecimento há uma conexão estreita, estabelecida por constantes e sucessivas assimilações, que vão sendo integradas em estruturas equilibradoras e possibilitadoras de ação, verificáveis nas distintas fases de desenvolvimento. Num primeiro momento, de matiz evolucionista, Piaget denomina pré-logismo as estruturas mentais da criança, pois ela se adapta por "transformação", e não por dedução nem

impressionante. Eu a senti como uma mulher tranqüila, profunda, olhando de frente, como que querendo penetrar. Eu a vi somente essa manhã, pois na manhã seguinte ela deu uma conferência admirável sobre a disciplina. A matéria que escolheu para a conferência chamou muito a atenção, porque jamais pensariam que Maria Montessori falasse da disciplina" (1983g: 155).

10. "Para cada estágio do desenvolvimento da criança, e para cada uma das disciplinas do ensino, ela [Montessori] tomou, desenvolveu e adaptou às diversas idades o 'material didático' de Séguin e Bourneville. Ele assegura a precisão e a individualização da aquisição, a 'autocorreção' dos exercícios e sua progressão objetiva. Um aperfeiçoamento e uma renovação da pedagogia escolar encontraram-se assim deslanchados; os professores incitados a sair do empirismo" (Faure, 1958: 129).

11. O texto em que Faure descreve mais a contribuição de Montessori é o artigo "Les maternelles: évolution pédagogique" (Faure, 1974/1976).

indução, às solicitações do meio. Só depois é que ele passou a chamar "autogênese" o processo existente desde o nascimento da criança, que a leva a constituir e superar "estruturas" equilibradoras mediante as sucessivas tentativas e aprendizagens pessoais.

A preocupação de Piaget foi não só descrever mas também mostrar a procedência das "estruturas". Elas provêm da "construção", da atividade pessoal e progressiva da criança. Não são um dado *a priori*, nem fruto da hereditariedade, nem do simples crescimento biológico, ou do inconsciente coletivo.

Estímulos do meio ambiente suscitam a atividade mental da criança que reage interiormente, por atividade e direção próprias, mediante observações e experiências pessoais. A criança integra, assimila e classifica esses resultados "e assim transforma-se, progride, desenvolve-se, constrói-se". Conclui Faure (1993: 37):

> *"É todo este conjunto que constitui a autogênese, o desenvolvimento, de período em período de maturação. Para Piaget, a razão é fruto de equilíbrios sucessivos e progressivos, no seio de uma perpétua auto-regulagem efetuada pelo próprio sujeito".*

A partir daí sentiu-se respaldado para insistir na construção da personalidade da criança por si mesma, mediante instrumentos estimuladores de sua atividade mental, a relação de apreço por parte do educador e um clima escolar fomentador da autonomia, da liberdade, da iniciativa e da comunicabilidade:

> *"partindo desta convicção pessoal"*, dizia, *"podemos explicar tanto aos pais como aos demais professores, inclusive à administração escolar, que o que fazemos não é uma fantasia, nem algo original, e tampouco o que mais agrade às crianças, mas porque temos a convicção de que é para nós a melhor forma de educar"* (1975a: 11).

– *Base pedagógica*

Finalmente, Faure encontra a base pedagógica para sua proposta nos autores clássicos, na *Ratio Studiorum*, na *Escola Nova*, no Plano Dalton, em Freinet e nas reformas educacionais francesas do pós-guerra.

Percorrendo a história da pedagogia, Faure elenca vários autores clássicos como ancestrais do ensino personalizado. Para Platão (427-347 a.C.), convencido de que ninguém ensina nada a ninguém, a pessoa é capaz de encontrar a verdade, estimulada pelo mestre. Michel de Montaigne (1533-1592) acreditava que a educação autêntica passa pela formação do juízo e atividade pessoal (1993: 20). Johann Heinrich Pestalozzi (1746-1827) foi "um educador genial", cujas pesadas críticas à escola, no início do século XIX, podem ser consideradas promotoras da *Escola Nova* (1958: 117). Na *Ratio Studiorum* (1599), Faure buscou a inspiração para o trabalho de apropriação pessoal que os alunos fazem a partir do estudo dos textos clássicos (1977b: 4; 1993: 21)[12]; para a preleção dada pelo professor e o papel deste como titular da classe (1958: 165 e 167).

"Belo programa! Quem não o adotaria?" é como Faure se reporta à *Escola Nova*, animado por constatar no movimento a sintonia com as críticas que sempre fazia à escola tradicional (id.: 120). A partir de suas convicções avalia a *Escola Nova* e apóia as censuras que lhe fizeram, notadamente o desequilíbrio entre a formação em valores, com prejuízo para o domínio de conteúdos, e a tentação de poupar o aluno do aspecto penoso do estudo pessoal (id.: 121-125).

Dentro do espírito da *Escola Nova*, Faure extraiu do Plano Dalton, aplicado por Helen Parkhurst (1887-1959) em 1920, diversos elementos pedagógicos para sua proposta: o aproveitamento dos programas oficiais; a modificação do horário escolar; a organização das classes por disciplina e não por idade dos alunos; a programação, com a distribuição progressiva das noções; o plano de trabalho, entre outros. Faure valoriza o esforço e a responsabilidade que o programa suscita nos alunos, mas teme a atomização da aprendizagem (1958: 130).

Se em seu livro *Au siècle de l'enfant*, de 1958, Faure desistira de apresentar a obra de Célestin Freinet (1896-1966) porque este exagerava a inserção da criança no estudo do meio e o espírito coletivista da classe (1958: 133), em *Ensino personalizado e comunitário*, 21 anos mais tarde, reconhecia-o como "mestre-escola e educador excepcional (...), criador e exímio realizador" (1993:

12. "Os jesuítas (...) souberam encontrar os meios práticos para que o estudo dos textos e dos autores se tornasse pessoal e a fonte de uma multidão de exercícios e de iniciativas, seja individuais, seja em grupos (...). Pois tratava-se não tanto de conhecer e aprender textos como de compreendê-los" (Faure, 1977b: 4).

23). Destacava aí a eficácia dos instrumentos de trabalho para colocar as crianças em atividade, mas criticava sua insistência no "sensível" e a conseqüente ausência de formação espiritual, o apoio no reflexo condicionado de Pavlov, a desconsideração do estudo dos clássicos. Mesmo assim a apreciação final sobre Freinet parece positiva, pois:

> *"Sempre esteve a favor daquilo que desenvolve a consciência e a liberdade; soube levar a bom termo uma educação simultaneamente personalista e muito comunitária, apesar de suas opiniões marxistas a respeito da sociedade. Proclamava a prioridade das técnicas e das ferramentas de trabalho, mas sabia imprimir-lhes uma alma"* (1993: 24).

Como se depreende da apresentação dos antecedentes e das correntes mencionados nos escritos e pronunciamentos, quatro autores parecem ter exercido maior infuência na configuração do enfoque pedagógico personalizador de Pierre Faure: Mounier, com o embasamento antropológico; Lubienska, com a visão espiritual; Montessori, com a configuração pedagógica, e Piaget, com a fundamentação psicológica. Dada sua formação humanista jesuítica, Faure não sentiu necessidade de mencionar essa influência, pois a sentia como o húmus nutriente de sua ótica e convicções.

Apresentadas essas bases, é possível percorrer brevemente a visão fauriana sobre ser humano, educação, escola e processo de ensino e aprendizagem, pontos fundamentais para esclarecer sua opção pela educação personalizada e comunitária.

2.2. As convicções de Pierre Faure

– *A pessoa não nasce, faz-se*

Faure defende a inviabilidade de qualquer projeto educativo que careça de uma antropologia e esta de uma teologia[13]. Inspirado

13. "Como se poderia estabelecer um projeto se não se tivesse já uma concepção do que deve se tornar uma criança, do sentido segundo o qual orientar sua educação para ser válida (...). Considerei se pode haver uma antropologia que não

em Mounier, entende o ser humano como indivíduo e pessoa. O indivíduo repete as características do grupo de semelhantes em que está inserido. A pessoa manifesta caracteres próprios, originais, irrepetíveis e inconfundíveis, fruto de um trabalho de construção interior (1978e: 54). Essa criação apresenta dupla dimensão: "ad intra", enquanto é a pessoa que se faz e se desenvolve por sucessivas unificações interiores, e "ad extra", pela qual tende sempre a se projetar, a se transcender, a caminhar em direção aos outros e a se compromenter com eles, impulsionada pelo amor (1993: 40). Faure fundamenta esse dinamismo da pessoa:

> *"A razão disso é que a pessoa é feita à imagem de Deus: imagem fraca, muitas vezes amarrotada e deformada, mas que é o fundamento de seu ser, sua fonte"* (id., ibid.).

A pessoa para Faure é um mistério e uma riqueza, que ela mesma deve ir desvendando. A ajuda de que a criança necessita é para mergulhar em sua interioridade, saber ouvir-se a si mesma e aos apelos da consciência para ser mais para si e com os outros. Faure insistirá no tema do "chamado" interior, que viu ser muito favorecido pela "lição de imobilidade" de Séguin e pela "lição de silêncio" de Montessori, e a partir do qual defenderá a liberdade, a progressão, a adaptação ao ritmo pessoal etc. Por isso diz:

> *"O exercício de imobilidade de Édouard Séguin é a experiência educativa crucial e chave de toda educação porque ela abre o sujeito, mesmo o mais frágil, para a consciência de si. Ela permite despertar a consciência psicológica e, a partir dela, a consciência moral (...). Responder aos apelos interiores, ou que têm ressonância interior por ocasião dos múltiplos apelos que solicitam [a pessoa], é construir, diariamente, sua personalidade"* (1973b: 4).

Tal construção é tarefa insubstituível da pessoa, atravessa toda a sua vida e não encontra seu ponto final porque, diz Faure, "não se

esteja sustentada, subentendida, seria preciso, provavelmente, dizer 'atraída' por uma teologia, ou seja, por uma tomada de consciência de nossas aspirações mais fortes, mais profundas quanto a nosso futuro, nossa transformação integral e não apenas terrestre" (Faure, 1973b: 2).

nasce pessoa, mas chega-se a ser pessoa" (1975a: 11) ou, citando Lavelle: "A pessoa é sempre uma criação pessoal de si" (1993: 15). A pessoa é devir, não estática, por isso Faure faz seu o programa do homônimo no relatório à Unesco: "Aprender a ser!" (Faure, 1977).

Contudo, trata-se de um aprendizado na liberdade, na "liberdade de ser, uma liberdade de chegar a ser, de progredir", como um profundo chamado divino percebido interiormente (apud Nieves, 1997: 48).

Seguindo Gabriel Marcel, Faure defende que na construção da personalidade importa mais o ser a que a pessoa vai acedendo do que o ter (noções, dados, conteúdos)[14]. Trata-se de uma "revolução interior" que implica a mudança de mentalidade dos educadores, de modo a "alegrar-se com ele [aluno] pelo que adquiriu, porque, adquirindo, ele se modificou, se desenvolveu, progrediu" (1973b: 3).

Sintetizando: Faure considera a pessoa vocação a ser, unificação sucessiva, construção pessoal, superação para a transcendência e relação com os outros. Esse entendimento determina a concepção de Faure sobre educação, escola, ensino e aprendizagem[15].

– *Educação, escola e sociedade*

Faure vê a escola padecer de males crônicos apontados, basicamente, pelo movimento da *Escola Nova*, com o qual comunga: despreparo dos alunos para a vida social; insistência unilateral na instrução, com detrimento dos aspectos formativos; organização do ensino técnico desvinculado da dimensão cultural; sobrecarga e desconexão de conteúdos programáticos; metodologias de aprendizagem impositivas; subordinação do ensino aos exames; compar-

14. "Ali está o mistério da pessoa. Uma pessoa é feita para 'ser' e tornar-se uma pessoa, muito mais que para possuir o que lhe é necessário" (Faure, 1973b: 4).

15. Faure trata da educação e da escola em três obras básicas, além de fazê-lo em diversos artigos e conferências. *L'école et la cité* (1945a) apresenta de modo amplo sua visão de educação: a história, as metas, as competências e as condições de relação da escola com o Estado, com a família, com os setores produtivos e com a Igreja. Em *Au siècle de l'enfant* (1958), trata mais diretamente da escola, reflete sobre os pressupostos e a direção das principais reformas educacionais francesas no século XX e apresenta as linhas gerais para sua reorganização no enfoque personalizante. Em sua última obra, *Ensino personalizado e comunitário* (1993), Faure trata dos fundamentos, precursores, dinâmica e experiências de implementação dessa modalidade de ensino.

timentação dos horários; disciplina rígida e formalista; relacionamento distante entre educador e educando (1958: 88-93, 116-145, 160-163; 1993: 8). Dentre tantos traços deficientes, o mais grave para Faure é o fato de a escola não promover o desenvolvimento integral da criança, não estimulá-la a pensar, criar ou optar. "Para que encher o cérebro com tantos dados", pergunta, "não é melhor educá-lo?" (apud Nieves, 1997: 34). Propõe a solução para a crise educacional "em uma formação pessoal, ou seja, não em aprender coisas, mas sim em 'aprender a aprender'. O dever é ajudar a discernir, a detectar o essencial, a criar" (id., ibid.).

A escola, para Faure, é um meio para estimular a conscientização progressiva (1981c: 56), para desenvolver sua atenção (1982c: 38), o sentido da cultura (1983h: 184) etc., mas, sobretudo, é uma preparação da criança para,

> *"quando chegar o dia, entrar na vida em pé de igualdade [com os outros], com as aptidões, as concepções e os hábitos requeridos não apenas pelo estado moral do mundo mas também por seu estado econômico, social e político"* (1945d: 8).

Essa visão demonstra objetivos mais ambiciosos e amplos que o mero cumprimento dos conteúdos programáticos e requer uma revisão profunda da metodologia educativa e, conseqüentemente, da organização escolar.

A diferença de temperamentos, de ritmos de vida, de gostos, de aptidões e de funções sociais masculinos e femininos leva Faure a rechaçar nesse momento a co-educação. Ele entende o papel da mulher, ao escrever em 1945 *L'École et la Cité*, como mãe de família, encarregada do lar e educadora doméstica (1945a: 120, 121 e 176). A família mantém seu papel insubstituível na educação dos filhos especialmente por conseguir oferecer-lhes, mais que ninguém, uma educação personalizada e comunitária. Para cumprir sua missão, a família deve ser ajudada por justas condições econômicas e sociais, por programas educativos, pelo fortalecimento de associações de pais e por mecanismos institucionais de participação e controle das escolas em que matriculam seus filhos (id.: 100-113).

A formação profissional deve ser fornecida pela família, pelo Estado, pela Igreja e pelos setores produtivos, mas não apenas por estes. Ela não pode se restringir ao tecnicismo específico de cada profissão, mas integrar-se na formação geral, moral, cívica e física. Assim como a família, os setores produtivos deveriam ocupar seu lugar nas comissões de definição do currículo, de organização, supervisão e controle da escola (id.: 154).

O Estado tem um papel supletivo na educação. Longe de impor um modelo de escola única, cabe-lhe proteger e coordenar as iniciativas educacionais da comunidade, suscitá-las onde inexistem, sustentar financeiramente as que necessitarem de recursos e até intervir para que a escola realize a educação da infância e da juventude e, conseqüentemente, o projeto maior da Nação (id.: 54 e 60).

O trabalho de humanização não pode excluir a dimensão espiritual, que atinge a interioridade de cada pessoa. A Igreja tem a oferecer à sociedade uma educação individual e comunitária, uma síntese personalista única, o desabrochamento de si, a inserção comprometida num grupo (id.: 209). Por isso, Faure reivindica que o Estado chame a Igreja, como educadora, para colaborar em seu campo próprio, não como um apoio individual, mas como força social, de modo a ser considerada

> *"nem de fora, nem de dentro, no sentido de que ela seria um poder temporal. Mas ela pode e deve estar 'com' para fazer convergir harmoniosamente sua ação com a do Estado"* (id.: 191).

A escola católica empenhar-se-á na integração, não justaposição, da instrução e da educação que a fundamenta (1958: 217), zelando por sua qualidade, sem o que não será nem escola, quanto menos católica (Sainclair, 1988a: 97).

De acordo com uma concepção mais orgânica, Faure deseja que todas as forças vivas da Nação colaborem na educação de modo que a escola seja

> *"um cruzamento onde devem se encontrar os membros da cidade, não para disputar a criança, mas para servi-la"*, pois a experiência tem-lhe mostrado até então que *"a criança, partilhada entre o Estado, a família, e os setores produtivos, confiscada por aquele, defendida por estes, tornou-se joguete de forças que, em lugar de se harmonizarem, ficaram neutralizadas"* (1945a: 59).

Em suma, Faure enuncia, num princípio geral, sua concepção de educação e de escola:

> *"a educação não deve estar separada da instrução (...), a escola não deve estar separada da vida (...); uma educação que não se cerca das instituições ao seu lado está voltada, em seu conjunto, ao fracasso"* (id.: 47 e 192).

Faure entende que o processo educativo só terá eficácia se baseado em objetivos. Distingue-os entre *objetivos fundamentais*, imprescindíveis para qualquer educação; *objetivos gerais* da pedagogia, prioritários, conforme as circunstâncias culturais; *objetivos limitados*, precisos e verificáveis, que permitem vislumbrar um caminho claro a percorrer, sendo objeto da pedagogia por objetivos. Não obstante seus aspectos positivos, a pedagogia por objetivos corre o risco de se restringir ao imediatismo dos resultados a recolher, de se contentar com o domínio de conhecimentos e de habilidades práticas, descurando a visão de conjunto e da formação geral, proporcionadas pelos objetivos da pedagogia. Trata-se, portanto, de buscar uma imbricação entre ambos os enfoques.

Os objetivos fundamentais enumerados por Faure, conforme sua leitura de psicólogos e pedagogos, decorrem das necessidades sentidas pela criança de: vincular-se pessoalmente ao "outro" e aos outros; ser respeitada em suas legítimas opções; ser estimulada a agir por si mesma, com o corpo e o espírito; reconhecer-se como digna de consideração e aprovação; ser confirmada por seu círculo próximo de pessoas; acreditar que é amada e aceitar ser amada; ser respeitada em seu ritmo de desenvolvimento.

Faure faz seus os objetivos gerais e prioritários propostos pela reforma do ensino e da educação na França, em 1975, pelo ministro Haby. Segundo esta, o prioritário na educação é o aluno *definir-se*, ou seja, adquirir consciência das próprias aptidões, mais amplas que apenas as intelectuais. Prioritário é também o aluno *situar-se* no mundo, interessando-se por conhecer sua história, espaço e estruturas e relacionando a escola com a vida. Em terceiro lugar cabe ao aluno *ter acesso à autonomia*, devendo ser preparado para atuar sozinho, para julgar as influências dos meios de comunicação, para apropriar-se dos instrumentos, técnicas e métodos visando a um desempenho responsável. Quarta prioridade é o aluno *estar aberto às mudanças* que experimenta em si para poder favorecê-las também à sua volta. Isso implica o desenvolvimento da consciência crítica sobre o mundo, a determinação para superar-se e agir, o exercício constante da imaginação e da criatividade. Diz o texto da reforma educativa francesa:

> "*Se o aluno foi posto em condições de alcançar uma compreensão e uma definição de si mesmo, de situar-se no mundo onde vive, de dispor da sua autonomia pessoal, fica ainda por ajudá-lo a transformar-se, em função das mudanças que se dão à volta dele, outrossim levá-lo a conceber e conduzir esta mudança no sentido da constante melhoria da condição humana*" (1993: 49).

– Processo de ensino e aprendizagem

Em seus escritos e conferências, Faure revela uma preocupação constante em buscar os fundamentos científicos da personalização. No trabalho dos etólogos Konrad Lorenz, John Bobwly e Harry Harlow, encontra a noção psicológica de "vinculação" (*attachement*), ou seja, a necessidade fundamental e constante da criança, além de alimento, presença, acolhida e estímulos. Tal tendência explica a aprendizagem, pois

> "*determina relações e co-ações que não são aprendidas, mas são origem das aprendizagens e condições de toda a assimilação, de todo o desenvolvimento, do crescimento, quer físico, quer psíquico*" (1993: 29).

O processo de ensino e aprendizagem, para Faure, baseia-se em o educador instigar constantemente a criança à atividade, a mover-se integralmemte, a agir e a reagir sozinha e com os outros. A "vinculação" justifica também a sociabilidade do ser humano, cuja necessidade de laços sociais e de relações é tal que

> "*o homem não pode se construir a não ser tornando-se ao mesmo tempo pessoal e social, e não há nenhuma oposição entre um e outro, pois um não pode caminhar sem o outro, sob pena de criar um desequilíbrio fundamental*" (1975j: 2).

Outro elemento legitimador para o ensino personalizado, Faure encontrou-o nas experiências que o Dr. Pikler realizava em Budapeste com crianças de 0 a 3 anos. Estas se desenvolviam com rapidez, em todas as dimensões, quanto mais lhes proporcionavam atividades que elas pudessem realizar (1993: 30).

Entretanto, Faure fazia restrições à proposta de Ovide Décroly (1871-1932) de "centros de interesse" como método de aquisição de conhecimentos, porque levam à acumulação de dados sem possibilidade de o aluno hierarquizá-los, o que pode redundar num saber apenas superficial (id.: 170)[16].

Como já vimos, é na teoria da autogênese de Piaget que Faure mais se inspirou para formular seu conceito de aprendizagem[17]. A atividade mental da criança é que desenvolve suas estruturas mentais; daí a importância das aprendizagens[18] a ser suscitadas constantemente pelo educador, de modo que a criança se envolva no trabalho e produza não apenas por estímulos externos, como ocorre com freqüência, mas, quanto possível, a partir de sua motivação interna. Faure não hesita em qualificar como "grave erro pedagógico", a ser denunciado com vigor, o procedimento que ignora as leis do desenvolvimento psicológico do aluno e o impede de trabalhar de acordo com o tempo adequado a seu ritmo próprio de aquisição (1958: 162; 1993: 32-37).

Faure resume em três palavras as condições da aprendizagem: 1) *acolhida* da criança como ela é, o que a levará a acolher o trabalho proposto; 2) *atividade* pessoal da criança, que atua por si

---

16. Faure (1958: 132) reconhece "a obra importante do Dr. Ovide Décroly (...). Sua educação 'pela vida e para a vida' foi socialmente notável. Mas sua pedagogia inspira-se numa psicologia bastante rudimentar, atualmente superada (o associacionismo), e numa sociologia evolucionista que imperava no século XIX (a ontogênese reproduz a filogênese). O 'globalismo', no qual especialmente se interessou, deve ter-lhe inspirado os métodos de ensino, o que é um erro pedagógico muito prejudicial para o verdadeiro progresso mental da criança".

17. Em seus cursos Faure insistia: "A inteligência, portanto, não está feita e dada totalmente desde o princípio. Ela existe por si mesma, elabora-se e constrói-se. É uma atividade estrutural, mas sem a estrutura pré-fabricada. Isso vai contra Kant, com sua teoria das categorias. É uma atividade estruturadora que gera os órgãos da inteligência conforme o funcionamento e o contato da experiência; é uma construção interior e gradual" (1979g: 58).

18. "Insistimos em algo mais científico, no que temos chamado aprendizagem. Não nos construímos senão por meio de aprendizagens. Precisamos de exercício, pois não nos foi dado tudo. Quer dizer, nossa herança e nosso meio não são suficientes" (Faure, 1975a: 14).

mesma; 3) *projeto*, ou seja, a finalidade ou o produto pretendido pela criança com o trabalho que desenvolve.

Dessa forma, Faure completa o ciclo da aprendizagem pela qual o aluno "constrói sua ação que, por sua vez, também o constrói (...), de modo que não haverá uma separação, uma divisão entre ensino e educação" (1975a: 16).

3. IDENTIDADE DO PROJETO

Percorrendo os autores ou correntes pedagógicas citados por Faure, vemos que diversos instrumentos e meios de trabalho personalizado que ele propõe — *programação*, plano de trabalho pessoal, *guias*, fichas, autocontrole, salas-ambiente, aula não-magistral etc. — também constam dessas fontes[19]. Qual seria, portanto, a originalidade de Pierre Faure? O que ele acrescenta à pedagogia? É o que veremos a seguir.

3.1. Originalidade de Pierre Faure

Duas educadoras, colaboradoras de Pierre Faure, manifestam-se quanto à sua originalidade. Angeles Galino considera-o "inventor-realizador de uma educação personalizada e comunitária", criador de um "sistema de educação personalizada" de grande êxito (Galino, 1991: 138 e 143), enquanto Maria Nieves Pereira resiste a "vê-lo como o 'criador' de um método estabelecido e definitivo", preferindo denominá-lo "projeto pedagógico de Pierre Faure" (1997: 16)[20].

Em seus escritos e conferências, Faure não revela preocupação quanto à orginalidade de sua contribuição educativa, chegando a afirmar que "o que fazemos não é (...) nem mesmo algo original (...)" (1975a: 11). O que mais transparece nele é a insistência em precisar

19. Por exemplo, a descrição de Faure (1951) sobre a renovação pedagógica no *Pensionat Notre-Dame de Mattaincourt* (Vosges), intitulada "Une application originale du Plan Dalton", contém diversos elementos da dinâmica de aprendizagem encontrados em seu projeto.

20. Diz Nieves (1997: 16, nota 4): "É nestes termos que ele, em carta enviada a Nieves Pereira, com data de 23 de novembro de 1972, fala de seu trabalho, ao apresentá-lo mais como um projeto permanentemente aberto ao avanço da investigação e da experiência do que como algo definitivamente estabelecido".

seu enfoque pedagógico, distinguindo os elementos formativos dos similares porque "há muita confusão neste aspecto, como houve também no princípio do movimento da Escola Nova" (1981e: 91). Inicia seu livro *Ensino personalizado e comunitário* esclarecendo que "uma formação personalista e comunitária não é nem um *slogan* que dopa, nem um elixir que faz a matéria inerte criar vida" (1993: 13).

Em um número especial, *Recherche* esclarece sobre o ensino personalizado:

> *"A pedagogia apresentada neste número não é nenhuma moda, nenhuma inovação. Ela resulta de um refinamento da psicologia da criança desde há um século e meio e de uma pesquisa pedagógica realizada ao mesmo tempo em numerosos países"* (L'Enseignement, 1978: 2)[21].

Ao tentar falar das origens da educação personalizada e comunitária, Faure reconhece que

> *"é difícil estabelecer um laço estreito entre os trabalhos destes precursores e as atuais realizações de ensino e de formação personalizada. Cabe à história fazê-lo"* (1977b: 5).

Atento às experiências que se realizavam no campo da aprendizagem, Faure comentava e divulgava em *Pédagogie* e em *Recherche* aquelas que concordavam com o enfoque personalizante, como que as legitimando[22]: a renovação pedagógica no Externato Nossa Senhora do Morumbi, em São Paulo; no Colégio Teresiano, no Rio de Janeiro (1969b; 1969c); o sistema de "classes experimentais", no Brasil (1959); a aplicação do "ensino independente" pelo ministro Fontanet na França (1973a: 1); a reforma educativa do ministro Haby (1993: 45-50), entre outras. A revista *Pédagogie* reconhecia que "numerosos exemplos nos foram fornecidos por nossos leitores, tornados, rapidamente, nossos melhores colaboradores" (1964: 103).

---

21. A esse propósito diz a revista *Recherche*, n. 41, p. 2: "Criada em 1971, em torno dos trabalhos conduzidos por padre Pierre Faure desde muitos anos, a Airap é herdeira de toda uma tradição de pesquisa pedagógica que considera a atividade da criança o fator essencial de seu desenvolvimento".

22. Faure historia brevemente tais experiências "que parecem ter tido mais importância porque foram rápida e amplamente imitadas" (1977b: 5).

Faure inicia o capítulo IX do livro *Ensino personalizado e comunitário* propondo-se a

> *"uma reflexão sobre realizações verificáveis, que têm a seu favor o fato de existirem, de terem sido postas à prova, evidentemente com seus pontos fortes e fracos"* (1993: 53).

O volume e a diversidade das experiências personalizantes foram dificultando a identificação de sua autoria, tornando-se uma "simbiose", na expressão de José Carlos Jaramillo[23]. E ainda, tendo estudado as raízes educativas da proposta de educação personalizada, José Alberto Mesa esclarece como seus autores entendem-na como um "movimento", visto inexistir um único estilo de concretizá-la e tampouco alguém que se arvore como seu autor (27-31 e 42)[24].

Ao comentar e divulgar as realizações pedagógicas, Faure mostra-se original, ordenando-as num estilo educativo bem característico, referindo-as ao humanismo cristão[25] e à fundamentação científica do processo de aprendizagem. Ele não demonstra ter procurado desenhar um modelo preciso de aplicação do enfoque personalizante, até mesmo porque seu conceito de didática é bastante amplo, nada tecnicista:

> *"um espírito vitalizador que impregna a tudo (...) [é] a arte de criar os instrumentos de trabalho em função de um método (...) além de ser a arte de ensinar, é uma reflexão crítica"* (apud Nieves, 1997: 69-72).

Faure reconhece avanços no ensino personalizado, decorrentes das diversas experiências de implementação: primazia do enfoque comunitário com a introdução da *partilha* entre os alunos, após

23. "A Educação Personalizada adquiriu maioridade, e muitas das idéias aqui expressas não poderíamos dizer que as recebemos deste ou daquele autor ou se, como é muito provável, tenham sido antes uma 'simbiose' das idéias de vários autores unida à própria experiência" (Jaramillo, 1988: 10).

24. Pedro Chico González também reconhece na educação personalizada um movimento com matizes diferenciados. Por sua vez, *Personalización Educativa. Genesis y estado actual* (Galino, 1991) apresenta o desenvolvimento deste enfoque pedagógico na França, Espanha, Itália e Estados Unidos.

25. Max Verduzco (1985: 20-21) e Nieves Pereira (1997: 39-40) aludem à dimensão do humanismo cristão em Pierre Faure.

determinados períodos de *estudo pessoal;* incentivo a diversas modalidades de intercâmbio e interajuda dos alunos no trabalho, além de apresentações ou *exposições* públicas; "ateliês" diversificados de atividades; variedade de opções do aluno diante da *programação* de estudo; constituição dos *grupos de animação*; contato estreito entre escola e família e maior participação desta no processo formativo dos alunos e na gestão administrativa da instituição (1977b: 6). Tem razão Galino ao afirmar que "Pe. Faure comprometeu a trajetória pessoal de sua vida dedicando-se a otimizar os modos de conduzir os processos educativos" (1991: 122).

Concordamos com Nieves Pereira ao explicar como o projeto fauriano,

> *"por ser uma realidade aberta, acaba se tornando um projeto permanentemente tão inacabado como a realidade sobre a qual se baseia: ajudar outros a serem pessoa, a realizarem-se como pessoa, assumindo ao mesmo tempo um compromisso pessoal e comunitário (...). A pedagogia — para ele — se converte assim num trabalho infindável de busca dos aspectos do desenvolvimento"* (1997: 43 e 223).

3.2. Educação personalizada: conceito e metas

Solicitado a esclarecer se sua contribuição é método, sistema ou enfoque, Faure responde:

> *"Se empregamos a palavra 'método' no sentido verdadeiro do que quer dizer método, quer dizer, quando damos uma direção à razão, então a educação personalizada está bem denominada 'método'. Quando construímos a pessoa e, portanto, não se podem utilizar dois métodos ao mesmo tempo, um que vá para a direita e outro para a esquerda, optamos por uma forma de personalização por meio da construção da pessoa; nesse sentido é correto dizer 'método'. A palavra 'sistema' parece ter atualmente um sentido pejorativo; e por isso 'método', como se explicou anteriormente, é melhor"* (1975a: 24).

Apoiando-se, certamente, na definição do Concílio Vaticano II sobre educação[26], Faure diz que a educação personalizada é "um só espírito e muitos instrumentos de trabalho" (apud Nieves, 1997: 69).

Jean-Marie Diem, colaborador de Faure, testemunha que este tardou em denominar "educação personalizada" sua proposta de métodos de aprendizagem, até então conhecida como "métodos ativos", "trabalho individual" ou "método de fichas"[27]. Ao fazê-lo, Faure agregou o termo *comunitário*, pois "esquecê-lo seria omitir toda uma dimensão importante de sua pedagogia" (Diem, 1988: 17)[28]. Freqüentemente ele prefere explicar a educação personalizada contrapondo os modos tradicional e personalizado de aprendizagem:

> "*Quando se deseja que os alunos pequenos ou grandes descubram uma noção ou alguma idéia, é necessário encontrar a atividade que os leve, por si mesmos, a descobrir essa noção ou idéia. Quando se quer fazer compreender o sentido ou o conteúdo de uma palavra, há que convidar a criança a observar a realidade que essa palavra expressa (...). Essa forma de atuar estabelece a diferença entre um ensino tradicional, massivo, e um ensino personalizado, que faz [o professor] tomar consciência daquilo que se ensina, antes de dar o conhecimento*" (1978a: 20).

Para os que insistem no pedido de definição de seu projeto personalizador, Faure responde com o clássico convite de Jesus aos primeiros discípulos — "*Vinde e vereis*" [29] — a observarem a sala de aula, a comprovarem os resultados e a colocarem também eles mãos à obra em sua realização (1993: 9).

---

26. "No Concílio discutiu-se longamente esta questão precisa e específica: em que consiste a educação cristã. O Concilio diz: 'um clima e um ambiente evangélicos'. Vejam, nestes dois termos está tudo o que entendemos tecnicamente por uma educação, uma formação, um ensino personalista e comunitário" (Faure, 1980c: 33).

27. Victor Garcia Hoz reivindica a autoria do termo "educação personalizada", "expressão que cunhei e [a qual] teve a felicidade de ser bem acolhida e crescentemente utilizada nos meios pedagógicos" (1988: 7).

28. "Acrescentamos [a responsabilidade social] à nossa concepção de educação personalizada e comunitária, porque não há autêntica educação comunitária sem um respeito ao bem comum da comunidade" (Faure, 1976a: 9). Ver também: Faure, 1983a: 42.

29. Do Evangelho escrito por são João, capítulo 1, versículo 39.

Entretanto, no início do último livro, Faure oferece a definição de seu projeto, tantas vezes solicitada:

> *"É um despertar de energias das pessoas que revelam a si mesmas a própria possibilidade de desenvolvimento e de progresso, descobrindo-se capazes disso tais quais são, graças aos parcos recursos que julgam ter"* (id.: 13).

Questionado sobre o "como" da pedagogia personalizada, Faure relativizava livros, técnicas, procedimentos e métodos, esclarecendo:

> *"O 'como', nós podemos tratar de adivinhar para, a partir daí, marcar para nossas crianças, como para nós mesmos, estes marcos que podem ser a pedagogia e suas incitações (...). É caminhando que cada um o descobre e revela. É caminhando que cada um descobre sua marcha e o sentido de sua marcha"* (1973b: 3).

A Airap nota que há diferentes expressões de ensino personalizante nos diversos países: algumas valorizam facetas da formação integral (manual, artística, social e espiritual), mas descuram da aquisição de conhecimentos; outras restringem-se à sala de aula, despreocupadas com o âmbito extra-escolar. A Associação defende que o enfoque fauriano não pode se restringir ao procedimento didático em sala de aula, porque

> *"nossa visão é mais completa e abrangente. Preferimos pedagogia personalizadora e comunitária. Mais que uma técnica, é uma concepção educativa"* (L'Enseignement, 1978: 1).

Trata-se, portanto, de um processo personalizador a pervadir todas as áreas da vida da criança (Faure, 1977b: 3), a desenvolvê-la integralmente em seus aspectos físicos, afetivos, intelectuais, sociais e morais (L'Enseignement, 1978: 1).

3.3. Pierre Faure no panorama pedagógico

Para assegurar sua identidade, Pe. Faure e a Airap distinguem o ensino personalizado dos vários métodos pedagógicos contemporâneos. A *atividade* personalizante propugnada para a criança é a atividade do espírito, a atividade sobretudo mental, que não deve ser confundida com qualquer movimentação corporal. O termo *ensino*, designativo da ação do professor, deve significar sua orientação para o trabalho do aluno, mas não que ele o substitua no ato pessoal de reflexão. *Ensino Individualizado* refere-se ao aluno como indivíduo, um entre tantos na classe, que recebe do professor orientações de trabalho específicas para seu estágio e capacidade de desenvolvimento. A dimensão de pessoa, o próprio aluno é que a revelará no decorrer e no produto de seu trabalho. O *Trabalho em Grupo*, cujo proveito é por vezes questionado, pode valer quando o aluno, ao final, se concentra na própria reflexão ("procura-se junto, encontra-se sozinho"). O *Ensino Programado*, por se restringir ao esquema "pergunta-resposta", impede a postura crítica e criativa do aluno. A *não-diretividade* não pode ser confundida com total ausência de interferência do professor, caso contrário o aluno ficaria indefeso, à mercê das influências da sociedade (L'Enseignement, 1978: 3; Diem, 1975).

O *Trabalho Independente*, tal como o definem as reformas educativas francesas de Fontanet, Haby e Beullac, é identificado por Faure com o trabalho personalizado. O capítulo X de *Ensino personalizado e comunitário* são citações dessas orientações (1993: 79-82). Esse conceito difere da acepção inglesa, que frisa o aspecto individual do estudo, enquanto a linha francesa enfatiza a independência que o aluno experimenta, sozinho ou em grupo, no processo de aprendizagem (id., ibid.: 80).

Quanto à relação entre o ensino personalizado e o montessoriano, Faure reconhece vários pontos de contato. Aponta como laço fundamental o apelo do educador à atividade interior da criança, para que ela trabalhe sozinha, com consciência e autonomia. Assinala também a confecção do material de trabalho para estimular a aprendizagem específica da criança e, ao mesmo tempo, propiciar-lhe a autocorreção (1983b)[30]. No entanto, à frase de Montessori "ajuda-me a fazer só" Faure faz uma ressalva:

30. "Esta grande educadora havia entendido perfeitamente o desenvolvimento psicológico da criança. Infelizmente o que mais se conservou no mundo de Maria Montessori não são os princípios nos quais se baseava, mas seu material" (Faure, 1983b: 48). "Maria Montessori não queria que se falasse de método porque iria se materializar o que ela criou e se converter num sistema fechado" (Faure, 1978c: 42).

> *"Eu acrescentaria: só e com a ajuda dos outros. Este é o ideal da educação que propomos às crianças, ajudá-las a fazer as coisas por si mesmas, mas com a ajuda de seus companheiros e ajudando-os"* (1983b: 47).

Faure considerava a educação personalizada parte da "escola ativa", na medida em que essa expressão, criada por Adolf Ferrière (1879-1960) no conjunto do movimento da *Escola Nova*, significa a criação de um ambiente propício para a atividade da criança. Contudo, esclarece que o característico da educação personalizada é

> *"que esta atividade surja da própria criança, e que seja ela quem tome a responsabilidade de suas próprias atividades, e isso em todas as atividades da vida"* (1981e: 92).

Acrescenta:

> *"Para nós, não é qualquer atividade que vai demonstrar se é ou não educação personalizada. É a maneira como cada um conduz sua própria atividade e toma iniciativa"* (id., ibid.).

Vimos, diretamente de Faure e da Airap, o entendimento sobre o conceito, a autoria e a originalidade do ensino personalizado, assim como sua localização no panorama pedagógico. A seguir veremos os princípios educacionais que Pierre Faure inferiu a partir da observação da criança e expôs como fundamento de seu projeto.

3.4. Os princípios educacionais

– *Personalização*

Convicto de que "não se nasce pessoa, mas chega-se a ser pessoa" (1975a: 11), e que cada ser humano não é acabado, mas traz em si possibilidades de superar-se e de progredir, Faure associa ao princípio da personalização os conceitos de "progressão pedagógica" e "pedagogia diferenciada" (1993: 16).

A personalização é um trabalho de conscientização, ou seja, o empenho do indivíduo em identificar os apelos interiores e atuar a partir de dentro, mobilizando todas as suas potencialidades. A pessoa é estimulada a crescer sempre, a dar o melhor de si, a superar o nível instintivo, espontâneo, a assumir-se, a assenhorar-se de si mesma. Conseqüentemente, o domínio de si próprio é condição para o surgimento de uma sociedade de pessoas, cada qual cônscia e atuante em favor da própria autonomia (1980b: 18).

Ajudar cada um a ser pessoa é a tarefa essencial da pedagogia. O trabalho escolar deve apoiar-se numa pedagogia diferenciada, mediante a consideração específica da capacidade e do ritmo de assimilação de cada aluno. Suprime-se a pretensão de igualização ou de homogeneização em sala de aula, a partir do referencial do *aluno médio*. Atitudes massificadoras dos educadores com respeito aos alunos, trabalhos e exames padronizados, com expectativa de respostas mecânicas, etc. são insustentáveis no ensino personalizante (1980d: 50) porque

> *"todo ser humano, desde seu nascimento até a morte, leva em si um dinamismo. A vida é dinâmica, impulsiona sempre ao desenvolvimento. Toca-nos nem atrasar nem frear tal crescimento"* (1980c: 36).

– *Autonomia e liberdade*

Temor e entusiasmo são os sentimentos contraditórios que Faure percebe que pais, dirigentes e professores experimentam, por vezes, a respeito da "autonomia" dos alunos. Por isso distingue a "autonomia adquirida" pela criança ou pelo jovem da "autonomia por adquirir". No primeiro caso o papel do educador é ajudar o aluno a manifestá-la e ampliá-la, pois a autonomia é uma dimensão fundamental do ser humano, manifestação da própria vida e seu desejo profundo, mas sua aquisição não é definitiva, podendo estagnar-se e regredir.

Notando o perigo da dispersão e da superficialidade do aluno na conquista da autonomia, Faure recomenda aos educadores que o ajudem a completar o trabalho que ele mesmo decidiu e programou. A autonomia ainda não adquirida pela pessoa deve ser proposta de modo que ela examine suas capacidades, perceba os objetivos a atingir, as etapas a percorrer, o ônus do trabalho a realizar (1981i: 10-11).

Segundo a reforma educativa do ministro francês Haby, apoiada por Faure, o educando, na conquista da autonomia, deve adquirir os conhecimentos técnicos e a postura crítica para enfrentar as influências e agressões da "escola paralela" (meios de comunicação) que tendem a deformar a realidade. Recomenda ainda ao aluno que busque o autodidatismo, entendido como domínio de habilidades necessárias para a aquisição do saber; o exercício de responsabilidades na definição de sua trajetória escolar e no desempenho de atividades na escola. Ideal é "o aluno (...) agir por si mesmo o tempo todo e em todas as disciplinas" (1993: 49)[31].

Unida ao tema da autonomia, Faure apresenta a liberdade como "o ponto crucial da educação", por estar bem arraigada em nossa personalidade (1975i: 61). A liberdade humana é restrita, sempre condicionada, mas fundamentada na liberdade de Deus, que cria o ser humano à sua imagem e semelhança (1973b: 3). É a liberdade como resposta e adesão da pessoa à percepção dos apelos interiores. Trata-se de

> *"liberdade para ser, para progredir"* (1975a: 45); e, ainda, a liberdade *"que permite [ao aluno] fazer o que deve porque assim o desejou ao ser capaz de realizá-lo"* (1980g: 112).

Faure também distingue o exercício da liberdade da conquista da liberdade, que será sempre algo difícil a atingir, pois trata-se antes de condicionamentos interiores que exteriores. A liberdade será buscada no campo sensório-motor, para que a criança se liberte de dificuldades físicas, de ajudas externas até nas pequenas coisas; no campo da linguagem, para ela desenvolver uma comunicação mais ampla (1975i: 62). Por isso mesmo, a liberdade deverá ser favorecida por mediações pedagógicas e por condições escolares que assegurem ao aluno o exercício da escolha, da decisão, da responsabilidade perante as conseqüências do que foi assumido: sele-

31. O número 40 de *Recherche et Animation Pédagogiques*, intitulado *L'Autonomie*, concentra-se no tema.

ção de exercícios e textos; priorização dos trabalhos ou matérias de estudo; modo de abordagem dos temas, entre outras (1993: 58)[32]. Segundo Faure,

> *"não basta preparar a aula, não basta fazer boas apresentações, o que é necessário. É preciso pensar sempre nas ocasiões que vamos proporcionar [aos alunos] para exercitar sua liberdade e não apenas para obedecer ao que se lhes pede"* (1983h: 175).

– Atividade

Embora a atividade da criança já tivesse sido tratada por outras correntes pedagógicas escolanovistas, desde que a teoria da autogênese comprovou sua importância na aprendizagem, ela se tornou marca característica da pedagogia personalizada. Se até então a ignorância da fisiologia poderia justificar o procedimento pedagógico da imobilidade do aluno na sala de aula, hoje a atividade é *conditio sine qua non* para um trabalho verdadeiramente personalizador (Flores, 1980c: 91).

Faure constata a existência de abordagens da atividade pedagógica abusivas e desconectadas das finalidades, o que constitui uma ameaça para a educação personalizada. Não se trata de manter o aluno agitado, realizando quaisquer movimentos físicos. O que mais importa é o enfoque educativo da atividade, o espírito pedagógico com que ela é proposta[33]. Ou seja, a atividade personalizadora é a que brota do interior da pessoa, seja de modo espontâneo, seja por sugestão de outrem, mas assumida por ela (1946: 1). A atividade deve visar a uma finalidade porque "o homem não atua sem um plano, sem alguma idéia concreta, que saiba aonde o conduz" (1975a: 15). Concordando com as críticas de Ferrière aos que usam os métodos ativos como etiqueta, segredo ou panacéia, Faure propõe:

---

32. "Afetivamente é gostoso realizar o que foi previsto e resolvido. A autodeterminação confere à ação mais eficácia e certo sabor que a pessoa atribui a tudo o que provém de si mesma" (Faure, 1993: 58).

33. "Essencial não é apenas a atividade do aluno, mas a forma como ele assume sua atividade: de maneira consciente, responsável, com iniciativa. Isto é o que determinará numa atividade seu caráter pessoal" (Faure, 1981e: 92).

> *"Os métodos mais comprovados, as próprias técnicas dos métodos ativos devem ser repensados por cada educador e aplicados a cada criança(...)[pois] jamais serão os instrumentos e os planos de trabalho que valerão; no fim das contas, o que valerá será a aplicação que o educador fizer delas"* (1946: 6).

A escola e o educador deverão proporcionar ocasiões e instrumentos adequados para que o aluno atue, uma vez que sem atividade não se desenvolve.

– *Criatividade*

Coerente com sua visão de pessoa e aprendizagem, Faure considera a criatividade um fator essencial na educação, algo privilegiado ou excepcional, que passa a ser valorizado pelas diversas instâncias da sociedade, a ponto de poder ser incluída entre os direitos humanos. Ele define:

> *"Criatividade diz mais que 'aptidão para inventar' e mesmo para 'criar', que é mais ampla: criatividade sugere a busca de meios e de técnicas para desenvolver essa aptidão"* (1971: 107, nota).

Faure fundamenta o princípio pedagógico da criatividade nos estudos psicofisiológicos sobre o desenvolvimento da pessoa, os quais demonstram que a criança não assimila se não trabalha pessoalmente o aprendido. Ela coloca seu selo de originalidade nas tarefas de elaboração pessoal que realiza e nisso desenvolve-se.

A partir de sua observação pedagógica, Faure vincula a criatividade ao rigor. Criatividade sem rigor pode redundar em produtos (expressões, informações, ortografia, dicção etc.) banais, estereotipados, pura fantasia. Em contrapartida, o rigor, sem criatividade, pode gerar expressões rígidas e formais (1971)[34].

34. Diz Verduzco (1985: 31) a respeito da criatividade: "Com tudo isso delineia-se mais a missão da educação personalizada: que o homem que educamos seja capaz de respostas pessoais diante dos apelos de que é objeto em seu mundo familiar, escolar e social".

A função da escola deve ser incrementar a criatividade dos alunos, incentivando-os a expressar pontos de vista pessoais, que não constem dos livros nem da programação oficial, e procedimentos originais, diversos dos hábitos e costumes estabelecidos (1979h: 63-67)[35].

– *Sociabilidade*

Faure (1983f) defende uma autêntica educação personalizada formadora da atitude comunitária, que ele entende como sinônimo de social. Estimula os educadores a constatar como os alunos, espontaneamente, tendem a interagir, a comunicar-se, a ajudar-se, sem interferência do professor, quando estão concentrados no próprio trabalho, satisfeitos com sua tarefa pessoal e com o progresso que vão experimentando. "De onde vem isto?", pergunta, "do fato de que uma pessoa não pode se tornar pessoa senão na medida em que, vivendo no meio de outros, pode intercambiar, dar e receber dos outros". Conclui que as escolas deveriam se tornar centros de formação social, em que os alunos aprendam a "estar não justapostos com os outros, mas em comunicação com eles" (1983f: 143).

Embora caiba a cada pessoa se empenhar pelo desenvolvimento da personalidade, esta só atinge a plenitude no compromisso social, ou seja, na atitude de abertura, de amor, de solidariedade para com os outros, visto que "o maior anseio de nossa personalidade é que outra pessoa busque nossa pessoa" (Faure apud Nieves, 1997: 56). Entendendo a comunicação como doação de si, da própria interioridade para enriquecimento do outro, Faure pode explicar aos que acusam de individualista seu projeto pedagógico:

> *"A formação social não se opõe à formação pessoal. Se há verdadeira personalização, ela conduz necessariamente à formação social porque o homem, a criança trazem em si uma natureza que os conduz a se interiorizar e se exteriorizar, se aprofundar pessoalmente e se comunicar socialmente (...). Não se trata da formação*

35. Para tanto, Faure explica o clima escolar para favorecer a criatividade: "Um clima livre e sem qualquer espécie de coerção. Deve-se deixar livre o caminho da criação, o que não significa necessariamente esperar a criação de uma obra genial; favorecer o pensamento original (...)" (apud Nieves, 1997: 53).

> *pessoal de um lado e da formação social de outro, pois isso não corresponde à realidade, mas é um problema que só se coloca no papel. A realidade é que o pessoal conduz ao social e o social ao pessoal*" (1975a: 63).

Os meios que Faure propõe para fomentar essa dimensão referem-se basicamente ao respeito mútuo, à comunicação, à amizade e à ajuda mútua, em casa e nos âmbitos pessoal, intelectual e material. Tal ajuda expressa-se em pedir e oferecer esclarecimentos aos colegas quanto ao tema de estudo; comunicar na *partilha* o fruto de seu trabalho; colaborar nos controles da aprendizagem; grupos de serviço para limpeza e organização material da classe e do colégio (1983f).

– *Transcendência*

Faure (1973b) entende a pessoa como ser criado e chamado por Deus a ser sua imagem e semelhança. Daí conclui que não pode haver uma antropologia que não seja "aspirada" por uma teologia, ou seja, "por uma tomada de consciência de nossas aspirações mais pertinazes e profundas em relação a nosso futuro, a nosso futuro integral e não apenas terrestre".

Mola propulsora do desenvolvimento da pessoa será a tomada de consciência de que ela é um espírito que ordena o corpo, que suscita o trabalho da razão e a leva a transcender às razões e realidades imediatas em busca de "realidades que não se vêem, não se tocam, nem se podem contar e a que chamamos valores" (1976g: 42). A experiência de reconhecer-se como ser espiritual leva a pessoa a experimentar-se criatura diante do Espírito que ordena todos os corpos e todos os espíritos e quer ordená-la também, por amor, à sua imagem e semelhança (1978f: 63). A pessoa encontra em si leis do crescimento, ao mesmo tempo humano e espiritual, que adquirem sentido como resposta aos apelos de Deus. Cada um tende para Deus como flecha lançada por Ele e para Ele. "É tudo simples", diz Faure,

> *"mas, se pensássemos nisso mais profundamente, é provável que encontraríamos aí respostas para muitas de nossas hesitações, de nossas inquietações sobre nosso futuro e sobre os problemas propriamente pedagógicos*

que podemos nos colocar para saber como ajudar a criança a construir seu futuro" (id.: 2).

Por isso Faure defende a liberdade da pessoa de todos os condicionamentos, sobretudo dos interiores, para identificar e responder aos apelos de Deus e então poder expressar seu dinamismo na criatividade, atividade, comunicação e sociabilidade.

4. CONFIGURAÇÃO DO ENSINO PERSONALIZADO E COMUNITÁRIO

Pierre Faure não chegou a alinhavar os elementos de seu projeto pedagógico, que aparecem esparsos em diversos escritos e conferências. Nieves Pereira (1997) situa os elementos faurianos sob uma única categoria: "instrumentos de trabalho". Ocampo & Serna (1992), com base no trabalho de Jaime Ortiz *El proceso enseñanza-aprendizaje personalizado*, organizam os instrumentos faurianos em 5 momentos e 16 atividades[36].

Do estudo que fizemos dos escritos e conferências de Faure, percebemos que em *Ensino personalizado e comunitário* ele nos oferece os diversos elementos para o processo de ensino e aprendizagem, que procuramos organizar num "roteiro didático", composto de instrumentos, momentos e recursos como propomos na página seguinte.

4.1. Instrumentos do trabalho personalizado

– Programação

A *programação* do trabalho escolar para Faure é a seleção e a organização lógica e psicológica dos conteúdos e instrumentos de

---

36. Ocampo & Serna (1992: 97) esquematizam o processo personalizador: "a) *Preparação da aprendizagem*: tomada de contato, programação ampla, programação curta, plano de trabalho do aluno; b) *Experimentação da aprendizagem*: guias de trabalho, rotação, trabalho pessoal, trabalho grupal, oficina; c) *Garantia da aprendizagem*: partilha de sentimentos e conteúdos, aula coletiva; d) *Constatação do aprendido*: autocontrole, controle, avaliação; e) *Retroalimentação durante todo o processo*: acompanhamento, tutoria".

ROTEIRO DIDÁTICO PERSONALIZADOR SEGUNDO PIERRE FAURE

INSTRUMENTOS DE TRABALHO

1. PROGRAMAÇÃO elaborada pelo professor, com eventual consulta aos alunos.
2. PLANO DE TRABALHO elaborado pelo aluno e aprovado pelo professor.
3. INDICAÇÕES DE TRABALHO do professor por guias, fichas, vídeos, preleção, aula coletiva e outros.
4. BIBLIOTECA DE CLASSE: dicionários, enciclopédias, tratados etc.
5. MATERIAL DIDÁTICO AUDIOVISUAL: atlas, globo terrestre, mapas astronômicos, quadros para síntese: histórico, geológico etc.
6. MATERIAL DE AUTOCONTROLE: quadros de controle, dossiês do aluno.
7. MATERIAL DIDÁTICO SENSÓRIO-MOTOR
8. MATERIAL DE VIDA PRÁTICA

MOMENTOS DIDÁTICOS

1. TRABALHO INDEPENDENTE do aluno a partir de: programação, plano de trabalho e indicações de trabalho.
2. TRABALHO GRUPAL programado ou espontâneo, para toda a classe ou alguns grupos, mediante consultas, oficinas, ajuda mútua etc.
3. PARTILHA de conhecimentos e/ou de sentimentos.
4. SÍNTESE PESSOAL do aluno com memorização, apontamentos, elaboração de dossiê, visão de conjunto etc.
5. EXPOSIÇÃO ORAL E ESCRITA: apresentações de tipos variados.
6. AVALIAÇÃO: autocorreção, auto e/ou heteroavaliação, pessoal e coletiva.
7. TOMADA DE CONSCIÊNCIA da classe toda ou em grupos de animação.

RECURSOS

1. AMBIENTE: áreas (ou cantos) de trabalho, "linha" montessoriana, cartazes, quadro de atividades etc.
2. MOBILIÁRIO

trabalho, feita pelo professor, para propiciar o trabalho pessoal do aluno. A organização lógica assegura a progressão dos conteúdos: dos mais simples para os complexos, dos conhecidos para os desconhecidos, dos princípios para as conseqüências, da experiência para a reflexão. A organização psicológica garante a adequação dos conteúdos e instrumentos propostos à capacidade e ao ritmo de aprendizagem dos alunos (1993: 55), de tal forma que "toda criança deve encontrar nessa programação aquilo que é capaz de fazer. Não haverá [alunos] fracos nem repetentes" (1975a: 45)[37].

A elaboração da *programação* tem em conta o programa oficial de cada país ou região[38], embora não deva se reduzir a este, porque apresenta apenas as noções, mas não o modo de trabalhá-las. Faure sugere considerar

> *"seu nível [do aluno], seus conhecimentos e possibilidades atuais, suas disposições pessoais, as relações que o modo de estudar e trabalhar vão criar, inicialmente com os professores, com seus colegas, no grupo que é uma classe, com seus pais, consigo mesmo sobretudo"* (1972c).

Tratando-se da Educação Infantil, cuja finalidade é a capacitação dos alunos para a aprendizagem, a *programação* não apresentará as noções, mas as atividades a realizar. Várias disciplinas exigem a retomada dos conteúdos em diversas séries até poderem ser assimiladas suficientemente. Só a experiência do professor indicará o tempo a ser dedicado a cada ponto da *programação*, que não poderá ser uniforme, devido à consideração do ritmo de aprendizagem. Pelo mesmo motivo, a *programação* não pode se atrelar ao ano letivo, mas poderá abarcar um período maior como até o do curso, ciclo ou segmento (1993: 56).

Faure sintetiza as condições desejáveis para a *programação*: 1) explicitação dos elementos de modo claro e compreensível; 2) apresentação atraente do material proposto; 3) estilo sóbrio; 4) acesso

37. Flores Montúfar (1980b: 93) define "ritmo de aprendizagem" como "o tempo que cada pessoa requer para conquistar uma nova estrutura. Que estrutura? Mental, cerebral. O ritmo pessoal é múltiplo e visa a todas as nossas potencialidades".

38. "Os programas oficiais em todo o mundo são diretrizes necessárias que não afetam em nada o ensino personalizado. O importante é a maneira de estudar, de fazer com que os programas sejam melhores para a formação. Nunca há de se opor ou criticar os programas oficiais. Em cada país são diferentes. Devemos primeiro estudá-los, ver como estão organizados e extrair deles o melhor" (Faure, 1983c: 71).

fácil dos alunos à *programação*, aos instrumentos de trabalho e aos livros; 5) localização dos elementos em seu conjunto; 6) abertura a novas pesquisas e aplicações; 7) possibilidade de intercâmbio (1981h).

Sendo a *programação* um roteiro do caminho pedagógico a percorrer, deve deixar suficiente margem ao professor para inovar e modificar conforme julgue necessário para o bem dos alunos. Os professores

> "*podem acrescentar alguns exercícios ou algumas perguntas que partam da noção principal, mas que vão a aplicações que sequer figuram no programa: são os trabalhos livres, culturais e podem sugerir-lhes que os apliquem a outros domínios, distintos da matéria que estão trabalhando*" (1975d: 25).

Distribuída aos alunos e aos pais, a *programação* orienta o trabalho do aluno prevenindo-o do espontaneísmo ou da dispersão; é "a prova da preparação da aula pelo professor", assegurando e delimitando seu papel, impedindo que ele ceda à tentação de querer explicar tudo oralmente aos alunos (1982d: 45). Também estes têm seu papel garantido pela *programação*, pois podem trabalhar pessoalmente, sem ficar dependentes do professor[39] e ser substituídos por ele, de modo que

> "*a aula torna-se um lugar em que os alunos trabalham, em que são eles que conquistam, pouco a pouco, os elementos do conhecimento que foram colocados nas programações*" (1982d: 46).

A *programação* é um elemento básico para a formação do espírito, pois apresenta ao aluno o conjunto da matéria a ser trabalhada, a meta, a direção, a progressão das etapas e os instrumentos de trabalho:

> "*Ela confere a estrutura interna ao ensino, sua coesão profunda e o espírito de pesquisa na educação. Ela tem*

39. "A entrega do programa detalhado, expresso em termos que o aluno possa captar, permite-lhe compreender que ele, e apenas ele, é o responsável por suas aquisições. Traçamos-lhe o caminho, marcamos-lhe as etapas; mas cabe a ele avançar. Cabe a ele se perguntar lealmente, a cada momento do ano, para saber onde se encontra" (Faure, 1960: 774).

> *ainda a vantagem de introduzir o aluno não apenas às noções a conquistar e assimilar, mas a um método pessoal de aquisição. Ela forma seu espírito, seja qual for a matéria ou a atividade considerada*" (1981h: 7)[40].

– *Plano de trabalho*

À pergunta sobre o modo de delimitar o tempo para os alunos desenvolverem a *programação*, Faure responde com outro instrumento didático: o *plano de trabalho*. Elaborado pelo aluno sob a supervisão do professor, este recurso distribui em uma ou duas semanas conteúdos, atividades e também eventos coletivos (excursões, exposições, encenações etc.) da *programação*. Contudo, dados a diversidade dos ritmos de aprendizagem dos alunos e os objetivos da educação personalizada, o *plano de trabalho* não pode ser organizado como as unidades de trabalho e unidades de tempo de outros métodos pedagógicos, de tal modo prescritivos que eliminam a autonomia do aluno (1993: 57; 1981f). Faure esclarece que o importante

> "*não é o trabalho que se realize em muito tempo ou que seja feito rapidamente, mas o importante é que estas atividades, este trabalho se realizem pessoalmente*" (1981f: 102).

O *trabalho independente* é um exercício pedagógico em que o aluno se personaliza aprendendo a se motivar, a escolher, a dar prioridade, a valorizar o tempo, a prever a duração de seus estudos, a se comprometer com sua realização e a redimensionar seu plano caso o tenha concluído antes do previsto. Desta forma, o aluno

> "*fica sabendo quais conteúdos deve adquirir, quais devem ser revisados, quais os que já domina e se pode avançar na programação. Mas é ele quem deve decidir o que deve ser feito*" (Faure apud Nieves, 1997: 106)[41].

---

40. Autores que têm estudado o projeto pedagógico de Pierre Faure apresentam a *programação* e sugerem meios para elaborá-la: Flores Montúfar (1980c, 1980d), Jaramillo (1988: 69-73), Nieves (1997: 76-104), Vélez Escobar (1996: 67 e 79-83), Verduzco (1985: 39-44).

41. Outras explicações sobre o *plano de trabalho* e sugestão de meios para elaborá-lo encontram-se em: Jaramillo (1988: 69-73), Nieves (1997: 105-115), Vélez Escobar (1996: 67) e Verduzco (1985: 45-47).

Tarefa importante do professor é ajudar o aluno a considerar seu *plano de trabalho* como ponto de partida e não de chegada, como um incentivo à busca, à pesquisa. Não se trata de o aluno meramente prestar contas ou desincumbir-se (Faure, 1968a: 9). Importa:

> "*Evitar que a criança guarde o trabalho com a impressão de que este terminou. E, terminado, será livre. O que vale é o trabalho progressivo da criança*" (id.: 9).

– Indicações de trabalho

A *programação* é decisiva para o processo de ensino e aprendizagem, mas carece de instruções pormenorizadas que motivem os alunos ao trabalho, se adequem à sua realidade e privilegiem suas atividades. Essas *indicações de trabalho* são preparadas pelo professor com sobriedade, exatidão e progressividade (1993: 60).

Embora seu projeto pedagógico seja, por vezes, caracterizado como o método das *guias* ou fichas, Faure se refere a elas com precaução, tratando-as como instrumentos de trabalho de outra autoria[42]. À consulta epistolar sobre *guias* que lhe fez Vélez Escobar, Faure respondeu:

> "*Eu prefiro, em lugar das* guias, *os quadros, que permitam situar os conhecimentos adquiridos (...). Este tipo de fichas provém da Espanha, e isso é um subsídio que compromete seriamente o ensino personalizado, podendo levar ao cansaço e à desmotivação dos alunos*" (apud Vélez, 1996: 86)[43].

Normalmente Faure prefere falar de *indicações de trabalho*. Reconhece o valor do ensino programado com fichas para adultos,

42. "Entre estes meios de trabalho que ficaram muito em moda há o que chamamos de *guias*, mas é preciso saber bem como redigi-las" (Faure, 1983c: 80). "Aqui se pergunta [sobre as *guias*], certamente porque se observaram alguns abusos, porque os há. Como fazer com que as *guias* sejam verdadeiramente educativas (...). As famosas *guias* (...)" (Faure, 1983c: 97).

43. O texto original de Vélez traz: "*Esta clase de fichas ha venido de España y ésta es una falla que compromete seriamente la enseñanza personalizada* (...)" (in: *Practica de la educación personalizada*, Bogotá, Confederación Nacional de Docentes [CONACED], 1990: 103).

proposto pela reforma educativa francesa de 1969, mas julga inadequado seu uso exclusivo para alunos mais jovens, que requerem a presença do professor e da classe. Entre as fichas de exercícios introdutórios e as de aplicação, no final do trabalho, falta

> *"estabelecer um laço, o próprio nó da lição, que consiste em desglosar das premissas a noção a elaborar. Nessa idade isso só é eficaz sob a direção pessoal do professor, hábil para suscitar e recolher sugestões, organizar a pesquisa, fazer uma síntese do adquirido e obter dos alunos uma formulação adequada e definitiva"* (1969c: 42).

As *guias* são instrumentos para apenas uma fase do trabalho em classe: a do *trabalho independente*, não devendo ser absolutizadas ou usadas indiscriminadamente. Não é seu preechimento que conta, mas o *trabalho pessoal* motivado, com objetivo preciso de pesquisa, que "põe a mente em atividade" (1983d). Vélez Escobar opina que:

> *"É possível, por exemplo, conduzir muito bem o espírito, que é o principal, e não ter guias de trabalho. Assim como há muitos que têm guias de trabalho mas permanecem a anos-luz do que seja a verdadeira educação personalizada"* (1996: 66).

Faure, entretanto, oferece algumas orientações para as *guias* atingirem seus objetivos: respeito pela progressão das etapas de aprendizagem; adequação às peculiaridades dos alunos; elaboração comum entre os professores de classes paralelas; formulação interrogativa, que estimule a pesquisa, sempre acompanhada de autocorreção; apresentação clara, renovação constante do material (1969c: 43; 1980c: 37; 1983c: 80-81; 1983d: 97)[44].

---

44. Vásquez Tapia & Magalhães (s/d: 8) distinguem *guias* de fichas. Estas "são instrumentos aos quais o aluno recorre durante a realização das tarefas nas *guias* (...), são um apoio ao trabalho de descoberta do conhecimento do aluno. Podem atender a qualquer um dos aspectos citados na caracterização das *guias*, ou seja, podem propor exercícios de investigação, de discriminação, de fixação etc.".

Ver apresentação sobre *guias* em Flores Montúfar (1980c: 124-125), Nieves (1997: 116-123), Vélez Escobar (1996: 85-91), Verduzco (1985: 47-51) e Jaramillo (1988: 73-79). Este apresenta, no Apêndice I (pp. 151-185), modelos de *guias* de diversas disciplinas para todas as séries.

Ele insiste tanto na *programação* como nas *indicações de trabalho* escritas e manifesta-se pouco quanto à exposição oral do professor, parecendo ignorá-lo. Contudo, o trabalho personalizado não dispensa a intervenção do professor, como "ensino-transmissão de conhecimentos" (1972c), considerando-se sempre que "o professor não pode pensar no lugar do aluno. Transmitir um esclarecimento, sim, mas um pensamento não" (L'Enseignement, 1978: 3).

Faure admite também uma breve apresentação oral do professor, inspirada na *preleção* da *Ratio Studiorum*, chamada nas escolas personalizadoras brasileiras de *aula coletiva*. Em lugar da aula magistral, na qual expunha a matéria sem possibilitar a atividade mental pessoal do aluno, nem sua intervenção na aula, o professor, agora, intervém instigando o trabalho da pesquisa do aluno mediante orientações oportunas e dosadas. Não há receitas sobre sua incidência; a necessidade dos alunos é que a determina. Se numa classe um grupo carece de um esclarecimento do professor, pergunta Nieves, por que dá-lo a todos? (1975h: 59).

– *Material didático*

Faure nota que não bastam bons objetivos de estudo e o interesse do aluno, se lhe faltam os pré-requisitos, ou seja, os meios para a aprendizagem, pois:

> "*Se queremos uma educação personalizada, é indispensável que busquemos os meios, conforme a idade das crianças, o que sabem ou não fazer, o que são capazes de fazer, os meios para que a criança se coloque em atividade*" (1993: 13).

O material didático apresentado por Pierre Faure consta de biblioteca (livros e documentos), material sensório-motor, material audiovisual e material de síntese. A biblioteca não é um recurso ocasional, ocupado em tempos vagos, mas

> "*o principal instrumento de trabalho do aluno em aula*", pois "*se não existe biblioteca a única coisa que haverá é a palavra do professor, e a palavra — queiram perdoar-me — é muito pouco*" (apud Nieves, 1997: 124).

Além da biblioteca geral da escola, a educação personalizada conta com a biblioteca da sala de aula, ou uma comum a várias salas, de fácil acesso para o trabalho de consulta dos alunos, com livros essenciais, variados, adequados conforme a *programação*: enciclopédia, dicionário, atlas geográfico, livros de referência, obras de bons autores. Para a montagem da biblioteca da classe, Faure sugere a participação dos pais que, uma vez desobrigados da compra do material escolar individual, poderiam enriquecer o acervo a ser partilhado por todos[45].

Nieves Pereira, a partir, sobretudo, de apontamentos das aulas que teve com Pierre Faure em Paris, é quem apresenta seus instrumentos de educação sensorial (1997: 148-179). Estes haviam sido recolhidos e enriquecidos por ele, em grande parte, do material didático de Séguin, Bourneville e Montessori, "nossos predecessores e nossos mestres", como dizia (Faure, 1970: nota à p. 7).

O material visa 1) estimular o espírito para um trabalho intelectual, a partir de percepções e comparações; 2) dar segurança à criança para controlar-se e atuar sozinha, sem a tutela dos adultos. Características que devem apresentar o material: isolamento do sentido (o material, para permitir a sensação tátil, não deve fornecer a sensação de temperatura); gradação progressiva (para evitar automatismos); autocorretivo (os encaixes cilíndricos, por exemplo, automaticamente revelam acertos e erros); possibilidade de auto-atividade; apresentação atraente.

Faure sugere diversos materiais didáticos conforme a idade dos alunos e a *programação* das disciplinas: gravador, diapositivos, guias de trabalho, quadros cronológico, geológico, zoológico, mapas, globo terrestre, fichário, entre outros. Ele nota que a utilização desse material predisposição mais os alunos à assimilação do que eles escutarem uma exposição ou tomarem notas. Além disso, o material estimula os alunos a tratá-lo com respeito (1983h).

– Material de autocontrole do aluno

Tema bastante recorrente nos escritos e conferências de Pierre Faure é o autocontrole do trabalho do aluno, o qual desenvolve a

45. "Suprimir manuais e livros de leitura que os alunos adquirem sem proveito algum. Com a economia feita, comprar livros variados" (Faure apud Nieves, 1997: 126).

autonomia também pela consciência dos próprios erros na aprendizagem. Não basta que o aluno trabalhe, mesmo pessoal e ativamente. Ele tem direito a verificar os acertos e erros do trabalho realizado, pois "não há trabalho válido se não temos meios para verificar que é válido" (1976e: 36).

Apoiado na lição de três tempos de Fröebel (Faure, 1976e: 34), nas experiências de Binet, Montessori (Faure, 1980c: 37; 1983b: 49) e Simone Weil (1909-1943), Faure insiste com os professores para que não manifestem surpresa ou descontentamento com os erros dos alunos, não os amedrontem nem, quanto possível, corrijam seus trabalhos, mas permitam-lhes identificar a falta e pesquisar a solução, recorrendo a livros, a dicionários e a outros instrumentos de trabalho[46].

O procedimento autocorretivo, além de evitar a interrupção freqüente do trabalho do aluno pelo recurso ao professor, é de grande proveito pedagógico ao prolongá-lo, pois lhe possibilita a reflexão, a tomada de consciência, a identificação dos erros e de suas causas, o rigor científico, a busca da perfeição, a apreciação global da tarefa realizada e a mobilização da vontade para a busca dos instrumentos de correção (1975a: 16-22; 1975f: 43). Ou seja: "os conhecimentos, desta maneira, trarão por si mesmos a consciência do próprio critério, das próprias aquisições e do modo de corrigir-se" (1975a: 16).

A preocupação do professor personalizador não é tanto a elaboração abundante de exercícios, mas o provimento de instruções de autocorreção ou de autocontrole para cada instrumento de trabalho confeccionado, a ser utilizadas habitualmente pelos alunos sempre que concluem suas tarefas. Tais indicações são mais auto-instrutivas que apenas corretivas, permitindo o real progresso dos

---

46. "Alfredo Binet (...) chegou à seguinte conclusão: a mente tem necessidade de certeza; daí ele agrega um novo elemento que chama censura, quer dizer, a autocrítica que permite, ao julgar o que se está fazendo ou pensando, retificar aquilo que se está tratando de fazer, criticar-se. Maria Montessori, sem conhecer estes trabalhos de Binet, encontrou algo exatamente equivalente. Diz ela: 'É necessário que todo o material que se coloca à disposição da criança lhe permita a crítica', o que ela mesma chama: a autocorreção" (Faure, 1980c: 37).

"Simone Weil (...) diz (...): 'É grande a atenção dos alunos de não parar, não fixar sua atenção numa falta, de passar de uma coisa à outra, enquanto, ao contrário, há de propiciar-lhes o hábito de observar prolongadamente para encontrar a origem de uma falta, e, por isso mesmo, a falta como que já não tem a oportunidade de repetir-se" (Faure, 1982c: 36).

alunos e não a mera constatação do erro; estimulando seu gosto pelos controles (1976e: 34); levando-os a recorrer à ajuda dos colegas para a correção mútua (1982h: 105). Devem ser sóbrias (bastando às vezes um número ou uma palavra) (1993: 62) e adequadas à diversidade das disciplinas. Dessa forma, "o verdadeiro controle de conhecimentos é, portanto, sua utilização, quer dizer, a reutilização dos conhecimentos" (1976e: 36)[47].

A impossibilidade de alguns alunos fazerem a autocorreção pode ocorrer por preparação insuficiente da aprendizagem ou inadequação dos instrumentos de trabalho. A recomendação é que os professores procurem suprir as lacunas da fase preparatória desses alunos de modo que possam aproveitar da *programação* da classe (1975a: 22).

4.2. Momentos didáticos

Os princípios personalizantes apresentados por Faure são o horizonte ou o ponto de referência do trabalho pedagógico. A consideração constante dos princípios na elaboração e utilização dos instrumentos de trabalho garantirá as metas do processo personalizador. De posse desses elementos podemos apresentar os momentos didáticos. A seqüência não é cronológica, nem se verifica, integralmente, em todas as aulas. Os momentos podem ser alterados ou combinados, conforme a necessidade dos alunos.

– Trabalho independente

O *trabalho independente* é um dos momentos que mais concretizam os princípios pedagógicos acima expostos. Com a *programação* e o *plano de trabalho*, o aluno tem condições de desenvolver com consciência sua tarefa diariamente, desejoso de atingir o objetivo com autonomia na escolha da matéria, do tempo e dos meios com que trabalhar.

Faure nota como o incremento do lazer na atual civilização leva alguns educadores a buscar amenizar o trabalho escolar, asso-

47. Faure sugere diversos meios para a autocorreção: 1968a: 22-24; 1975a: 17-21; 1976e: 36-38. Igualmente Nieves (1997: 134-137) e Jaramillo (1988: 90 e 91).

ciando-lhe o jogo ou o brinquedo. Entretanto, a observação das crianças revela seu interesse espontâneo por saber, aprender, memorizar e descobrir. Elas se dedicam ao trabalho, desde que atraente e motivador. Para Faure, o trabalho cotidiano do aluno é como um trabalho profissional (1963a: 399):

> "*não é de nenhum modo rentável como o trabalho dos adultos, que tem finalidade econômica. Seu valor não se atém a seus modestos resultados imediatos, mas ao progresso que ele faz a própria criança realizar em si mesma (...). Ele enriquece o produtor (...). Nisso ele é desinteressado*" (1965e: 332).

A criança percebe a seriedade e a relevância de seu trabalho na medida em que a escola fornece as condições para sua realização:

> "*Como o adulto que vai ao escritório e a mãe de família, ela sabe de antemão o que tem a fazer. Atitude natural, o que esperamos da criança é que ela trabalhe por si mesma e para si mesma. A criança vai saber que todo trabalho depende dela. Pouco a pouco tomará consciência de seu trabalho, e isso vai criar uma continuidade mental*" (1968a: 2).

Por isso, ao chegar diariamente à escola o aluno é respeitado na introdução ao trabalho, na tomada de contato com ele. Para favorecê-lo, o professor evita distrair os alunos — que têm ritmos diversos de concentração — com saudações, discursos ou recomendações, que poderão ocorrer em outros momentos. Em lugar dos horários excessivamente fragmentados assegura-se aos alunos um tempo maior, cerca de uma hora e meia a duas horas, para o *trabalho independente*, que deve constar de tarefas variadas: pesquisas, consultas (a livros, a colegas, ao professor) e experiências, e não apenas trabalhos escritos (1981f: 104). O professor acredita no trabalho do aluno; valoriza-o, evitando interrompê-lo desnecessariamente, e conserva o material trabalhado em dossiês para verificar a trajetória empreendida[48].

48. É bastante sugestivo o relato de Audic (1997: 168) sobre a evolução do trabalho independente: "No início, nos longos períodos de trabalho que lhe estavam

Realizado o *trabalho independente* dentro da jornada escolar, de acordo com a *programação* e o *plano de trabalho*, o dever de casa não é estimulado por Faure, seja porque esse trabalho poderá conflitar com o enfoque da escola, caso seja orientado pelos pais, seja porque — após seis horas diárias de trabalho na escola — a criança tem direito à vida familiar (1975d: 29). Ele recomenda que em casa os alunos menores prestem pequenos serviços, desenvolvam trabalhos manuais ou brinquem, e os maiores dediquem-se a leituras livres, à busca de documentação para o tema em estudo (1958: 154, 163; 1965c: 14; 1982g: 98).

– *Trabalho grupal*

Faure chama a atenção dos professores para o fato de que os alunos, mesmo concentrados em seu *trabalho independente*, formam um grupo, "um dos instrumentos mais apreciados na aula" (1983a: 40), e espontaneamente se solicitam ou se ajudam sobre algum ponto em estudo, sem necessidade de dinâmicas especiais. Trata-se de uma primeira modalidade de *trabalho grupal*, informal, em que se revelam as diversas competências dos alunos e tem início o espírito comunitário. Para Faure, o *trabalho independente*, se faz jus ao nome, nunca é trabalho que um aluno realiza individualmente, alheio ou isolado do resto da classe (1968a: 11).

Outra modalidade de *trabalho grupal* realiza-se com um tema tratado por vários alunos concomitantemente, cada um escolhendo o aspecto de sua preferência. Essa forma de estudo estimula o interesse, a criatividade, a participação e a capacidade de expressão dos alunos e favorece a interdisciplinaridade, enquanto toca aspectos tratados por diversos ramos do saber. Há critérios precisos (número de componentes, distribuição de tarefas, etapas progressivas, roteiro e prazo de estudo etc.) para evitar certos vícios como espon-

reservados, um mesmo trabalho era dado a todos [os alunos]. Assim, ele era 'individual', o que não excluía, de modo algum, quando fosse útil, momentos de troca, de 'lições', de trabalhos de grupo. Entretanto, aí cada um tomava consciência de suas aquisições e lacunas, de suas competências e de seu método, e o trabalho tornava-se pouco a pouco mais 'individualizado', de modo que proposições diversas adaptavam-se às diversas situações. Fichas de exercícios progressivas — obrigatórias, complementares e facultativas —, para aprofundamento e recuperação, eram abundantes, o que caracterizava uma fase de pesquisa dos docentes".

taneísmo, dispersão, perda de tempo e abstenção de responsabilidade de alguns alunos (1978d; 1993: 65). A regra básica é:

> *"O trabalho em comum só vale na medida em que permite a cada um se concentrar, seguir pessoalmente em sua reflexão. Procura-se junto, encontra-se sozinho"* (L'Enseignement, 1978: 3).

Faure especifica que o *trabalho grupal* gira em torno de trabalhos práticos e dirigidos, de aplicação, distinguindo-o do *trabalho independente*, que visa à compreensão e à assimilação pessoais das noções (1969d)[49].

– *Partilha*

Tendo observado a necessidade de os alunos comentarem seus trabalhos pessoais com os colegas e o professor, Faure institucionaliza a *partilha* como um dos momentos que mais desenvolvem a dimensão comunitária da aprendizagem:

> *"A partilha é precisamente pôr em comum o que cada um observou, obteve, refletiu. A partilha substitui a aula coletiva. Nela é o aluno quem tem a iniciativa, a iniciativa de sua mente, de seu espírito. Ali põe em comum suas dúvidas, hipóteses, conquistas, surpresas, equívocos, retificações"* (1982a: 12)[50].

Esse exercício, previsto na *programação*, realiza-se após determinadas unidades didáticas, se bem que "deveria acontecer todo dia em cada aula" (1982f: 85), com os alunos em roda, cada um expondo ao grupo o processo e as descobertas do *trabalho independente*.

---

49. *Recherche* (n. 26, p. 15), Jaramillo (1988: 105-110) e Nieves (1997: 140-148) apresentam o *trabalho grupal*.

50. Nieves (1997: 244) esclarece: "Podemos falar da 'partilha' como uma técnica que favorece a relação grupal, permite a correção e constitui convite à superação. Desse modo seu funcionamento pode ser sistematizado, embora ela ultrapasse os limites de um simples conjunto de técnicas. Preferimos considerá-la como uma situação, um âmbito, um momento de desenvolvimento máximo da socialização dos elementos do grupo".

Os colegas interpelam, completam a exposição e refletem pessoalmente ao final. Não se trata de recapitulação nem de avaliação. Por isso o professor não interroga, não avalia, não intervém desnecessariamente, mas ajuda na precisão dos conceitos, seus desdobramentos e suas aplicações (1993: 62).

Na *partilha* os alunos aprendem a ser claros e precisos nos trabalhos que expõem, a escutar e a valorizar os colegas, a criticar e a argumentar, a se interessar por outros aspectos dos temas abordados, a prosseguir os estudos para além do previsto na *programação*, a perceber a interconexão das diversas disciplinas (1982f: 84). A *partilha* é o refinamento do estudo, em que o professor

> *"participa e aprova. Indica o que falta por melhorar, convida amiúde a procurar aplicações ou desenvolvimentos, sobretudo ajuda a destacar o essencial e a situá-lo, a classificá-lo acertadamente"* (1993: 63).

Como enriquecimento da *partilha,* Faure sugere a colocação do *quadro de atualidades* em cada classe, em que os alunos possam afixar reflexões e recortes de outras experiências que não as trabalhadas em sala de aula. Pode ser "o melhor da formação social, abrir os olhos, os ouvidos, para dar-se conta do que acontece no mundo em que vivemos" (1982f: 87).

– *Síntese e registro pessoal*

Para Faure, o processo de aprendizagem tem uma intencionalidade clara, assumida pelo aluno que recebeu a *programação* e sobre a qual elaborou seu *plano de trabalho*. Para ser assimilado, transformando em algo pessoal, cada conhecimento precisa ser inserido num quadro mais amplo de referência, em relação aos conhecimentos anteriores, de modo a situar

> *"uma planta, um animal em seu ambiente vital, uma noção de gramática, na categoria gramatical a que pertence, um elemento lingüístico entre aqueles de que se distingue, um fato histórico no 'quadro cronológico', um dado geográfico no globo terrestre etc."* (1993: 61).

Para poder apropriar-se do conhecimento, além da *visão do conjunto*, o aluno é estimulado a lançar mão de outros meios: elaboração de *sínteses* pessoais, *anotações* próprias e *memorização*.

Faure nota que, com o desenrolar do trabalho escolar, sobretudo a partir das últimas séries do Ensino Fundamental, os alunos passam a encontrar-se com um expressivo volume de material, de dados, de estudos, de apontamentos, que convém organizar em dossiês, quadros sinóticos, quadros de referência etc. (1968a: 29; 1993: 63) porque

> *"essas anotações, esses propósitos de exercitar-se e melhorar forçam cada aluno a participar ativamente da própria formação. Junto com a previsão e os aprimoramentos, trata-se de um fator importante da educação para a vida, pela vida"* (1993: 64).

Ele recomenda a *síntese* porque essa ajuda o aluno a aguçar a mente, a desenvolver a memória associativa, a estabelecer as relações interdisciplinares do conhecimento. Sem esse exercício

> *"a mente permanece privada do domínio da realidade, de vigor para apreendê-la. Vira joguete de conhecimentos acumulados, mas que não domina. Disso resulta a profunda incultura de tantas inteligências que só foram escolarizadas"* (1993: 61).

Para lograr essa *síntese pessoal*, Faure recomenda o aparelhamento da classe com os instrumentos indispensáveis já sugeridos: globo terrestre, atlas geográfico, quadro cronológico, quadros de resumo, e outros (id., ibid.)[51].

– Exposição oral e escrita

Aquilo que o aluno trabalhou e descobriu em seu estudo deve ser socializado em outros momentos além da *partilha* na classe. Essa

51. A *síntese pessoal* tem clara influência do exame da oração, proposto na 5ª Adição dos *Exercícios Espirituais* (Loyola, 1985: 59). Neste pequeno livro, assim como as *Anotações* dirigem-se ao orientador, as dez *Adições* são orientações práticas que visam ao exercitante "para melhor fazer os exercícios e para melhor o exercitante encontrar o que deseja" (Loyola, 1985: 57-62).

comunicação pode assumir a forma de sessões, exposições, declamações, apresentações artísticas para os colegas, mesmo menores, para os educadores e os pais (Faure, 1993: 64). A expressão escrita, oral ou corporal é um exercício responsável e exigente, criteriosamente orientado pelo professor que o proverá dos instrumentos e do tempo necessário. O professor estimula a participação do aluno:

> *"Você tem uma coisa muito importante a comunicar, então reflita bem para dizê-lo (...). Prepare-se para falar bem no momento da comunicação"* (1968a: 12).

Faure ressalta o proveito desses exercícios:

> *"Depois de redigidas e revistas, essas exposições constituem a prova inegável do trabalho efetuado. São o elemento principal do dossiê do aluno, sua avaliação (...); têm a vantagem de figurar como um trabalho acabado, uma obra. Merecem consideração, apresentação artística, quem sabe encadernação (...) e figurar na documentação"* (1993: 64).

– *Avaliação*

Pierre Faure atribui maior importância à autocorreção do aluno nos trabalhos que realiza para que ele seja o primeiro a se dar conta do caminho que percorre, das dificuldades e do proveito que encontra (1993: 62). Para isso as *indicações de trabalho* do professor trarão instrumentos fáceis e acessíveis para o aluno efetuar o controle do acerto e da qualidade da trajetória que vai desenvolvendo. Os alunos podem ajudar-se mutuamente na autocorreção. O importante é

> *"fazer a criança compreender que deve descobri-las [as dificuldades], buscá-las e, sobretudo, encontrar o porquê destes erros e destas faltas. Esta é precisamente a fonte do progresso"* (1983b: 53).

Seja a auto-avaliação, seja a heteroavaliação, feita pelo professor, o que importa é "a avaliação do 'saber fazer', quer dizer, os métodos de trabalho que o próprio aluno utiliza" (1976f: 41)[52]. Para tanto sugere vários exercícios como inquirir sobre o uso do dicionário, a realização de operações inversas na matemática, a localização de determinado evento nas fases históricas, nos continentes, nas zonas climáticas. Recomenda ainda aos alunos examinar suas pastas com o dossiê de todo o material trabalhado durante o ano, o que possibilita uma avaliação constante, "na verdade a única verdadeira, a única objetiva" (1978b: 34). Ele justifica:

> *"Esta é a verdadeira avaliação, vocês sabem que na vida, atualmente, o que se pede aos jovens, que passaram certos anos de escolaridade, não é que repitam o que encontraram nos livros, mas que saibam fazer algo com as mãos, com a cabeça"* (1976f: 41)[53].

O processo de avaliação proposto como o mais condizente com a educação personalizada é a avaliação contínua, realizada diariamente pelo professor e pelo aluno, com base na *programação* e no *plano de trabalho*. Faure justifica esse procedimento que estava sendo implantado em todas as universidades e chegava a todos os graus de ensino:

> *Nesta avaliação não se trata de fazer um exame que se prepara na véspera, isto não é bom, porque no dia seguinte já foi esquecido"* (1975a: 47).

Ante uma *programação* bem dosada, não há repetência de série porque cada aluno trabalha de acordo com seu ritmo e capacidades. Para os alunos incapazes de cumprir a *programação* seguida pela maioria do grupo, é oferecida a classe de aperfeiçoamento. A repetência "é indício da incapacidade da escola para adaptar-se às necessidades" dos alunos (id.: 59).

52. Faure (1978c: 38) explicita que a avaliação tem sentido "(...) se a criança se conduz a partir de seu interior, daquilo que compreendeu, do que já projetou, da programação que fez, e se sua atividade não provém unicamente do exterior".

53. Vélez Escobar (1996: 69, 82, 99-103) descreve a avaliação personalizadora, dá sugestões para sua realização e apresenta a preocupação pela descoberta de um modo de realizar a avaliação grupal, em vista do processo socializador e integrador dos alunos: avaliações em forma de pesquisa e avaliação da pessoa do aluno como um todo.

Faure questiona o sentido de justiça da escola que aplica aos alunos avaliações padronizadas, desconsiderando assim seu ritmo pessoal de desenvolvimento; o calendário sobrecarregado de provas e exames, que reduz o tempo de trabalho pessoal; a atribuição de notas pela "prestação de contas" do aluno e não por seu desempenho no trabalho e na aquisição de experiências e conteúdos; a expectativa exagerada de pais e professores pela produtividade escolar dos alunos (1958: 104-107; 1980d: 50-51)[54].

> *"Muitos professores preocupam-se com a avaliação"*, diz Faure. *"Para nós este problema não existe, é problema apenas para o ensino tradicional. Por quê? Porque as crianças trabalham. E sua avaliação é seu próprio trabalho. Em qualquer momento do dia ou do ano alguém pode ver os trabalhos das crianças e dar-se conta do que elas são capazes de fazer"* (1978b: 33).

Sugere que a "avaliação final" de cada ano letivo seja realizada com maior proveito no início do ano seguinte[55], a partir das exposições ou comunicações orais e escritas que os alunos fazem entre si dos próprios trabalhos (1993: 64). Confrontando-se com a *programação* e com seu *plano de trabalho*, o aluno identifica o que realmente assimilou ou não do ano anterior, e a partir daí o professor aquilata o nível de conhecimentos e de desenvolvimento de cada um, a fim de elaborar a *programação* do ano letivo que inicia.

Faure sente que "ao aluno não interessa [a nota], o importante é o trabalho que realiza, o trabalho que assimilou, que é a autêntica prova do que sabe" (1976f: 40). Mesmo assim opina que a nota não deve ser descartada, mas deve incidir sobre a seriedade e intensidade do trabalho (1981a: 13) e resultará inócua caso não seja interpretada (1982h: 107), acompanhada de comentários do professor, de modo a elucidar a trajetória acadêmica do aluno:

---

54. "Em suma, a avaliação é a prova do que o aluno sabe, portanto todos esses documentos chamados avaliações, importados dos Estados Unidos, que só requerem uma resposta com 'sim' ou 'não', não valem para nada, já que não têm nada a ver com a cultura" (Faure, 1976f: 41).

55. "No início do ano escolar ajudemos os alunos a se manifestar, que façam a prova do que eles conhecem, do que assimilaram, para que possam falar disso, porque quando explicamos, explicitamos, expressamos algo é a melhor prova de que foi assimilado" (Faure, 1976f: 39).

> *"(...) não [podemos] nos contentar apenas com umas qualificações dadas com cifras, pois são muito impessoais, anônimas. Pelo contrário, creio que haveria de se preocupar em dar as indicações negativas e, se necessário, enviá-las (...); haveria de acrescentar alguma pequena indicação, alguma objeção, demonstrando que se espera algum progresso nisso"* (1979e: 30).

– *Tomada de consciência ou Grupo de animação*

Além da *síntese pessoal* e da *partilha*, Faure prevê um momento em que é necessário ao grupo *tomar consciência* dos rumos e do processo de seu trabalho, seja por dificuldades encontradas, seja para firmar os resultados obtidos. Faure também se refere a este momento como *grupo de animação*.

Trata-se do encontro periódico de um grupo de alunos, normalmente reunidos por idade, com seu professor-chefe, para refletir sobre sua situação, à luz da *programação* e do *plano de trabalho*, e propor alguma idéia ou iniciativa a ser realizada dentro ou fora do âmbito escolar[56]. Esse meio de trabalho justifica-se pela dispersão que os alunos experimentam por trabalhar em diferentes locais: biblioteca, laboratórios, salas-ambiente específicas para cada disciplina, e por estar com colegas de diversas idades (1993: 72). O *grupo de animação* responde à necessidade de encontro dos alunos e

> *"apresenta esta oportunidade para que cada um exponha suas idéias, diga o que pensa, seus pontos de vista, sendo uma forma de ser reconhecido pelos outros e pelo professor"* (1982e: 65).

Faure explica que na Educação Infantil e nas séries iniciais do Ensino Fundamental a *animação* coincide com a *partilha* porque, diariamente, no final do trabalho, os alunos perguntam-se como se saíram e como prosseguirão. Nas séries subseqüentes, por haver

56. "Confunde-se, freqüentemente, 'partilha' com 'grupo de animação'. Este é um grupo pequeno, com a finalidade de avaliar o trabalho, o que foi feito, como foi feito, decidir como se vai realizar o trabalho no período seguinte. A 'partilha', pelo contrário, realiza-se depois de um trabalho; nela a criança tem algo a repartir, seus descobrimentos, seu trabalho" (Faure, 1978g: 75).

diversas disciplinas, faz falta determinar um período para os alunos se reunirem e tomarem consciência do ponto em que se encontram no processo educativo (1975d: 27)[57].

4.3. Papel e atitudes do professor personalizador

– O professor: estimulador e tutor

O professor na educação personalizada não é o transmissor de conhecimentos para alunos passivos nem apenas o supervisor do trabalho que realizam, mas o estimulador, o animador, o provocador, o instigador "do que é a aspiração mais profunda de cada criança: a de atuar" no próprio processo de desenvolvimento (1980c: 34).

Não basta ao professor ver que o aluno está motivado e entretido em seu trabalho. Importa captar, pelo exercício de observação, o tipo, o ritmo e o estágio de seu desenvolvimento para ajudá-lo a continuar buscando, a desejar avançar, a superar-se até patamares mais elevados, de modo que:

> *"Qualquer intervenção do professor deve abrir perspectivas, traçar caminhos novos, impulsionar para a frente, convidar a iniciar um esforço"* (1958: 165).

Em outras palavras, o professor personalizador não se contenta com que o aluno diga ter terminado a tarefa, como satisfação de uma incumbência (1963a: 396), porque

> *"a lição, o dever, o livro, o curso só foram dados para apresentar verdades ao espírito, digamos, certas 'noções'. Cabe ao espírito abordá-las, penetrá-las, assimilá-las, empenhando-se por aplicá-las ou contemplá-las, para nutrir-se delas"* (id.: 401).

A concepção fauriana de didática é: "A arte de criar os instrumentos de trabalho em função de um método (...), além de ser a arte de ensinar, é uma reflexão crítica" (apud Nieves, 1997: 69-71).

57. Vélez Escobar (1996: 107-109) detalha as finalidades e o funcionamento dos *grupos de animação*.

Pode-se dizer, por conseguinte, que o professor personalizador é também o artista criativo e original que confecciona instrumentos de trabalho apropriados à capacidade dos alunos[58], ao mesmo tempo que permanece atento ao princípio montessoriano: "toda ajuda inútil retarda o desenvolvimento" (Montessori apud Faure, 1980c: 36). Preocupação especial do professor será ajudar os alunos a ultrapassar os limites de sua tarefa momentânea e a colocar-se

> *"diante dos fenômenos da natureza e da vida, seja biológica, humana, social ou econômica, provendo-os de métodos rigorosos de pesquisa e de reflexão"* (1963a: 393).

Faure julga impossível educar personalizadamente se o professor não tem familiaridade com o aluno, se não trabalha a partir de seu interior, se não assegura a unidade e a progressão da aprendizagem. Por isso defende a figura do professor-chefe, professor principal, a exemplo do que havia na *Ratio Studiorum* e ainda vigora no Ensino Fundamental em alguns países (1958: 167).

Na educação personalizada o papel do professor ultrapassa o do mero transmissor de conhecimento para tornar-se orientador, conselheiro, tutor dos alunos (1963a: 397) e, sobretudo, "para confiar na criança e, assim, dar-lhe confiança em si mesma" (1980c: 35).

Em seu novo papel,

> *"o professor torna-se para cada um o auxiliar, o conselheiro, a pessoa competente, aquele que não somente enseja a aquisição de conhecimentos ou capacitações, de 'aprender as coisas', mas alguém que, com sua intervenção, enseja descobrir alegremente as próprias aptidões, as reais possibilidades de progresso, descobrir a si mesmo como pessoa, responsável por si mesma e dinâmica, ansiosa de auto-superação"* (1993: 14)[59].

---

58. Jaramillo (1988: 147) alerta que esse tipo de educação exige do professor "mais trabalho, uma exigência de criatividade e iniciativa que não permite continuar repetindo todos os anos a mesma explicação; além do fato de fomentar a pesquisa dos alunos para responder as *guias*, exige do professor uma maior e contínua preparação".

59. Faure expõe a postura do professor: "Que o professor que propiciou adequadamente plano de trabalho, idéias diretoras, preparou instrumentos de trabalho e orientações acolha o aluno, encorajando-o, dando-lhe segurança por sua serenidade. Atento a todos, disponível a cada um, ele orienta a pesquisar ou a trabalhar quem

Professor-chefe, tutor, ou acompanhante de grupo é uma função.

> "*Todo professor digno deste nome deve ser capaz de cooperar num grupo de animação(...). Demonstra estar participando em todos os aspectos da formação dos alunos, interessar-se por cada um deles e por todas as suas atividades*" (1993: 73).

– *Atitude fundamental*

Para atuar por si mesmo rumo a seu desenvolvimento integral, o aluno precisa acreditar que é capaz daquilo que se propõe. Essa segurança interior será favorecida pela atitude do educador que acredita nas possibilidades do aluno, zela por seu desenvolvimento pleno, confia nele e o acolhe como pessoa, de acordo com temperamento, história e circunstâncias, respeita-o em sua individualidade, em sua interioridade. Tão importante é a *atitude fundamental* que Faure a considera "a mola e o fundamento sólido de toda e qualquer educação" (1993: 13).

A *atitude fundamental* assemelha-se ao conceito de "empatia" de Carl Rogers (1902-1987), ou seja, a atitude ou o hábito de colocar-se no lugar do interlocutor e procurar ver como ele (1979c: 16) porque, num plano psicológico e afetivo, todo ser humano, toda criança, precisa de crédito de confiança para lançar-se à ação, à superação de si mesmo.

Faure recomenda ao professor reavivar essa atitude a partir da reflexão sobre a pessoa e suas relações, sempre que os condicionamentos externos, a rotina da vida e a acomodação de cada um tendam a reduzir a meros indivíduos as pessoas com quem nos relacionamos (1993: 14)[60].

A *atitude fundamental* gera nova dinâmica na escola, pois,

---

está parado por uma dificuldade intransponível, e que lhe vem pedir ajuda, mas ele a dá iniciando-o ou remetendo-o a um método correto de descoberta, e não fornecendo-lhe as respostas" (1971: 122).

60. "É necessário, se queremos realmente fazer educação personalizada, que nos preocupemos com cada criança, com cada aluno. Cada um é uma pessoa, mesmo quando está ausente da escola" (Faure, 1979e: 30).

> *"graças a isso, instauram-se novas relações entre o professor e seu discípulo, entre o aluno e o colégio (...). O relacionamento com cada aluno, seja qual for seu passado e sua origem, suas ignorâncias, seus equívocos, torna-se então pessoal, bem como a formação. Ao mesmo tempo — convém saber notá-lo e estimulá-lo — nascem relações comunitárias"* (1993: 14)[61].

– *Acolhida*

Sentir-se acolhido é o ponto de partida para o aluno assumir seu trabalho cotidiano[62]. Mais do que com palavras, o professor consegue esta condição pedagógica mediante sua postura de interesse pelo bem-estar do aluno, especialmente o ausente, o doente e o que se encontra em alguma necessidade; por sua integração na classe, pela organização da sala de aula, pela preparação da *programação*, pela disposição dos *instrumentos de trabalho* (1993: 53; 1981a: 15). A verdadeira *acolhida*

> *"consiste em acolher a criança como ela é, com as idéias que traz em sua mente, com o desejo que já traz de trabalhar e com o que vem já desde sua casa. Os adultos temos dificuldades para isso porque acreditamos que acolher é falar. Para a criança, acolher é proporcionar-lhe tudo aquilo que lhe permita atuar"* (1981b: 41).

Os alunos acolhem-se também entre si, assegurando à classe um clima de trabalho, respeito e liberdade de expressão, em que os

61. Flores Montúfar (1980b: 94) define a *atitude fundamental* como "uma tomada de consciência do que é o homem, do que é ser pessoa (...) Tomada de consciência constante de cada uma de minhas ações e minhas relações com os alunos (...) Como vou ajudá-los? Como vou promovê-los? (...) Qual deve ser minha ajuda adequada? Em que período de desenvolvimento se encontra essa pessoa que pretendo ajudar?"

62. "Acolhê-la é partir do que é, com o convencimento de que ela é capaz de fazer algo interessante e descobrir como fazê-lo" (Faure, 1975a: 15).

"A acolhida é a maneira de fazer sentir o lugar que se dá aos alunos" (Faure, 1982e: 66).

tímidos e reservados têm vez para manifestar suas dúvidas e sugestões (1993: 29).

– *Observação*

Uma das atitudes mais importantes do professor personalizador é a *observação*, ou seja, a consideração respeitosa, a atenção prolongada, o olhar perspicaz sobre a pessoa do aluno, seu desempenho e seus relacionamentos, e é também o meio de formação do professor[63]. É o método que Pierre Faure utiliza para apresentar cada elemento de seu projeto pedagógico, convidando os professores, nas sessões pedagógicas, a fazer o mesmo. Chama-nos a atenção a repetição de expressões de Faure em suas conferências aos professores, como:

> *"Observem os alunos para ver como se empenham no trabalho", "vejam como os alunos buscam espontaneamente a ajuda uns dos outros", "os senhores puderam experimentar nessa classe", "da observação que fizeram poderão concluir (...)"* etc.

Em lugar do "aluno médio" da escola tradicional, a educação personalizada considera o aluno um ser singular, original, irrepetível, inacabado, que precisa ser conhecido pelo professor a fim de ser ajudado no processo de desenvolvimento pessoal. O objetivo da *observação* não é identificar os erros do aluno, mas verificar se e como trabalha, se tem motivação, qual seu ritmo de assimilação, em que dimensões tem progredido mais etc. (1983a: 156). A *observação* é essencial para a *acolhida*:

> *"E para vocês, professores, que estão em contato com os alunos, [a observação] tem de ser como uma segunda natureza, um hábito, um costume, que tem de fazer com que nós, ao entrar em contato com os alunos, apenas vendo-os, saibamos quem são, o que fazem, por que o fazem. Estamos habituados a vê-los todos no grupo, mas*

63. Parodiando o princípio pedagógico dos *Exercícios Espirituais* de Inácio de Loyola (1985, n. 2), Faure diz aos professores: "Vocês mesmos se formem por meio da observação, pois o que alguém encontra por si mesmo é mais útil, é mais proveitoso do que aquilo que escuta dizer por outros, porque talvez outros o tenham encontrado" (1982ª: 10).

é preciso distinguir cada um em seu grupo e não se esquecer de ninguém. Esse costume, esse aprendizado, dá-nos a possibilidade do que se chama uma visão de conjunto" (1979c: 15).

A *observação* não é mecânica nem imediata, precisa ser exercitada pelo professor, pois só olhar não basta; é preciso fixar, contemplar. Para tanto, diante do trabalho e da vida do aluno, o professor necessita estar aberto e receptivo (atitude de *acolhida* também), não condicionado por juízos emitidos sobre eles, assim como lhe dedicar tempo e reflexão pessoal. Faure propõe que os professores observem os alunos segundo os quatro aspectos da inteligência descritos por Binet e Simon: compreensão, invenção, direção e sentido crítico (1979g: 55)[64].

Ele esclarece ainda que a *observação* é uma atitude constante do professor, porque a pessoa é um mistério e "a realidade carrega consigo riquezas, diversidade de possibilidades e uma originalidade quase infinita" (1980: 16). Capacitado para a *observação*, o professor saberá educar os alunos na mesma atitude, indispensável para o trabalho personalizado, essencialmente investigativo. Os *instrumentos de trabalho* levarão o aluno a observar, de diferentes modos e aspectos, a natureza, os fenômenos, as pessoas, antes de recorrer aos livros e aos documentos. O aprendizado do idioma, por exemplo, dar-se-á pela *observação* da língua falada, para prosseguir na escrita e na gramática (1982a)[65].

– *Coerência e testemunho*

A dignidade do aluno, ser pessoal, sujeito de direitos, obriga que ele também seja respeitado pelo professor. Desconsiderações neste campo reclamam um exame de consciência dos adultos, pois

64. Faure apresenta um "decálogo" de aspectos a observar no aluno (1975b: 13 e 14).

65. "Não é missão da escola guiar a criança, mesmo a muito jovem, para essas descobertas? Infundir-lhe gosto, paixão? Ajudá-la a abrir os olhos cheios de admiração, não só para as coisas e as maravilhas da vida, mas para sua domesticação pelo ser humano? Não seria preciso ultrapassar a 'lição das coisas' para resolutamente desenvolver as 'lições de observação' (...). Esta [formação] deveria instigar na criança o espírito de pesquisa e descoberta, preparar os pesquisadores de amanhã" (Faure, 1963a: 392).

> *"explicam por que as crianças, tratadas a-socialmente pelos adultos nesse ponto tão importante, criam entre si códigos de honra que elas respeitam e do qual é excluído (...) o respeito dos adultos. Na verdade, é colher o que se plantou"* (1963a: 396).

O próprio professor deve estar normalizado nos gestos, nas atitudes e na voz, a fim de poder ajudar o aluno (1982b: 23)[66]. O elemento que mais favorece o bom desempenho do professor personalizador é sua própria autonomia, como mudança de mentalidade para assimilar o marco referencial, o espírito, os critérios da educação personalizada. A autonomia é como *"luz interior"*, diz Flores Montúfar, que permite ao professor discernir atitudes e estruturas condizentes com o projeto pedagógico, de forma que "esta série de perguntas: 'É permitido isto? Aqui também se repreende? Que devo fazer neste caso?' desapareceria se cada um de nós tivesse construído um marco referencial claro e unificador" (1980b: 60).

A formação do professor para a educação personalizada requer elementos de capacitação teóricos e práticos, cursos e estágios, de pedagogia e psicologia, dentre os quais o conhecimento das leis do desenvolvimento da criança. Trata-se de uma formação exigente que "deve ser ainda mais personalizada e comunitária que a de seus alunos. Só a experiência pessoal, vivida, pois, instrui e convence" (Faure, 1977c: 8).

Na verdade,

> *"não há regras, nem receitas, nem um horário concreto: há um livro, que é a criança, que se deve estar sempre folheando. E deste livro é preciso passar à prática"* (Nieves apud Faure, 1975h: 59).

– *Colaboração entre os professores*

Assim como os alunos se reúnem para deliberar sobre assuntos de sua formação, Faure convida os professores a igual procedimen-

---

66. "(...) há professores que sem querer excitam as crianças; desde que chegam à sala o grupo se agita (...). O professor deve dar o exemplo de calma, de autocontrole (...). Se o professor, que é um educador, acalma os alunos, faz com que o trabalho seja não só possível, mas proveitoso, porque permite aos alunos ser plenamente eles mesmos" (Faure, 1982b: 23).

to, o que permitirá a organização de seu trabalho; o apoio mútuo entre os docentes, especialmente os novatos; o clima de harmonia que se instaura na escola; o favorecimento de iniciativas; a partilha de responsabilidades; a interdisciplinaridade; e, quanto aos alunos, a satisfação e segurança que experimentam.

Faure ressalta o proveito dessas reuniões:

> *"Os alunos são muito sensíveis a este bom entendimento entre os professores. Sabem quanto é fecundo. Para eles é uma garantia e um amparo. Não só mas também para os professores, notadamente os recém-incorporados numa equipe. Nela sentem-se integrados de fato e sem reservas"* (1993: 74).

Para assegurar a eficácia do trabalho comum dos professores, Faure sugere distinguir reuniões de trabalho, para tratar de todas as atividades de ensino e aprendizagem, de reuniões de informação e avaliação sobre os alunos (id., ibid.), alternando-as.

4.4. Atitudes na educação personalizada

Ao expor seu pensamento sobre os princípios basilares do ensino personalizado e comunitário, Faure já manifestou as atitudes esperadas do aluno que se engaja nessa modalidade. Contudo, convém detalhá-las, para melhor compreendermos sua importância.

– Normalização e disciplina

Faure considera a *normalização* como "a primeira e essencial condição, o pré-requisito e o meio eficaz" da educação personalizada (1976i: 4), "a condição mesma da atenção da criança e de seu progresso" (1983c: 75)[67].

Em lugar de se alongar na definição de *normalização*, o que o faz laconicamente: "fazer as coisas normalmente, como elas pe-

67. "Enquanto a criança não for capaz de se dominar, de controlar seus movimentos, suas mãos, de não quebrar tudo o que toca, de saber carregar uma mesa e uma cadeira sem fazer ruído, não se poderá conseguir nada. A criança deve começar por aprender a se dominar a si mesma, para tomar consciência de que é capaz de fazer o que deve fazer" (Faure, 1975a: 49).

dem para ser feitas" (1975g: 48), Faure prefere descrever uma sala de aula *normalizada*:

> *"as crianças em atividade que vão e vêm na classe, segundo as necessidades do momento, quer dizer, segundo o que requerem seu trabalho e suas atividades (...), seja de manuseio de material educativo e escolar, pesquisas e documentação nos livros da biblioteca, consulta aos colegas ou ao professor, exercícios no quadro ou na mesa, manipulação no chão ou no corredor, classificação do que foi descoberto ou preparação de exposições (...), seja ainda arrumações ou limpeza, cuidado das plantas ou dos animais (...). Os alunos (...) de qualquer idade (...) trabalham e agem sem constrangimento, sem apreensão (...) sem outra preocupação que a de fazer o que têm de fazer, do modo mais natural do mundo (...). Adquire-se também o hábito de falar baixo, de locomover-se sem barulho"* (1976i: 5 e 6).

A classe *normalizada* não significa imobilidade nem silêncio. Não apresenta nada de artificialismo, de uniformização, de pressão, de constrangimento ou de medo, mas antes um clima natural de trabalho, motivado, intenso, variado, pessoal e comunitário, de respeito pela concentração dos outros e de ajuda mútua.

A fundamentação da *normalização* parece ser a *"descoberta genial"* de Séguin (Faure, 1976i: 8), a partir de experiências com crianças deficientes, de que toda atividade criativa do ser humano procede de uma tomada de consciência. A atividade física, corporal, é comandada pelo sujeito que desperta sua atividade espiritual para realizar o que deseja. Maria Montessori descobre que a *normalização* produz na criança uma conversão de atitude interior e exterior, que é uma libertação, e não coação[68], e conclui que a base de toda educação é espiritual (Faure, 1976d: 7).

A pessoa *normalizada* ordena, domina e aperfeiçoa seus gestos, passa a atuar com o coração e a mente, no nível voluntário e não apenas instintivo, unifica-se e pacifica-se interiormente, toma

---

68. "Libertação dos condicionamentos exteriores, submetendo-se a eles conscientemente, o que é interiormente assumi-los e dominá-los. Libertação dos condicionamentos interiores, psíquicos, superando-os, quer dizer, orientando as pulsões instintivas para os fins conscientemente assumidos" (Faure, 1976h: 8).

consciência dos demais e anima-se a relacionar-se com eles, aprende a finalidade e a utilidade dos objetos[69].

Faure sugere diversos meios para se alcançar a *normalização*, visto que ela não pode ser imposta nem obtida automaticamente apenas pelo oferecimento de instrumentos de trabalho aos alunos ou pela disposição física da sala de aula. O meio principal é a atitude interior do professor e do aluno, pois "enquanto não se está interiormente em vias da normalização nada foi adquirido" (1976i: 6). O meio considerado mais eficaz para a normalização é a *psicomotricidade*. Esta distingue-se da educação física, da dança ou de representações, pois visa educar os movimentos, o ritmo e o equilíbrio por exercícios como caminhar sobre a linha ou ouvir e distinguir diferentes sons[70]. A *lição* de *silêncio*, inspirada na "lição de imobilidade" de Séguin, ajuda a criança a tomar consciência do corpo por meio do controle dos gestos e pensamentos (Faure, 1976c: 22)[71]. Os instrumentos de trabalho favorecem a normalização, como a *programação* e o *plano de trabalho* que exigem previsão, escolha, disciplina; a *partilha* educa a escuta e a comunicação, estimula os tímidos, equilibra os extrovertidos etc. Outros meios também são considerados: trabalhos manuais e artísticos; modo de comer, de dirigir-se às pessoas, de controlar a voz conforme as situações e ambientes, de utilizar o material, o mobiliário e as instalações escolares; a observação da natureza, dos objetos, das máquinas etc. (1975a: 51-54; 1975g: 50; 1980g; 1981c: 50)[72].

Diante do risco de a normalização restringir-se à observância minuciosa das coisas, Faure esclarece que "[a normalização] apela

69. "(...) para que uma pessoa pertença a si mesma, necessita não estar dispersa, não estar descontrolada; a pessoa que não pode resistir aos impulsos interiores e às provocações exteriores nunca poderá ser dona de si; por isso, poderíamos dizer que por meio da normalização chegamos à libertação da pessoa" (Faure, 1976b: 12).

70. Nos cursos e nas sessões pedagógicas que orientou em diversos países, Faure normalmente confiou à professora Anne Marie Audic o desenvolvimento do tema *Psicomotricidade*, tratado também por ela em artigos nas revistas *Pédagogie* e *Recherche et Animation Pédagogiques*.

71. "Fazer silêncio é tornar a criança capaz de estar atenta ao chamado e de poder responder com um ato pessoal. É simbólica mas muito educativa esta lição do silêncio que leva à vida espiritual" (Faure, 1976g: 45).

72. "(...) há de começar por coisas muito simples, por exemplo (...) carregar as cadeiras ou alguém se movimentar sem que se escute nada, sem que haja qualquer ruído (...). Da manipulação das coisas se passará à organização e boa utilização das idéias" (Faure, 1983c: 76).

ao senso comum, ao juízo (...), supõe sempre a capacidade de juízo e desenvolve essa capacidade" (1981c: 53).

Ele apresenta três etapas para obter-se a *normalização*: 1) utilização do que se tem nas mãos: respeito pelas coisas e por seu manejo; 2) saber que os outros existem: consciência dos outros; 3) consciência das próprias decisões sobre si, sobre os demais e sobre a sociedade (1975a: 52-54).

Interrogado sobre a possibilidade de alunos indisciplinados permanecerem na escola personalizadora, Faure responde que, se não puderem estudar nessa escola, tampouco poderão estudar em qualquer outra, uma vez que o problema, a seu ver, é a falta de confiança neles e de oferecimento de instrumentos e meios para que se dominem e concentrem no trabalho proposto. De qualquer forma, a escola é que deveria se questionar por ter de afastar o aluno indisciplinado, pois: "nós é que não temos capacidade suficiente para dar uma resposta a esse aluno" (1982d: 54).

Embora insista na autonomia, na liberdade e na responsabilidade do aluno, a educação personalizada não dispensa a *disciplina* como meio ou condição do processo educativo. A escola não deve se iludir com a pretensão de eximir o aluno do aspecto penoso, por vezes pouco agradável, da pesquisa, da reflexão pessoal etc. (1958: 125). Inspirando-se na análise que Jean Chateau faz do desempenho esforçado da criança no jogo, Faure entende que

> "*o jogo, esforço não definido por sua matéria, introduz-nos num trabalho escolar severo. Visto que o jogo já é um esforço, e um esforço viril em certos casos, não convém 'dourar a pílula' com a criança, nem apresentar-lhe uma taça untada de mel: seria menosprezar seu ser, não acreditá-la capaz de desempenhos que pode cumprir. Seria faltar-lhe com a confiança (...). É lícito exigir que a criança mostre em seu trabalho as mesmas qualidades de resistência e de vontade que sabe mostrar no jogo*" (1976h: 2).

Sempre procurando inferir a partir da observação do trabalho dos alunos, Faure aponta como a concentração dos alunos, com instrumentos e meios de trabalho requeridos pela *programação*, é o que disciplina, a partir do interior da pessoa, dispensando a solicitação ou a imposição do professor. Os alunos são ajudados por exercícios de *psicomotricidade* e *normalização*. Não se trata, de modo algum, da *disciplina* praticada pela escola tradicional como imobilidade, mutismo e escuta passiva dos alunos, pois

> *"são as próprias crianças que se disciplinam pessoalmente, organizando a maneira como vão trabalhar"* (1975a: 62), uma vez que *"o barulho, a desordem, a indisciplina vêm sempre porque a criança não trabalha, e se não trabalha é porque não encontrou os meios de trabalho que lhe convêm"* (1981a: 18).

De acordo com o enfoque pedagógico personalizador, a sanção ou a pena disciplinar é substituída pela reflexão que o aluno faz dos erros, das lacunas, das imprecisões, das inverdades em seu trabalho e comportamento, e pela tomada de consciência do que lhe falta corrigir e melhorar (1975g: 51). Os prêmios são admitidos com restrição, desde que não abafem no aluno a motivação interior, a reflexão pessoal, a satisfação sentida pelo trabalho realizado pessoalmente (1978h: 76). O uniforme escolar é tolerado para frisar a simplicidade nas relações, sendo preferível aboli-lo, a fim de educar os alunos a aceitar-se a si e aos outros. Os regulamentos disciplinares, indispensáveis em qualquer grupo humano, têm sempre um caráter funcional, em vista do bem dos alunos, e são por eles refletidos e enriquecidos (1975h: 58).

Faure situa a *disciplina* num âmbito mais amplo que o do mero "comportamento" do aluno na classe ou no colégio, associando-a ao rigor de precisão e clareza requerido na apresentação escrita e oral dos trabalhos, ou na comunicação na *partilha*, e à dimensão social: "Sim, falemos de disciplina, mas é preciso acrescentar uma palavra: falemos de disciplina social, de aprender a viver com os outros" (1981a: 18).

– *Participação dos alunos e dos pais*

Faure encontrou na análise da realidade sociocultural, feita pelo Concílio Vaticano II, e nos acontecimentos de maio de 1968 na França a justificação para insistir na busca da definição das razões, do âmbito, e dos modos de participação dos alunos em seu processo educativo. Esta torna-se necessária porque

> *"já somos pessoa antes da idade adulta. E, se toda pessoa tem o direito de expressar-se, os jovens têm o direito de aprender a expressar-se. É uma preparação indispensável para a vida na sociedade que os aguarda"* (L'Enseignement, 1978: 16).

E, ainda, "jamais se educará uma criança sem ela mesma ou apesar dela. É preciso querer a própria educação e realizá-la para si e por si" (1946: 2).

O projeto pedagógico personalizador, infenso à postura do professor da classe magistral — detentor exclusivo do saber e fechado a qualquer questionamento —, procura abrir caminhos e mentalidades para assegurar a participação e a colaboração dos alunos, "fator importante da formação social, da preparação para a vida" (1993: 73), "para que se dê uma aprendizagem progressiva da liberdade, da organização, da responsabilidade" (1968c: 737).

Grupo de animação, conselhos, comissões, grupos, equipes e reuniões de alunos podem ser meios eficazes de educação cívico-social para a discussão e o acerto de questões que afetam a todos, como o andamento do colégio, os horários, a disciplina, as atividades acadêmicas, culturais, esportivas etc.[73] Para tanto, importa delimitar o papel dos adultos para não intervirem abusivamente, para garantirem o lugar dessas instâncias no horário e fazê-las acompanhar da reflexão dos alunos sobre a responsabilidade que assumem nas diversas tarefas (1963a: 400; 1980a: 4; L'Enseignement, 1978: 16).

A educação personalizada reconhece os pais como primeiros responsáveis pela educação dos filhos, não podendo por isso ignorá-los no processo educativo. Vários expedientes buscam a comunicação entre a escola e a família: a apresentação pessoal que os pais fazem do filho na solicitação da matrícula, fundamental para a escola conhecer a vida, a história acadêmica e o contexto familiar de seu aluno; reuniões de informação e círculos de estudo; notificação da ausência do aluno e dos resultados escolares (não apenas as notas); colaboração na organização de festas, excursões, na montagem da biblioteca; voluntariado para a catequese. Faure sugere também a colaboração estável e regular dos pais na administração financeira da escola para liberar diretores e professores para as questões pedagógicas.

---

73. *Recherche*, no n. 46, *Les Conseils d'Éleves*, refere-se ao tema.

Impensável na escola tradicional, a presença dos pais na classe para observar o trabalho dos filhos é estimulada na educação personalizada. É o que Faure denomina "operação portas abertas" (1993: 75). Conhecendo o comportamento do filho na escola e o trabalho que esta desenvolve, os pais, sem substituir ou duplicar o trabalho do professor, passam a empenhar-se em casa para que "os alunos trabalhem por si mesmos, pesquisem por si mesmos, encontrem por si mesmos" (1979e: 35).

A participação dos pais é assegurada por conselhos, designados por eles mesmos, que se reúnem para estudar os problemas apresentados na vida da escola (1979e).

4.5. Algumas dimensões da educação personalizada

Segundo sua concepção antropológica e pedagógica, Faure considera que a educação personalizada se realiza de modo integral, em que se articulam, entre outras, as dimensões religiosa, social, artística, física, cósmica, ecológica. Trata minuciosamente da comunicação e expressão e da matemática, tendo-lhe dedicado diversos materiais didáticos[74]. Dado o objetivo de nosso trabalho — apresentar a dimensão personalizada e comunitária do projeto fauriano —, trataremos a seguir apenas das dimensões religiosa e social, sobre as quais Faure expressou mais extensamente, de diversos modos, seu pensamento.

– *Educação religiosa*

Faure entende a educação religiosa como a ajuda à criança para perceber em si os apelos de Deus e responder-Lhe com consciência e liberdade. De acordo com a experiência da Igreja, a criança descobre Deus na família e vai desenvolvendo aos poucos sua relação com Ele, até poder contar com o apoio da escola para aprofundar essa consciência e explicitá-la no juízo e no comportamento cristãos (1975e; 1983e)[75]. O importante nessa educação é

---

74. Faure escreveu sobre o método de ensino da matemática (1970) e o de comunicação e expressão (1965a; 1965b; 1975a: 65-79), além de ter feito várias conferências. Nieves apresenta ambos os métodos (1997: 179-199).

75. Faure (1982i: 145) frisa o papel da família: "Creio que a educação da fé é, antes de tudo, a educação da família. Mostrar aos pais como eles podem simplesmente,

permitir à criança adquirir a correta imagem de Deus, não de um ídolo, não de um Deus justiceiro, mas do Deus "que se ocupa dele [de cada um] (...) como se ocupou do Seu povo" (1976g: 43).

O programa de formação religiosa proposto por Faure baseia-se nos temas da consciência do espírito, do reconhecimento do "chamado" ou do "apelo interior", e da resposta de vida. O fundamental é que

> *"da mesma maneira que [o aluno] vai tomando consciência de si mesmo na escola como em casa, vai sendo levado a uma tomada de consciência do que ocorre em sua própria vida espiritual"* (1975e: 32)[76]. E mais: *"Essa tomada de consciência de que somos espírito é essencial porque Deus é espírito"* (1976g: 42).

Visando, como as demais disciplinas, ajudar o aluno ao domínio pessoal de conhecimentos, a educação religiosa serve-se dos mesmos instrumentos e meios de trabalho das demais áreas do currículo: *acolhida*, *programação*, *plano de trabalho*, *guias*, *avaliação*, *quadro de atualidades* etc. e mesmo de uma sala-ambiente com o material religioso necessário para a aprendizagem (1978b: 33). Maria Montessori entendeu que diversos exercícios de *normalização*, de *lição de silêncio* e *psicomotricidade* predispõem a criança à "conversão", ou seja, a conscientizar-se do próprio espírito, a ouvir os apelos interiores, a voz da consciência e a referi-los ao transcendente, ao Espírito de Deus:

> *"O silêncio permite-lhe escutar a pequena voz da consciência, que não está sufocada por ruídos, chamados ou apelos exteriores (...). Nesse momento a criança toma consciência de seu espírito. Sua mente ordena seu corpo. É muito fácil fazê-lo captar que seu pequeno espírito manda em seu corpo, e que existe esse Deus que é*

---

na vida cotidiana, ensinar as crianças a responder aos chamados de Deus é o essencial". Destaca também o papel da escola: "Uma escola cristã só tem sentido quando forma o juízo de seus alunos de modo cristão, quer dizer, ensina-lhes a viver e a pensar cristãmente" (1976g: 47). Finalmente: "O verdadeiro ensino personalizado e comunitário prepara o despertar do sentido religioso" (1978f: 66).

76. Faure sugere os conteúdos da formação cristã e a montagem da sala de documentação religiosa (1975e: 33-36; 1976g; 1978f).

Espírito e que ordena todos os corpos e todos os espíritos" (1978f: 62 e 63)[77].

No entanto, a educação religiosa não pode tornar exclusivo o ensino teórico porque ela se distingue das demais disciplinas ao pretender despertar a fé, ou seja, a adesão livre e total da pessoa ao projeto de vida que Deus lhe propõe. Isso não pode ser imposto, só pode se realizar no âmbito da liberdade. Os conhecimentos religiosos são úteis, mas insuficientes, pois o que importa é suscitar o compromisso pessoal a partir de um

> *"programa de vida que comprometa cada um a tirar disso conclusões pessoais para sua vida, para a compreensão dos problemas do mundo, vistos sob um conceito cristão, para a vida familiar, a vida social, a vida da Igreja. Então a educação da fé deve ser uma fonte para esta vida pessoal (...). Não se trata, pois, do ensino de algumas noções, é um ensino de vida que deve ajudar a conduzir bem sua vida"* (Faure, 1981g: 112).

A educação religiosa deve ser ajudada também pela própria participação da criança na oração da família, na liturgia da comunidade cristã, nos acontecimentos cotidianos e mesmo nas experiências de fracasso (1982i: 142). As crianças são estimuladas a expressar sua personalidade e criatividade rezando com as próprias palavras e com gestos (1983e: 106).

– Educação social

Neyret (1994: 302) nota que a insistência de Faure sobre a dimensão comunitária do ensino, como preparação para a educação social, o terá distanciado de Montessori e de Lubienska de Lenval[78].

77. "Que entendemos por formação espiritual? Uma formação do espírito. Somos espírito que ordena o corpo. Isto já é uma maneira de tomar consciência: espírito que suscita o trabalho de nossa razão, mas sobretudo um espírito que supera esta mesma razão, que nos leva além destas razões imediatas de utilidade, conduzindo-nos a realidades que não se vêem, que não se tocam nem se contam" (Faure, 1976g: 42).

78. "Quanto a este ponto, parece difícil considerar padre Faure herdeiro do pensamento de Hélène Lubienska. Muito lamentou-se que Maria Montessori tenha

De fato são de origem fauriana a *partilha*, a *exposição oral e escrita* do trabalho pelos alunos e os conselhos que eles constituem. Faure explica:

> "*O ensino personalizado e comunitário abre os caminhos e prepara os espíritos para tais participações, tais colaborações, para arcar com tais responsabilidades. Trata-se de um fator importante da formação social, da preparação para a vida*" (1993: 73)[79].

Faure nota o risco de a educação personalizada esquecer a dimensão comunitária, devido ao fato de a atenção do professor estar voltada à pessoa do aluno e ao fornecimento de instrumentos para seu adequado desenvolvimento. Aponta também o risco de que, pela tentativa de reversão de tal tendência, as dimensões personalizada e comunitária se tornem paralelas e não-integradas. Por isso recomenda a recordação do objetivo pretendido:

> "*Quando se fala que se deseja personalizar o ensino, devemos acrescentar que, por meio disso, se pretende também criar o clima comunitário. Não apenas o desenvolvimento de cada pessoa, mas também o desenvolvimento social*" (1983c: 83).

A educação social é uma dimensão da educação da fé[80]. Funda-se teologicamente no conceito de Deus Trindade e, conseqüentemente, Deus Comunidade (1978g: 72).

Psicologicamente, a educação social funda-se na teoria da "vinculação", segundo a qual o ser humano tem uma necessidade

---

desenvolvido a individualização em detrimento da socialização. Não parece que Hélène Lubienska tenha visto muito a necessidade de propiciar à criança práticas para uma tomada de consciência de seu papel social. Sua desconfiança em relação ao 'comunitário' leva a pensar que ela teria sido bem reticente quanto a isto" (Neyret, 1994: 304).

79. Além de Faure, os membros da Airap manifestaram-se diversas vezes quanto à dimensão comunitária e social do ensino: Feder (1975a; 1975b); L'Enseignement (1978); *Vie Communautaire et pédagogie personnalisée* (in: *Recherche et Animation Pédagogiques*, 42, abril/junho 1982); *Les Conseils d'Éleves* (id., n. 46, abril/junho 1983).

80. "Não só eu existo, existem os outros. Eu sou filho de Deus, mas Deus tem muitos filhos, devo conhecê-los, apreciá-los, amá-los" (Faure, 1976g: 47).

primária de se relacionar com o outro, sem o que não se desenvolve. Assim como o nascituro bebê necessita não apenas do leite mas também, ou sobretudo, do afeto materno, o aluno carece não apenas de explicações mas da certeza de que é estimado e valorizado pelo outro, com o qual convém se relacionar[81]. Ninguém se torna pessoa senão se relacionando, porque "há uma dupla aspiração no ser humano: aspiração a ser ele mesmo e aspiração a comunicar-se com o outro" (1978g: 70).

Faure entende que a própria estrutura escolar deve sinalizar a educação para a justiça, até se tornar centro de formação social (1983f: 144). A homogeneização das pessoas, a desconsideração de suas diferenças, a padronização de comportamentos e de exercícios escolares (a avaliação, por exemplo) contrariam a justiça porque:

> *"A justiça nunca significará o mesmo tratamento para todos, mas tratar cada um segundo o que ele é, segundo o que tem, segundo suas qualidades, segundo o que já adquiriu, assimilou"* (1980d: 50).

A formação social dos alunos pode dar-se em três etapas: 1) *consciência da existência dos outros*: atitude difícil, mas fundamental; 2) *solidariedade com os outros* que formam o grupo (classe, cidade, nação) ao qual pertence e cujo bem comum se deve respeitar e promover; 3) *consciência social*, que leva cada um a reconhecer e respeitar os pontos comuns e diferentes entre si e os outros. Essa formação começa com a família e é dada não apenas em nível teórico, mas mediante atividades práticas que depois geram as atitudes e o sentido social (1975h: 52).

Vários meios são propostos para a formação social. O principal é o intercâmbio de idéias e experiências, especialmente na *partilha* e no *grupo de animação*, quando os alunos se reconhecem não justapostos, mas em comunidade, e aprendem a valorizar e enriquecer o trabalho dos colegas, a aguardar o momento de intervir, a

81. "Por que eu lhes disse que com estas descobertas viramos uma página de nossos tratados de psicologia e fechamos, com isso, alguns capítulos? Porque esta necessidade primária de relação explica fatos que antes não se podiam explicar (...). Certamente não necessitamos da libido nem precisamos ficar complexados. Temos razões muito mais racionais: a ausência ou a presença dessas aprendizagens de base, que são a necessidade que a pessoa tem do outro" (Faure, 1975h: 55).

interessar-se pelas implicações sociais dos assuntos estudados. A postura do professor demonstra ao aluno sua dignidade e seu papel, a partir da pequena sociedade que é a classe. A ajuda mútua e espontânea dos alunos na pesquisa, na confecção e no controle dos trabalhos, vedada na classe tradicional pelo imobilismo que lhes era imposto, é um exercício da socialização dos talentos de cada um. O agrupamento de alunos, feito não artificialmente, mas segundo sua espontaneidade (1958: 197), é para se organizarem atividades diversas: trabalhos manuais, pesquisas, consultas, excursões, exposições, *quadro de atualidades* etc. A *normalização* leva ao cuidado com o material escolar de uso comum, uma vez que não há material individual.

Os conteúdos e as práticas da educação religiosa estimulam o aluno a amar e a servir os semelhantes. A família é um ambiente natural da educação social, pois nela cada um é como é, com seu lugar reconhecido. Por sua vez, à escola personalizadora cabe provocar oportunidades para os alunos assumirem responsabilidades de todo o tipo. Além de favorecer o sentido social, a escola procura que

> *"este se traduza numa tomada de consciência, ou seja, que cada um se responsabilize pela própria vida social. Dessa maneira, esperamos que façam o mesmo quando forem adultos e assumam a responsabilidade social que a vida lhes exige"* (1975h: 58).

Elemento importante da educação social é também o fortalecimento da consciência crítica dos alunos para neutralizarem a influência massificante da publicidade que reduz ou impede a independência de juízo (1980b: 18). Infelizmente, até em relação à família tal consciência deve ser muitas vezes aguçada, pois há casos de pais que presenteiam seus filhos e recomendam-lhes não partilhar: "Isto é para você (...) não empreste suas coisas", quando é em seu contrário que os educadores investem (1983f: 147, 148).

A escola também educa socialmente mediante ações coletivas de serviço social dos alunos[82]. Dará testemunho de compromisso social se se mantiver aberta ao serviço de toda a coletividade e com

82. Faure apresenta vários traços de transformação social da escola a partir da implantação da educação personalizada (1977c: 7). Descreve também o trabalho social das alunas do Externato Nossa Senhora do Morumbi, em São Paulo (1969b: 141).

o professorado sensibilizado para receber alunos de diversas camadas socioeconômicas (1975h: 6; 1969b: 144).

4.6. Organização do ambiente escolar personalizador

– Composição curricular

Embora não detalhe o tratamento a ser dado aos vários componentes do currículo, Faure recomenda ao professor não descurar a educação física, a tecnológica e a artística no momento de elaborar a *programação*, confeccionar os horários e distribuir os espaços físicos. A educação física deveria ser dada diariamente à tarde ou no final da manhã. As disciplinas tecnológicas são oferecidas aos alunos em salas especiais, com professores capacitados. As modalidades de educação artística figuram na *programação* para escolha dos alunos (1978b: 33).

Em atenção ao crescente interesse dos alunos — mesmo os menores — pelo mundo, a escola poderia fornecer-lhes uma educação cósmica, ajudando-os a tomar consciência do universo, da história da Terra, do sistema solar, da evolução do mundo etc. (1983c: 72).

Outra disciplina a integrar o currículo é a ecologia, que pode ser favorecida pela própria dimensão comunitária do projeto pedagógico personalizador, enquanto procura educar o aluno para se conscientizar da existência, da finalidade e do uso das coisas criadas. "A ecologia", explica Faure, "é o respeito pela natureza, é sua utilização normalizada" (1981c: 51). A sala de aula arrumada com muitos elementos da natureza, plantas, flores, animais, minerais, pode acostumar o aluno a admirá-los e respeitá-los (1976a: 9).

Faure ressalta a importância do civismo, ao analisar o resultado de pesquisa sobre o assunto na Europa e as instruções oficiais lá publicadas a esse respeito. Sugere incorporar aspectos negligenciados até então, como demografia, regras de segurança e código de trânsito (1965f).

– Organização do tempo

A consideração do tempo para o trabalho escolar é condição importante para a educação personalizada: "Se quer personalizar o ensino, há de personalizar o tempo também" (1981f: 97). É a maneira de levar em conta as diferenças de temperamento, de saúde, de motivação, de história, de ritmo dos alunos.

Faure reage contra a excessiva fragmentação dos horários, que exigem mudança de atividade a cada hora:

> *"esta fragmentação e esta multiplicidade de tarefas habituam ao trabalho superficial e formal, a terminar por terminar, a aprender para recitar. A criança não tem tempo e perde o desejo de compreender a fundo, de saborear, de classificar em suas aquisições, de apropriar-se de sua aquisição"* (1958: 163).

Discordando do Plano Dalton quanto à organização do trabalho escolar em unidades de trabalho e unidades de tempo, Faure acentua:

> *"Com efeito há algumas mentes que necessitam de muito tempo para compreender e assimilar, em compensação há épocas na vida e certas atividades que se podem ver ou compreender com uma olhada, e o tempo não conta"* (1981f: 102)[83].

Uma dimensão da educação a ser reforçada é a consciência e valorização do tempo, o que levará os alunos a se conhecer melhor, a descobrir o próprio ritmo e a organizar seu trabalho. Há alunos que perdem muito tempo, ou alegam nunca tê-lo, por mera falta de previsão. Como medida prática de superação desse problema, Faure sugere orientar os alunos a contabilizar minuciosamente o tempo de que julgam dispor durante uma ou duas semanas e, ao final, avaliar os avanços ou atrasos em sua ocupação.

Um meio valioso para tal educação é o *plano de trabalho* elaborado individualmente pelos alunos, em que cada um estabelece a duração necessária para as diferentes tarefas. Ao verificar que avançou demasiado em relação à maioria dos colegas, o aluno re-

83. "O trabalho, tal como o ser humano, tem seu ritmo próprio. Há um tempo de investigação e tentativa, de admiração e contemplação, um tempo para o aprimoramento e um tempo para o exercício e a averiguação, um tempo para a apresentação e a permuta" (Faure, 1993: 67).

considera com mais calma o trabalho realizado ou ocupa o tempo disponível com leituras e novas pesquisas ou em ajudar algum colega. Buscando na experiência um referencial para a delimitação do tempo, Faure opina que a duração do *trabalho independente* tende a aumentar desde os alunos menores para chegar, como média, a uma hora e meia ou duas horas para os alunos das últimas séries do Ensino Fundamental e do Ensino Médio (1981f).

Dada sua concepção de pessoa e de aprendizagem, Faure trata de buscar o equilíbro no atendimento às várias dimensões da pessoa, de modo que a atividade mental não seja exclusiva e a criança não permaneça horas imóvel e passiva, como na escola tradicional. A aprendizagem personalizada, por si, implica variedade de movimentos dos alunos para a escolha do local de trabalho, recurso aos instrumentos e documentos para o estudo, consulta ao professor e aos colegas. Contudo, cabe ao professor prevenir o cansaço dos alunos, dosar as atividades do espírito e as do corpo. Assim, combinam-se de forma harmônica as atividades individuais, grupais, artísticas e teóricas, dentro e fora de sala, os jogos e recreios. Os recreios e os jogos alternam-se com as atividades de sala de aula, não como seu derivativo, mas por seu próprio valor pedagógico de atividade espontânea, criativa e socializadora da criança.

Faure supõe a aplicação de seu projeto pedagógico em escolas com regime de semi-internato, onde o aluno permanece durante seis horas diárias, em média (1975d: 29). A jornada escolar apresenta como novidade a alternância equilibrada das atividades, com a dosagem de tempo flexível em respeito ao ritmo de assimilação dos alunos. De qualquer forma cessa a fragmentação dos horários da escola tradicional, em que as aulas de diversas matérias sucediam-se a cada 50 minutos; busca-se uma duração para os recreios que permita a higiene mental e corporal dos alunos e a prática espontânea de jogos. Faure sugere o período matutino para o trabalho mental e a tarde para trabalhos manuais, oficinas, educação física, esportes, entre outras (1993: 66). Faz várias sugestões práticas: utilização do canto, da rítmica e da psicomotricidade para os alunos de até 12 anos, após hora e meia de trabalho concentrado; oficinas de trabalhos manuais; atividades artísticas; observações externas; educação física e excursões à tarde, contrapondo-se às atividades predominantemente mentais pela manhã (1993: 68-71).

– *Montagem da classe*

A atenção ao ritmo de desenvolvimento de cada aluno gera uma nova modalidade de composição das classes ou turmas de alunos, que Faure denomina "*décloisonnement*", cujo termo mais próximo em português poderia ser *descompartimentação*[84]. Em lugar de os professores irem às salas de aula, permanecem em salas-ambiente, montadas de modo adequado para uma ou duas disciplinas, às quais os alunos se dirigem, de acordo com o mesmo nível e faixa etária (*descompartimentação horizontal*), ou de mesmo nível mas de distintas séries (*descompartimentação vertical*). Conforme as possibilidades físicas da escola, pode surgir ainda uma nova modalidade, que é a montagem de oficinas (ateliê) de trabalhos manuais em algum espaço das salas de aula, ou em salões próprios, que os alunos podem freqüentar em horários determinados, conforme seus interesses (*descompartimentação por matéria*).

Faure não vê inconveniente em misturar na mesma sala alunos de diferentes níveis de desenvolvimento, porque eles se consultam e ajudam espontaneamente, aprendendo muito uns com os outros (1981b: 42). A principal vantagem que aponta nesse procedimento é a localização do aluno em seu nível correto de desenvolvimento, o que evita repetências; permite-lhe mais precisão e eficácia no estudo e estimula a sensibilidade social (1993: 71)[85]. Contudo, para prevenir a dispersão dos alunos e a eventual perda de laços entre eles, decorrente da rotação pelas salas-ambiente, constituem-se os *grupos de animação* por faixa etária.

Na indicação do número ideal de alunos por classe, Faure, embora reconheça que classes numerosas prejudicam o trabalho personalizado, evita uma resposta taxativa, vinculando-a ao espírito personalizador do professor e ao oferecimento de meios para se conseguir a aprendizagem[86]. Nas classes numerosas ele propõe a

---

84. Ferreira (1986), no verbete *compartir*, na segunda acepção, traz *compartimentar: dividir em compartimentos*.

85. "A solução prática e ideal ao mesmo tempo é: se há num Jardim de Infância crianças de diferentes idades, vocês vão conservá-las em [faixas] de dois anos, por exemplo crianças de 4, 5 e 6 anos, crianças de 3, 4 e 5. Não é bom colocar ou distribuir as crianças por idades; isso não corresponde à psicologia e tampouco à organização familiar" (Faure, 1975a: 35).

86. "Vinte e cinco crianças por classe e por local escolar foi considerado, por muito tempo, o número conveniente para o relacionamento e a emulação que devem reinar entre os alunos. É interessante constatar que a experiência fixou em trinta o

divisão em grupos, constituídos naturalmente entre os alunos. De qualquer modo, procura ser realista:

> *"É sempre difícil encontrar um equilíbrio entre as uniformidades indispensáveis ao bem comum e as diversidades necessárias ao desenvolvimento de cada pessoa em toda a sua estatura"* (1958: 196).

– *Organização material*

De acordo com as experiências de Séguin e Montessori, Faure propõe a disposição das carteiras, individuais, em círculo na sala de aula da Educação Infantil, de modo que os alunos se vejam e se comuniquem facilmente. Ao centro um espaço livre, delimitado pela *linha* montessoriana, em que os alunos podem trabalhar sobre tapetes individuais. Os ângulos ou cantos da sala são arrumados com material de trabalho diversificado: num deles todo o referente à ambientação religiosa, noutro o material de limpeza, ou de *vida prática*, noutro ainda a biblioteca da sala. Os armários guardam o material comum, visto que os alunos não dispõem de instrumentos individuais (1968a: 14). A arrumação das salas retrata a autonomia e a criatividade de cada grupo de alunos.

As salas de aula dos alunos maiores podem referir-se a uma classe ou grupo de alunos, a um professor ou a uma disciplina, acarretando, conforme a modalidade, um tipo de relação com o professor e com o trabalho escolar (L'Enseignement, 1978: 20). A sala por disciplina é a sala-ambiente ou sala-laboratório, montada com todo o material requerido pela *programação*. Tratando-se da geografia, por exemplo, sua sala-ambiente terá mapas, atlas, globo terrestre, livros, cartazes etc. (1993: 54).

A criação de atmosfera de calma na escola é fundamental para favorecer a concentração dos alunos e sua dedicação ao trabalho e demonstrar que este é valorizado. Importa, portanto,

---

número de 'escoteiros' numa tropa, e o dos membros de uma 'comunidade' autônoma numa 'vila de crianças', como pedia Édouard Séguin em nome de sua '*Éducation physiologique*'. É evidente que, ultrapassando-se o número de trinta, choca-se com dificuldades materiais (...), distanciamento dos alunos, dificuldade de organizar (...), de controle" (Faure, 1958: 150).

> *"criar na escola, e em volta dela, um clima educativo no qual a criança possa se aprumar, pacificar, se tornar-se ela mesma, aprender a adquirir o uso de suas faculdades e a querer"* (1945d: 6).

4.7. Considerações de Faure sobre a aplicação de seu projeto

Apesar das exigências envolvidas, Faure defende a implantação da educação personalizada, mesmo que por um ano, caso inexistam na escola as condições para seu prosseguimento, pois:

> *"Se o que lhe demos durante um ano é valioso, a criança sairá beneficiada. É penoso não poder continuar, mas a criança pelo menos teve a vantagem neste ano (...)"* (1975a: 59). *"Se uma criança compreende logo que trabalhar por si mesma é mais interessante que ver TV ou escutar o que diz o professor, podemos dizer que essa criança está realizando o que aprendeu. Isso não lhe vale só para esse momento, mas valerá para toda a vida; a criança que sabe aprender por si mesma poderá trabalhar em qualquer lugar, em qualquer momento"* (1975b: 15).

Os alunos provenientes do ensino tradicional são introduzidos no estilo personalizador a partir da progressão das noções básicas e elementares até as mais complexas, de modo que se dêem conta das aquisições trazidas (1978b: 34).

Tampouco pode ser impedimento para a implantação do projeto personalizador a falta de unanimidade do corpo docente, visto que um dos professores, convicto e bem-formado, facilmente contagia os colegas. Até a legislação educacional que, em tantos países, inibe iniciativas personalizadoras pode ser superada pela arte do professor em transformar os programas oficiais em *programação.*

Faure julga ser mais fácil realizar a personalização nas últimas séries do Ensino Fundamental e no Ensino Médio que nas séries anteriores, embora a dificuldade recaia sempre na formação dos professores e no espírito de equipe entre eles (1975a: 59-61).

Os alunos com dificuldades não são excluídos da educação personalizada, pois são os que mais necessitam de redobrada atenção, de instrumentos e meios pedagógicos específicos para estimular ao máximo suas capacidades (1983d: 87-92).

A partir da aplicação estrita do princípio da *descompartimentação*, uma escola secundária francesa em Longwy começou a implementar, em 1970, o projeto de Pierre Faure, cuja experiência ele relata no capítulo final de *Ensino personalizado e comunitário*, intitulado "Escola sem classes, professores sem cátedras".

Até aqui consideramos o próprio Faure apresentando a inspiração, os fundamentos, a configuração e o alcance de seu projeto pedagógico, contudo convém testá-lo a partir de outros olhares e considerações a respeito de sua consistência teórica e do modo de sua aplicação. É o que veremos a seguir.

CAPÍTULO II

O PROJETO DE PIERRE FAURE NA VISÃO DE DIFERENTES ATORES E PESQUISADORES

1. A PESQUISA EMPÍRICA

A apresentação da proposta pedagógica de Faure, que realizamos principalmente a partir de seus escritos e conferências, não seria suficiente para responder à nossa indagação sobre sua eventual mediação para uma educação em valores hoje. Por isso decidimos empreender uma ampla pesquisa empírica que nos revelasse o nível de compreensão, apreciação e prognóstico do projeto fauriano, em sua abordagem teórica e prática, por parte de diversos atores da escola: alunos, educadores (docentes e técnicos), dirigentes e, fora da escola, pesquisadores e autores de obras com esse enfoque e sobre a educação personalizada em geral.

Certos dados, como a presença discreta de Pierre Faure no panorama pedagógico, a exigüidade bibliográfica a seu respeito e o número reduzido de aplicações de sua proposta, nos questionavam acerca de sua eficácia hoje. Interessava-nos, então, verificar a gênese, a identidade e a novidade pedagógica do projeto fauriano, a densidade de suas principais fontes inspiradoras: jesuítica e montessoriana; os fatores que propiciaram, dificultaram ou impediram sua aplicação e disseminação; sua repercussão em diversos setores: escola, universidade, academia, governo e sociedade. Parecia-nos importante saber, também, se o projeto fauriano não se descaracterizaria caso sofresse adaptações e enriquecimentos e, em caso positivo, as principais experiências a respeito. Coroando a pesquisa, convinha-nos averiguar as condições de possibilidade apresentadas pelos entrevistados para a implantação, hoje, do referido projeto.

Tais questionamentos levaram-nos a optar por uma pesquisa qualitativa com base em entrevistas, excluindo outras modalidades, até mesmo a observação de classe, pois já conhecíamos o projeto fauriano, que havia sido introduzido, em 1993, em alguns colégios brasileiros.

Montamos a pesquisa por meio de consultas a educadores do Brasil e do exterior, durante o segundo semestre de 1994, para selecionar atores que aplicaram, e ainda aplicam, o projeto pedagógico personalizado e comunitário segundo Pierre Faure, e pesquisadores com algum conhecimento ou estudo sobre o tema. Entrevistados brasileiros foram protagonistas apenas da implantação do enfoque do Pe. Faure, enquanto este veio ao Brasil nos anos 50 e 60. A atual fase de aplicação em diversas escolas, a partir de 1993, pareceu-nos muito recente para os objetivos da pesquisa.

Em sua fase internacional, a pesquisa durou o primeiro trimestre de 1994 e implicou a viagem a 18 cidades de 7 países da Europa e da América Latina. Pela ordem cronológica: Roma (Itália); Vanves, Neuilly-sur-Seine, Paris, Asnières, Chantilly, Caën e Lyon (França); Madri (Espanha); Medellín, Cali, Bogotá (Colômbia); Cidade do México, Naucalpán de Juárez, León e Guadalajara (México); Santiago (Chile) e Córdoba (Argentina). Ainda no mesmo ano entrevistamos no Brasil um educador de San Salvador (El Salvador). Nessa fase foram entrevistados 103 dirigentes de escolas, professores e grupos de alunos (incluídos na lista só no decorrer da pesquisa), referentes a 14 escolas que aplicam o projeto fauriano[1] e 24 pesquisadores, atuantes em 10 universidades[2] e 9 centros de coordenação e pesquisa educacional[3]. Em sua fase brasileira, as pesquisas realizaram-se

1. Os educadores entrevistados na Europa estavam vinculados às seguintes escolas: na França, École Bossuet (Paris), École Saint Dominique (Neuilly-sur-Seine), École Sainte-Agnès (Asnières), École Charles Péguy (Caën); na Espanha, ao Instituto Veritas (Madri), em Somoságuas, dirigido pela Instituição Teresiana. Na América Latina os educadores atuam em seis colégios dirigidos pelos jesuítas: na Colômbia, Colegio San Bartolomé "La Merced" (Bogotá), Colegio Berchmans (Cali), Colegio San Ignacio (Medellín); no Chile, Colegio San Ignacio "El Bosque" e San Ignacio "Alonso Ovalle" (ambos em Santiago); no México, Instituto de Ciencias (Guadalajara). Ainda o Colégio Santa Cruz (Chile, Santiago), dirigido pelas irmãs de Santa Cruz; Instituto América (México, León), dirigido pelas Religiosas Filhas Mínimas de Maria Imaculada; e o Instituto Pierre Faure (México, Guadalajara), leigo.

2. São professores e pesquisadores da Pontifícia Universidade Gregoriana, de Roma; do Institut Catholique e da Université de la Sorbonne, de Paris; da Université de Lyon, França; da Universidad Complutense, de Madri; da Universidad Javeriana e da Universidad Nacional de Colombia, ambas em Bogotá; do Instituto Tecnológico y de Estudios Superiores de Occidente (Iteso), de Guadalajara, México; das Universidades Católicas de Santiago do Chile e de Córdoba, na Argentina.

3. São eles: Centro de Estudios Educativos (CEE) e Instituto Latinoamericano de Servicios Educativos (ILSE), respectivamente na Cidade do México e em Naucalpán de Juárez, México; Centro de Educación Personalizada, Centro Emmanuel Mounier, Instituto de Estudios Pedagógicos Somoságuas (IEPS) e Comisión Nacional de

ao longo do primeiro semestre de 1996, nas cidades do Rio de Janeiro, São Paulo e Florianópolis, junto a 16 educadores representantes de 8 escolas que aplicam ou aplicaram o projeto fauriano[4] e mais 3 pesquisadores.

Das 22 escolas, representadas pelos entrevistados, 13 conservam hoje a inspiração fauriana e praticamente toda a sua configuração didática, com as devidas adaptações locais. São escolas de porte variado, com um número de alunos que oscila entre 600 e 2.000. São particulares, algumas em contrato com o Estado para o pagamento de professores; 10 delas dirigidas por religiosos católicos, das quais 6 por jesuítas. As escolas localizam-se na área urbana e, em sua maioria, com um alunado aparentemente de classe média, 3 atendendo, majoritariamente, uma população de classe média baixa ou popular. Algumas escolas aplicam o projeto fauriano em todas as séries, a maioria até a 5ª ou 6ª série do Ensino Fundamental, e 4 interrompem sua aplicação na passagem para o Ensino Médio[5].

Nossa ida às escolas concentrou-se nas entrevistas, como era nosso propósito, mas sempre realizamos uma visita panorâmica para conhecimento das instalações. Excepcional e brevemente, assistimos, em algumas escolas, a momentos de *trabalho independente* e de *partilha* dos alunos.

Na pesquisa denominamos *atores* os alunos, educadores e diretores que, exceto os primeiros, todos, praticamente, conheceram Pierre Faure nos estágios que realizaram no Centre de Formation Pédagogique em Paris ou nas sessões que orientava. *Pioneiros* são os primeiros educadores a aplicar no respectivo lugar de trabalho o enfoque fauriano como docentes ou dirigentes de escolas, muitos dos quais se distinguiram nessa tarefa. Chamamos também *colaboradores* os que ajudaram Faure na escola de aplicação e nos centros de formação docente em Paris, em seus cursos, sessões pedagógicas e viagens. Do total desses entrevistados, metade prossegue seu trabalho nas mesmas instituições,

---

Educación Jesuíta (CONEDSI), em Madri; Secretariado de Educação da Companhia de Jesus, em Roma; Centro de Pesquisa y Desarrollo Educativo (CIDE) e Programa Interdisciplinario de Investigaciones Educativas (PIEE), em Santiago do Chile.

4. Em São Paulo os externatos Irmã Catarina e Madre Alix, os colégios Nossa Senhora do Morumbi e Santa Cruz e o Instituto Montessori-Lubienska. No Rio de Janeiro os Colégios Teresiano, Sagrado Coração de Maria (antigamente Sacré Coeur de Marie) e Sion.

5. A identificação dos cursos ao longo do trabalho seguirá a atual legislação educacional brasileira (Lei n. 9.394/96, Art. 21).

alguns há mais de 20 anos, enquanto o restante atua em outras escolas ou em centros de formação e pesquisa.

Além da pesquisa com os *atores*, julgamos importante um distanciamento da escola para ouvir, também do meio acadêmico, uma apreciação sobre o projeto de Faure. Os *pesquisadores*, exceto dois, conheceram pessoalmente Pierre Faure ou sua proposta, e estão vinculados a universidades ou centros de pesquisa educacional. Alguns têm publicações sobre o enfoque fauriano[6] ou sobre o movimento mais amplo da educação personalizada.

O número de entrevistados ampliou-se no decorrer da pesquisa até o total de 146, pois foram incluídos alunos, não previstos anteriormente, e outros educadores, diretores e pesquisadores que foram sendo mencionados ou sugeridos pelos interlocutores. Do total de entrevistados, 105 eram de 6 países da América Latina (Argentina, Brasil, Chile, Colômbia, El Salvador[7] e México) e 41 de 3 países da Europa (Espanha, França e Itália).

Em geral as entrevistas foram individuais e duraram, as dos adultos, cerca de 45 minutos e as dos alunos em torno de 60. Todas foram semi-estruturadas, com algumas questões iguais para todos os grupos e outras diferentes, conforme o encaminhamento. De modo geral o roteiro básico das entrevistas foi o seguinte: 1) contextualização da pessoa quanto às circunstâncias históricas e razões pelas quais conheceu Pierre Faure ou sua proposta; 2) dados históricos da implantação do projeto fauriano na escola e/ou no país; 3) identificação e apreciação da proposta: valores e limites; 4) repercussão da aplicação da proposta entre alunos, pais e professores, em outras escolas, na universidade e no meio acadêmico; 5) aplicabilidade da proposta: riscos e requisitos. Conforme a função dos entrevistados e a situação das escolas, apresentávamos questões específicas: 6) influências da tradição jesuítica e do método Montessori em Pierre Faure; 7) incorporação de outros enfoques pedagógicos e da atual formulação pedagógica jesuítica.

As entrevistas foram gravadas, com a anuência dos participantes, que geralmente delas participaram com satisfação e tranqüilidade, sem nenhum sinal de ansiedade ou constrangimento.

---

6. Ver na Bibliografia: Audic, Bernal Restrepo, Flores Montúfar, Gutierrez Ruiz, Jaramillo, Le Gall, Mesa, Montaldo Lorca, Nieves Pereira, Paz, Matilla, Vásquez Tapia, Vélez Escobar.

7. País não visitado porque a entrevista com seu representante se realizou no Brasil.

As intervenções dos entrevistados podem ser agrupadas em quatro grandes eixos: a compreensão e apreciação dos elementos teóricos do projeto de Pierre Faure e o histórico e a viabilidade de sua implementação. Desses eixos, selecionamos os aspectos referentes às hipóteses que fazíamos no decorrer do trabalho e os estruturamos como veremos na seqüência.

2. PARA UMA HISTÓRIA DA IMPLANTAÇÃO DO PROJETO FAURIANO

A visão dos entrevistados sobre as dimensões teórica e prática do projeto fauriano é precedida, a seguir, pelos dados históricos que eles forneceram sobre sua gênese e expansão. Trata-se de um material rico, inédito, que possibilita, futuramente, organizar os elementos para a história do movimento desencadeado por esta proposta personalizante em diversos países. Selecionamos dois deles: Brasil e Espanha. O Brasil porque muitas escolas, a partir de 1959, inspiraram seu modelo de "classes experimentais" em Pierre Faure. A Espanha porque a repercussão do projeto fauriano inspirou a lei nacional de educação em 1970.

2.1. Principais fatores de expansão

Os entrevistados relataram traços comuns quanto a conhecimento, divulgação, irradiação e implantação do projeto fauriano nos diversos países. Num primeiro momento, as idéias de Pierre Faure começaram a ser conhecidas pelas práticas de educação personalizada inspiradas, sobretudo, em Maria Montessori e em Lubienska de Lenval, que seus ex-alunos do Centre de Formation Pédagogique (CFP) de Paris e das sessões pedagógicas foram realizando nos respectivos países. Como os primeiros conhecedores e aplicadores da inovação — os *pioneiros* — eram, em sua maioria, filiados a instituições religiosas internacionais, eles contribuíram para a divulgação de Faure a partir dos estágios que os colegas, e outros educadores, iam realizando em suas unidades escolares que implantavam o projeto. Na tarefa de expansão do projeto fauriano é reconhecido, por praticamente todos os entrevistados, o papel singular da Instituição Teresiana do Pe. Pedro Poveda, pois, em diversos países, convidou o Pe. Faure para cursos e visitas, interpretou e implantou seu projeto com muita repercussão em suas escolas e orientou cursos de capacitação do professorado[8].

Em Paris, Faure criou a primeira escola de aplicação de sua proposta em 1947, o *Externato Notre Dame*, à 5, rue de Madrid, onde teve a colaboração de Lubienska de Lenval. Essa obra foi transferida em 1952, juntamente com o Centre d'Études Pédagogiques, fundado em Vanves, para 15, rue Louis David. No mesmo ano Faure começou a orientar uma extensa série de sessões pedagógicas na França e a fazer visitas de apoio às escolas que começavam a implantar seu projeto. Em 1949, fundava outra escola para a formação de docentes em Neuilly-sur-Seine, e em 1956, no Institut Catholique de Paris, um centro de formação para professores de ensino especializado.

Nesse mesmo ano começava uma classe no Colégio Sion, em São Paulo, inspirada em Lubienska e Faure. Ainda em 1956 os jesuítas começaram a aplicar a proposta fauriana em Beirute, com a colaboração da irmã Rose Madeleine Saikali. Várias religiosas da Congregação dos Sagrados Corações, à qual a irmã Rose pertence, fizeram o curso de educação personalizada em Paris com a intenção de abrir uma escola para a formação de educadores. A escola que se efetivou sob o patrocínio das Irmãs de Nazareth e da professora Aida Roucoz funciona hoje junto à Université Saint Joseph[9]. Em 1957, a Congregação N. S. do Sion abria outra escola no gênero em Kasnadar (Tunísia).

Em 1966 Angeles Galino, Carmela Alvarez, Irene Gutierrez, da Instituição Teresiana, e o irmão Emiliano Mencia, da Congregação dos Irmãos de La Salle, orientavam, com Faure, o primeiro curso na Espanha, no Instituto Veritas, arredores de Madri, dando início ao projeto nesse país (Mencia, s/d: 11). No início dos anos 70, a proposta de Faure começava a ser aplicada também na Colômbia, nos colégios das Irmãs de la Presentación, dos Irmãos de La Salle, da Instituição Teresiana e dos Jesuítas (nestes a partir da colaboração da madre Aurora de la Puente e sua congregação). A proposta era aplicada também na Cidade do México, no Instituto Asunción, com a madre Pilar; no Chile, no Colégio Pedro de Valdivia, pela Institui-

8. Nos países que visitamos, ainda hoje é reconhecido o trabalho personalizado de seus colégios.

9. Carta da irmã Georgette Marie Nader, de 6 de novembro de 1996. O Institut Libanais d'Éducateurs publica a revista *Bulletin Interieur*. Em Beirute funciona uma seção da Airap.

ção Teresiana. Na virada dos anos 70 e 80 os jesuítas mexicanos aplicaram o projeto fauriano, por pouco tempo, nos Institutos Lux, em León, e de Ciencias, em Guadalajara.

Despertados pelo conhecimento das práticas pedagógicas personalizantes, os interessados eram encaminhados a estagiar no CFP em Paris, a participar em sessões com Faure e/ou seus colaboradores, ou a visitar colégios. Assim, por exemplo, a diretora-geral da Instituição Teresiana, tendo conhecido a experiência personalizante que o Colégio Teresiano iniciava no Rio de Janeiro, em meados dos anos 60, apresentara o projeto na Espanha, de onde enviou algumas educadoras a Paris com vistas a aplicar o projeto. Em 1968, a mesma Instituição introduzia o ensino personalizado no Liceu Segóvia, que dirigiam em Bogotá, Colômbia.

As sessões pedagógicas, também chamadas cursos de verão, foram se sucedendo rapidamente nos diversos países, normalmente com Faure, mas também sem ele. À medida que conhecia educadores interessados e capacitados, associava-os na orientação de outros cursos. Parecia convincente sua estrutura: apresentações teóricas sobre a educação personalizada, e sua comprovação em aulas demonstrativas com grupo de alunos, sob a orientação de professores experimentados, e um grupo grande de sessionistas como observadores. Confessava a irmã Jeanne d'Arc, do Rio de Janeiro:

> *"(...) na primeira vez que apresentou (...) ele chamou crianças da favela da Rocinha, e um menino trabalhou com matemática como eu nunca vi meninos de classe alta trabalhar".*

Anne Marie Audic, francesa, Maria Nieves Pereira, espanhola, e Celma Pinho Perry, brasileira, acompanharam padre Faure em 1972 à Cidade do México para orientar o primeiro curso aos educadores mexicanos. Desse curso também participou o padre jesuíta Alfonso Quintana, então decano da Faculdade de Educação da Universidade Javeriana de Bogotá, na Colômbia, onde, a seu pedido, em janeiro de 1973, Faure e Nieves deram o primeiro curso personalizado. Aí estava o reitor do colégio jesuíta de San Salvador (República de El Salvador), padre Angel Maria Pedrosa, onde, a seu convite, e com sua colaboração, Faure orientou três cursos a partir de 1976. De 1972 a 1976, deram-se cursos em Edmunston, no Canadá. Maria Nieves Pereira e a mexicana Norma Bross deram um curso na Nicarágua, em 1975.

Após o curso de Faure na Cidade do México em 1972, um grupo de pais de alunos e educadores mexicanos criaram em Guadalajara o Instituto Pierre Faure, para Ensino Fundamental e Ensino Médio, que seria modelar na aplicação da educação personalizada, na promoção de cursos de aperfeiçoamento de professores, de 1974 a 1984, com a presença de seu patrono. O Instituto Pierre Faure sediaria a seção latino-americana da Airap[10].

Em 1981, Faure e os professores mexicanos Maria Concepción Flores, Norma Bross e Rafael Paz orientaram um curso no Chile, em que a espanhola Carlota Lesmes colaborou muito e apresentou seu método de alfabetização personalizante. Em 1992, Maria Concepción Flores e os chilenos Antonieta Gálvez e Sérgio Durán orientaram três cursos para cerca de 300 educadores dos colégios jesuítas da região centro-leste do Brasil, em São Paulo, Rio de Janeiro e Belo Horizonte. Em 1993, Maria Concepción Flores orientou novo curso no Colégio São Luís, em São Paulo. Em outubro de 1996, ela retornou ao Brasil como conferencista do primeiro fórum sobre o projeto fauriano, promovido pelo Centro Pedagógico Pedro Arrupe[11].

No entanto, como Faure não se arvorou em autor de nenhum método, os participantes tinham dificuldade em distinguir quais práticas personalizantes decorriam de sua inspiração e quais provinham dos métodos ativos de Montessori, Lubienska e outros. Ex-alunos, ex-cursistas, colaboradores, pioneiros e amigos do padre Faure foram-se constituindo, informalmente, numa rede de relações que levou seu projeto a muitos países. Os entrevistados recordam cursos e/ou estágios realizados nos seguintes países, além da França (e na maior parte deles pelo próprio Faure): Argentina, Bélgica, Brasil, Canadá, Chile, Colômbia, Egito, El Salvador, Espanha, Guatemala, Holanda, Líbano, Marrocos, México, Nicarágua, Panamá, Portugal, República Dominicana, Tunísia, Venezuela, Uruguai[12].

Facilitava a acolhida do projeto fauriano a insatisfação de educadores e diretores de escola com o modelo pedagógico que então aplicavam: tradicional, intelectualista, rotineiro, aparentemente sem resultados. Dizia a irmã Angélica Maria Afonso, do Externato Madre Alix, de São Paulo:

---

10. As conferências e entrevistas realizadas por Faure nesse período em Guadalajara constam da Bibliografia nos títulos que começam por *Memoria*.

11. Os anais desse fórum estão publicados no *Caderno do CEAP*, n. 1.

12. Audic (1996: 22; 1997: 241-269), Neyret (1994: 319-322), Sainclair (1988a) fornecem elementos históricos sobre a expansão do estilo pedagógico fauriano em alguns desses países.

> *"(...) porque estávamos sedentas por algo novo, sentíamos naquele momento, como educadoras que somos, que havia se esgotado todo um processo (...). As crianças eram mais dinâmicas, mais participativas, e naquele processo antigo as crianças eram muito passivas. O silêncio era uma força por si só. O professor falava e estava falado. Era o professor quem trazia a informação (...). As crianças reproduziam muito bem, tinham técnicas de reprodução (...). Então se usava muito a memória, mas a criatividade estava um pouco embotada (...)"*

Membros de grupos religiosos, mais ansiosos por renovar-se, animavam-se ao verificar a sintonia do projeto fauriano com os princípios pedagógicos enunciados pelos respectivos fundadores e com as orientações de suas instituições para o trabalho educativo[13].

Contudo, vários entrevistados estranhavam que os jesuítas, de modo geral, não fizessem caso de Faure, desconsiderando-o como uma autoridade pedagógica. Ele era consultado por educadores e políticos de diversos países, era acolhido e solicitado com interesse por muitos colégios, mas, paradoxalmente, não pelos jesuítas, considerados coletivamente, exceto na Colômbia, no Chile e em El Salvador. Alguns entrevistados notavam também a indisposição de Faure com os colégios da própria Ordem, atribuindo-a a seu temperamento forte e à postura, por vezes, de "dono da verdade" com que criticava o modelo pedagógico então adotado. Dizia o padre jesuíta Jean Sainclair:

> *"Ele tinha a verdadeira pedagogia, e os colégios [jesuítas] eram liceus napoleônicos em que havia prefeitos de estudos que se ocupavam da disciplina e não estavam preocupados com a pedagogia"*[14].

13. Reconhecia-se que o projeto fauriano tinha afinidades com os ideais pedagógicos de santo Inácio de Loyola, fundador da Ordem dos jesuítas; com Pedro Poveda, fundador da Instituição Teresiana; com Pablo de Anda, fundador da Congregação das Filhas Mínimas de Maria Imaculada, mantenedora do Instituto América de León (México); com o ideário dos Colégios Santa Cruz, das Cônegas de Santo Agostinho e Madre Alix, em São Paulo.

14. Há de registrar-se, no entanto, a carta elogiosa que padre Pedro Arrupe, superior-geral dos Jesuítas, enviou em 27 de setembro de 1971 ao padre Faure pela celebração dos 50 anos na Ordem: "(...) o senhor se dedicou à pesquisa e à aplicação de uma pedagogia nova, adaptada aos nossos tempos e à nossa cultura (...), pedagogia

O projeto fauriano encontrou a resistência de dirigentes, educadores e pais de alunos temerosos de que sua implantação acarretasse queda do nível acadêmico ou da exigência disciplinar. Alberto Vásquez recordava um tipo de queixa de pais de alunos do Colégio San Ignacio "El Bosque", em Santiago, Chile: "Estudei num colégio da Companhia de Jesus (...), sou um profissional destacado, então por que vocês vão mudar o método?" Outros diziam: "A educação personalizada era para fazer as crianças mais felizes, mas a quem não interessa o nível de aprendizagem".

Na implantação do projeto houve falhas reincidentes em diversos lugares. No nível didático, houve exagerado respeito pelo ritmo do aluno, desvinculado do sistema educacional dos países; uniformização da aprendizagem em todas as turmas da mesma série; elaboração da *programação* sem considerar os materiais didáticos necessários; substituição de toda intervenção oral do professor por *guias* e fichas; alteração infundada dos instrumentos de trabalho; lentidão no processo de aprendizagem no início do ano letivo e aceleração em seu final. Além disso, faltou suficiente preparação do professorado para assimilar a filosofia personalizada e perceber o tipo e nível de mudança exigidos, o que explica o mimetismo de técnicas e a ânsia por "receitas" didáticas. Outro fator limitante da expansão do projeto fauriano foi o alto custo de sua implantação. Explicava a pesquisadora colombiana Elba Martinez de Dueri:

> *"Infelizmente, na Colômbia, o 'boom' fez-se muito pelo lado metodológico, mais que pelo lado filosófico. Então (...) o pessoal era treinado nos aspectos metodológicos, mais que nos aspectos conceituais que estavam por trás do trabalho personalizado. Por isso, pouco a pouco, foram-se esgotando as idéias e os conceitos que receberam para sustentar a experiência e foram desvirtuando-a em muitos lugares (...) até que em alguns lugares acabou-se".*

Sérgio Durán, diretor de um colégio chileno, reconhecia erro semelhante, ao repetir a experiência personalizada conhecida no

derivada da espiritualidade dos Exercícios, renovadora da grande tradição da Companhia (...). Promotor dos 'métodos novos', o senhor esteve na origem da Escola de Aplicação, da transformação radical da pedagogia das classes elementares no ensino privado francês (...); sua obra pedagógica, caro padre, honra a Companhia e a Igreja (...)" (apud Audic, 1997: 474).

México: "Copiamos tudo: a forma, tudo. E depois nos demos conta de que isso não correspondia à nossa cultura". A superação dessas dificuldades ocorreu em parte, e gradativamente, quando educadores e pais puderam observar a sala de aula e constatar os resultados acadêmicos e as atitudes dos alunos. O mesmo diretor dizia que os pais se convenceram quando, ao buscar conhecimentos, encontraram comportamentos. Em vários lugares, organizaram-se cursos para os pais entenderem o embasamento da proposta. Os professores ajudavam-se mediante reuniões de intercâmbio e estudo e a supervisão mútua que faziam entre si.

2.2. No Brasil: o projeto fauriano e as "classes experimentais"

Dos países pesquisados o Brasil foi o primeiro e mais vezes visitado por Pierre Faure e o segundo, após a França, que começou a aplicar sua proposta pedagógica.

Como diretor do Centre d'Études Pédagogiques, Faure veio a primeira vez ao Brasil em 1951 para participar do IV Congresso Interamericano de Educação Católica (CIEC) no Rio de Janeiro, retornando em 1955 e 1956, a convite da Associação de Educação Católica (AEC), na pessoa de seu presidente, o padre jesuíta Artur Alonso, para orientar, no Rio, em São Paulo e em Porto Alegre, semanas de estudos sobre a pedagogia cristã para religiosos diretores de colégios e superiores de congregações religiosas[15].

Em 1956, a irmã Maria Ana, hoje professora Celma Pinho Perry[16], começava a implantar, numa classe de Pré-Escolar no Colégio Sion, em São Paulo, um trabalho pedagógico personalizante, uma adaptação à realidade brasileira do que aprendera de Lubienska de Lenval e de madre Marie Jean-Baptiste nos colégios da congregação em Grandbourg e em Biarritz, na França (Neyret, 1994: 322). Após visita a essa experiência, dom Candido Padin e madre Joaquina,

15. A Semana Pedagógica de 1955 ocorreu de 8 a 12 de junho, no então Colégio Sacré Coeur de Jésus, no Rio de Janeiro, e a do ano seguinte, de 22 a 29 de julho no Colégio Sion, em São Paulo. Referências aos eventos constam em Cruz (1966: 290); SERVIR, órgão da AEC do Brasil, setembro 1955, p. 13. As conferências de Pierre Faure figuram em *Semanas Pedagógicas de 1955 e 1956*. Audic (1997: 245, 257-261) e Neyret (1994: 328-333) também historiam as vindas de Faure ao Brasil.

16. Atualmente a professora Celma dirige a Montessori Education Centers Associated (Meca), que fundou em 1970, em Hinsdale, Illinois (EUA), para preparar educadores no método montessoriano, e é consultora da American Montessori Society.

na época presidente e secretária-geral da AEC de São Paulo, respectivamente, sugeriram que a experiência fosse conhecida por Pierre Faure, então no Brasil. Este animou-se ao conhecer a inovação educacional e propôs à irmã Maria Ana divulgá-la.

Em 1958, o Ministério da Educação e Cultura havia baixado instruções estimulando os colégios a apresentar projetos de "classes experimentais"[17]. Animados com as perspectivas de renovação pedagógica que então se abriam, alguns colégios católicos de São Paulo decidiram formular seus projetos sob o enfoque de Pierre Faure, então conhecido das Semanas Catequéticas, "porque achamos que era a última palavra no momento", dizia uma educadora. Convidado novamente pela AEC, Faure voltou ao Brasil em dezembro daquele ano para capacitar os educadores que iriam aplicar as "classes experimentais" em 1959. Nessas sessões pedagógicas apresentou os princípios do ensino personalizado, acompanhados de aulas demonstrativas da irmã Maria Ana com um grupo de alunos[18]. Por essa ocasião, alguns educadores religiosos de São Paulo e do Rio de Janeiro fizeram estágios teórico-práticos no Centre de Formation Pédagogique, em Paris, sob a orientação de Faure[19].

Com o regresso desses educadores teve início a aplicação gradativa do projeto fauriano — chamado de "classes experimentais" ou também de "métodos ativos" —, em 1959, em São Paulo, no Colégio Santa Cruz, no das Cônegas de Santo Agostinho, hoje Nossa Senhora do Morumbi, no Madre Alix e no Sion. O Colégio Sion foi o primeiro colégio brasileiro a aplicar a inovação personalizada, na inspiração de Lubienska, em 1956, prosseguindo-a em 1959 nas últimas séries do Ensino Fundamental, já com o enfoque fauriano[20].

---

17. O documento legal dessa inovação intitula-se *Instruções sobre a natureza e a organização das classes experimentais* (n. 31/58), expedido em 4 de julho de 1958 pelo prof. Gildásio Amado, diretor do Ensino Secundário, com a aprovação do ministro da Educação, Clóvis Salgado (Amado, 1973).

18. Pierre Faure relata essas experiências nos artigos: "Institutions de classes expérimentales au Brésil", in *Pédagogie*, 3 (1959): 234-239 e em "L'Enseignement au Brésil. Progrès de la scolarisation et progrès pédagogiques", In *Pédagogie*, 8 (1963): 733-736.

19. Eram o padre Yvon Lafrance, do Colégio Santa Cruz; a irmã Isabel Sofia, do Colégio das Cônegas de Santo Agostinho; a irmã Valentina (Izaltina de Lourdes Machado), da então Casa da Infância, depois Instituto Montessori-Lubienska; a irmã Arlete, do Colégio Sagrado Coração de Maria e, de 1964 a 1966, a professora Marília Palhares, do Colégio Teresiano do Rio de Janeiro.

20. Contudo, nos anos 20, já existiam escolas montessorianas no Brasil. Entre 1925 e 1930, a professora Joana Scalco reivindicava a criação de "classes experimen-

Em 1959 a irmã Maria Ana criou, no Colégio Sion, um curso, com reconhecimento oficial, para aperfeiçoamento de educadores no método Montessori-Lubienska, do qual foram alunas irmã Valentina (Izaltina de Lourdes Machado) e a professora Edith Menezes de Azevedo. A irmã Valentina, em 1960, empreendeu uma renovação pedagógica, segundo Montessori-Lubienska-Faure, na Casa da Infância do Menino Jesus, que dirigia em São Paulo, sendo a primeira experiência no gênero com crianças pobres. A professora Edith começou a aplicar a proposta de Faure à sua escola, Externato Irmã Catarina, em São Paulo, a partir de 1961. Em meados dos anos 60, o Colégio Teresiano do Rio de Janeiro, fundado em 1956 como colégio de aplicação da PUC/RJ, também introduziu a inovação.

Pe. Faure voltou anualmente ao Brasil até o final dos anos 70, custeado pela AEC e por alguns colégios particulares de São Paulo e do Rio, para orientar semanas pedagógicas visando à capacitação dos educadores para a aplicação do projeto de "classes experimentais". Esses cursos estavam previstos, de início, para os colégios que começavam a implantar o projeto fauriano em São Paulo, mas chegaram a receber até 300 educadores da Educação Infantil e do Ensino Fundamental de nove estados do Brasil. Em agosto de 1963, Faure realizou um curso no Instituto de Educação Caetano de Campos, em São Paulo, para 170 professores da rede pública, a convite da Secretaria de Educação desse Estado.

Os cursos de Faure eram eminentemente práticos, mas, conforme reclamavam alguns entrevistados, não abordavam questões psicológicas da aprendizagem e, de modo geral, não forneciam textos de apoio para os participantes, que eram obrigados a aprender vendo sua atuação ou a de outros professores com as crianças.

Além dos cursos, Faure fazia uma visita de apoio aos colégios que introduziam sua proposta e, de Paris, mantinha intensa correspondência com seus dirigentes, animando-os, respondendo-lhes as consultas e providenciando estágios para educadores no CFP. Em 1975 e 1976, Faure ainda participou, em São Paulo, de dois congressos nacionais de educação montessoriana[21]. Enquanto isso, os educadores intercambiavam suas experiências entre si[22].

tais" para aplicar o método montessoriano. Em 1950 fundava-se a Associação Montessori do Brasil (Antunes, 1985; Goulart, 1994; Kishimoto, 1988).

21. Faure proferiu uma alocução no encerramento do II Congresso (1980h).

22. Avelar (1978: 79) e Neyret (1994: 328-332) referem-se à contribuição de Faure no Brasil ao tratarem da implantação do método Lubienska. Lafrance (1963)

Algumas escolas sofreram com a implantação do projeto fauriano, como o Externato Irmã Catarina, em São Paulo, onde, num momento, pais de cerca de 100 alunos, inconformados com a inovação pedagógica, retiraram seus filhos. Entre as dificuldades da experiência encontramos: os professores mostravam-se inseguros em aplicar a proposta à realidade brasileira porque os cursos eram rápidos e insuficientes; era necessário melhorar a remuneração do corpo docente; ocorria a elitização do aluno em virtude dos altos custos da implantação.

Os entrevistados recordaram o grande interesse que as sessões pedagógicas do padre Faure, e as primeiras experiências pedagógicas personalizadas, foram despertando nos meios educativos privado e público porque, segundo a professora Marília Palhares, do Colégio Teresiano, do Rio de Janeiro,

> *"foi uma coisa que empolgou muito todo mundo e que se impôs, realmente, como uma metodologia muito boa e com resultados muito eficientes. E tínhamos muito a volta do resultado do desempenho que nossos alunos, que saíam daqui e iam para as universidades, tinham".*

Após ter sido introduzido em diversos colégios particulares da região centro-sul do Brasil[23] em 1959 e nos anos 60, a partir de 1993 o projeto fauriano encontra-se em nova fase de implantação em 24 colégios, todos católicos, de 15 cidades da região centro e sudeste[24]. Estes fizeram uma primeira verificação coletiva de sua

---

registra a experiência de três anos no Colégio Santa Cruz, e o Ginásio Nossa Senhora do Morumbi relata seu projeto (ver Bibliografia: O HISTÓRICO...).

23. Faure relata, de modo especial, a aplicação do enfoque personalizador no Colégio Nossa Senhora do Morumbi em São Paulo (1969b: 136-144), e no Colégio Teresiano, no Rio de Janeiro (1969c: 149-154). Sobre este último ver também: UMA experiência (...) (1976).

24. São eles: Em *Araçatuba* (SP): Colégio Nossa Senhora Aparecida; *Bauru* (SP): Colégio S. José e Escola S. Francisco de Assis; *Belo Horizonte* (MG): Colégios Loyola e Regina Pacis; *Birigui* (SP): Colégio Sagrado Coração de Jesus; *Brasília* (DF): Colégios Carmen Sallés, Cor Jesu e Maria Imaculada; *Espírito Santo do Pinhal* (SP): Colégio Divino Espírito Santo; *Itumbiara* (GO): Colégio Diocesano; *Juiz de Fora* (MG): Colégio dos Jesuítas; *Machado* (MG): Colégio Imaculada Conceição; *Marília* (SP): Colégio Sagrado Coração de Jesus; *Mocóca* (SP): Colégio Imaculada Conceição; *Nova Friburgo* (RJ): Colégio Anchieta; *Passos* (MG): Colégio Imaculada Conceição; *Rio de Janeiro* (RJ): Colégios Maria Imaculada e Santo Inácio; *São*

implantação no fórum sobre educação personalizada, que congregou cerca de 350 educadores, de 31 de outubro a 2 de novembro de 1996, em Vila Kostka, Indaiatuba (SP).

2.3. Na Espanha: um movimento de renovação pedagógica

Alguns membros da Instituição Teresiana na Espanha estudaram a proposta de Faure em estágios no CFP, em Paris, em alguns de seus cursos pela França e visitando outras aplicações na Europa. De volta à Espanha, essas educadoras renovaram, segundo esse enfoque, o Instituto Veritas, que mantinham em Madri, transferindo-o, pelo final dos anos 60, para Somoságuas, arredores da cidade, num projeto arquitetônico especialmente construído segundo as exigências personalizantes[25]. Tornou-se uma experiência piloto, pois logo acorriam a Somoságuas educadores do país e do exterior para observação de classe e para sessões pedagógicas. Estas, com duração de 12 a 15 dias, começaram a ser promovidas pelos membros da Instituição Teresiana e da Congregação dos Irmãos de La Salle, no próprio Instituto Veritas e, logo, em diversos pontos da Espanha, para as escolas privadas e depois também para as da rede pública (Mencia, s/d: 7).

A eficácia dos cursos residia em três fatores: 1) não visavam apenas a uma informação teórica, mas à mudança de mentalidade e de atitudes dos educadores; 2) eram freqüentados por equipes completas dos colégios, caso contrário o resultado seria inócuo; 3) ofereciam acompanhamento posterior às escolas que iniciassem a proposta personalizada.

Da experiência de êxito do projeto fauriano no Instituto Veritas e dos cursos que se multiplicavam, nasceu na Espanha um expressivo movimento de renovação pedagógica, então ainda chamado de "ensino individualizado". O Ministério da Educação da Espanha passou a considerar o movimento com particular interesse, seja por

---

Paulo (SP): Colégios Maria Imaculada, Nossa Senhora do Rosário, Sagrado Coração de Jesus, São Francisco Xavier e São Luís. O Colégio Anchieta, de Nova Friburgo, em 1998, chega com a educação personalizada até a 8ª série.

Ver: "Fachada antiga e alma nova", in: *Nova Escola*, São Paulo, Fundação Victor Civita, n. 83, 1995, pp. 38 e 39.

25. Gutierrez Ruiz (1970) registra a inovação pedagógica do Instituto Veritas. Sanchez (1996) mostra a atualização dessa proposta nesta década.

meio dos filhos de alguns de seus dignitários, matriculados em Somoságuas, seja pela atuação da professora-doutora Maria Angeles Galino, membro da Instituição Teresiana, como diretora-geral do ensino médio e primário do país. Resultado: a lei de educação espanhola, publicada em 1970, determinava para todo o país a educação personalizada calcada nesse modelo, pelo que ficou sendo popularmente conhecida como "Lei Somoságuas".

Contudo, a sobrecarga de trabalho e a falta de reflexão pedagógica dos líderes do movimento, a confusão conceitual decorrente da variedade de equipes que passaram a orientar os cursos, a aplicação mimética que muitos cursistas faziam em suas escolas, sem a necessária adequação, determinaram o debilitamento e a decadência dessa renovação pedagógica no final dos 70[26].

3. CONSIDERAÇÃO TEÓRICA SOBRE O PROJETO DE PIERRE FAURE

Os breves traços históricos, fornecidos pelos interlocutores, mostram-nos a relevância e a irradiação da contribuição pedagógica de Pierre Faure, motivando-nos a acompanhar o entendimento que eles têm sobre o aspecto teórico deste projeto.

3.1. Gênese

De modo geral, os entrevistados entendem que a origem da proposta de Faure reside em sua paixão pela criança, aliada à convicção e à confiança na capacidade desta em se desenvolver. Chegava a dar a impressão de que não via defeitos na criança, pois, dizia a colaboradora francesa Monique Le Gall: "Ele colocou a criança sobre um pedestal, todo o tempo".

O interesse de Faure pela criança poderia ter sido despertado durante o estágio de magistério que realizara no Líbano, quando estudante jesuíta. No entanto, seu encaminhamento para a pedagogia decorreu do encargo recebido de seus superiores jesuítas, em 1937, de ocupar-se das questões pedagógicas da Action Populaire, obra social da Ordem em Vanves.

---

26. Mencia (s/d) historia a organização e o funcionamento das sessões de verão e o movimento educativo que desencadeou na Espanha.

Faure aprofundou sua crença na criança a partir da bagagem jesuítica que trazia, dos estudos constantes de autores, que selecionava criteriosamente e cuja influência confessa em seus escritos, das aulas que dava no Institut Catholique de Paris, das visitas que fez, em Haia, ao Liceu Dalton e às escolas montessorianas. Nos anos 40, animou-se ao verificar sua crença concretizada nos trabalhos de Montessori e Lubienska, que ainda viviam. Tendo conhecido muitos colégios na França, especialmente os de jesuítas, Faure percebeu como a criança não tinha um papel nem uma palavra na escola e, por isso, quis propor uma alternativa à educação.

Com a criação da escola leiga, a partir da reforma de Jules Ferry, a rede particular de ensino francês buscou apoiar-se nas correntes pedagógicas de cunho espiritualista, não necessariamente confessional, nas quais se destacava Maria Montessori. No entanto, o fato de as associações montessorianas impedirem a incorporação de alguém marcadamente católico, como Faure, provavelmente o impeliu a empreender um caminho pedagógico próprio.

A trajetória de Faure caracteriza-se então, inicialmente, por buscar diferentes instrumentos e técnicas para ajudar o desenvolvimento da pessoa do aluno; a seguir, por formar equipes de pessoas que comungassem de suas idéias; depois, por testá-las em escolas e, finalmente, por divulgá-las em escala maciça, por meio de cursos, revistas e sessões pedagógicas.

O teste de verificação de suas intuições pedagógicas, Faure pôde realizar no externato à rue de Madrid, em Paris, e depois na primeira escola de formação de docentes que abriu na França, em 1949, seguida de outras duas. Nessa fase ele concentrava sua atenção nas séries iniciais do Ensino Fundamental, por considerá-lo a base da formação, a etapa mais importante. Isso explica a associação que muitos fazem do projeto fauriano a essa faixa etária.

3.2. Identidade

Quase todos os entrevistados sentiam dificuldade em definir a contribuição de Pierre Faure, preferindo referir-se-lhe como um enfoque, um estilo, um espírito, um dinamismo educativo, um processo, uma grade básica, um modo de acompanhar o aluno[27]. Ne-

27. O termo *espírito* é utilizado aqui no sentido de idéia predominante, significação, sentido (Ferreira, 1986).

nhum dos interlocutores denominava o projeto fauriano como um método, pois ouviram Faure dizer: "Não quero que se diga 'método'. É antes 'enfoque', enfoque pedagógico e concepção da criança". A pesquisadora argentina Margarita Luísa Schweitzer justifica este ponto de vista fundamentando-se nos Exercícios Espirituais de Inácio de Loyola, que ela tampouco vê como um método, mas

> *"uma maneira que te dá muita liberdade para que possas ir percorrendo teu próprio caminho. Quer dizer, não creio que o próprio Santo Inácio (...) tenha pensado em marcar-nos um caminho rígido [nos Exercícios], isso significa método, e do qual não possamos sair. Pelo contrário, temos toda a liberdade para mover-nos. Então, creio que só pensar que ele [Faure] parte dos Exercícios já elimina a rigidez que implica a palavra 'método'".*

Prosseguindo em sua argumentação, a pesquisadora considera o projeto de Faure um organismo vivo, em que diversos componentes, como metas, técnicas, procedimentos, recursos etc. vão sendo dispostos como num "quebra-cabeça", segundo as circunstâncias. Portanto, conclui:

> *"A proposta que Pe. Faure faz não é a de um método estrito, mas faz uma oferta de técnicas e procedimentos que cada um adequará dentro de uma organização (...) conforme necessite".*

O jesuíta colombiano Álvaro Vélez Escobar, colaborador de Faure, recorria a uma imagem para reforçar a mesma idéia de que o projeto fauriano não é um método:

> *"Eu, sem óculos, porque sou míope, não leio nada. Se coloco estes óculos, consigo. A [educação] personalizada é como os óculos, uma maneira de enfocar, conceber, olhar, abordar o processo personalizado".*

A dificuldade em conceituar a proposta de Faure parece provir de sua relutância em atender à solicitação dos alunos e cursistas para deixar-lhes por escrito os princípios e as práticas pedagógicas que transmitia, por temer a cristalização da proposta e o mimetismo dos educadores, como atesta sua aluna e colaboradora, irmã Isabel Sofia:

> *"Ele não escrevia nada porque me disse assim: no dia em que você escrever um livro sobre uma metodologia dando receita de material etc., você mata (...). Não se pode [escrever] porque está sempre em evolução".*

Tais posicionamentos de Faure, explicam alguns, provêm de sua simplicidade, da despretensão e, sobretudo, de sua honestidade intelectual, pois, por ter se inspirado em idéias e técnicas pedagógicas de diversos autores, ele não admitia ser considerado um inovador. Ele sempre demonstrou ser um pesquisador desejoso de adaptar a educação às inovações científicas e às necessidades da pessoa e da sociedade. Foi recordado que a cada sessão nova que orientava ele trazia algum elemento original, fruto de seus estudos. A professora Marília Palhares testemunhava:

> *"Ouvi o Pe. Faure dizendo que ele não vinha trazer [nenhuma novidade], que ele não tinha uma criação própria dele, que o que ele fazia era a difusão de uma metodologia que ele tinha visto acontecer".*

Esse procedimento de Faure terá levado os entrevistados, de modo geral, a perceber dois pontos fundamentais: 1) o que predomina na proposta personalizante é a postura do educador e do aluno e não, embora necessários, as técnicas e os materiais didáticos; 2) a proposta não só é suscetível, mas necessita de flexibilidade, maleabilidade, adaptabilidade e enriquecimento, o que para eles comprova sua validez.

Em que pesem as dificuldades acima, ao ressaltarem os vários traços do projeto fauriano, os entrevistados afirmam que este visa, basicamente, ao processo de personalização dos alunos. Dizia a diretora, em Caën, Nicole Chardon:

> *"É uma pedagogia verdadeiramente antropológica que se funda, exclusivamente, sobre a realidade do Homem e da pessoa (...). É uma pedagogia do chamado interior (...). Logo, ela não está ligada a uma técnica, mas antes a uma filosofia, que é um modo de ver a pessoa e de pensar que o caminho da pessoa só pode ser aquele que ela toma em suas próprias mãos".*

A educação personalizada procura ajudar os alunos a perceber-se como pessoas, a descobrir suas potencialidades, a desenvolver a autonomia e responsabilidade por seu processo formativo, a fortalecê-lo e colocá-lo em proveito dos outros.

Para os alunos, a autonomia é o traço dominante do estilo personalizado: "é ter uma educação para ser ele mesmo"; "a pessoa forjou-se a si mesma por meio do método". Um aluno do Colégio San Bartolomé "La Merced", em Bogotá, assim definia o estilo personalizado:

> *"É pensar por si mesmo, ser ele mesmo naquilo que ele quer (...). Não depender de uma nota, mas depender do aprender, depender só disso, do aprender, do interiorizar o que cada um aprende".*

3.3. Principais fontes inspiradoras

Em geral, os entrevistados não acrescentaram dados novos sobre os autores e as correntes pedagógicas que inspiraram Pierre Faure, já explicitados com clareza e reiteradamente por ele em seus escritos e conferências. Julgamos mais oportuno selecionar das entrevistas os dados referentes às influências jesuítica e montessoriana, como veremos a seguir, uma vez que estas não são muito claras para alguns educadores e pesquisadores.

– A espiritualidade e a pedagogia jesuíticas

Muitos entrevistados, jesuítas e leigos, reconhecem a influência dos Exercícios Espirituais e da pedagogia jesuítica no projeto de Faure, embora ele a tenha mencionado poucas vezes em seus escritos e conferências. Colaboradora de Faure, a pesquisadora Maria Nieves Pereira recorda suas referências a respeito:

> *"Estando ele em Murcia (...) veio a imprensa e perguntaram-lhe qual havia sido sua idéia original para trabalhar assim (...). E dizia que está baseado nos Exercícios Espirituais de santo Inácio. Creio que tenho uma anotação, assim à margem, e ele respondia que a metodo-*

logia dos Exercícios de santo Inácio era acompanhar o exercitante para que ele encontrasse, pessoalmente, a verdade".

Embora Faure pouco se tenha referido à influência recebida da importante obra do jesuíta François Charmot, um pesquisador da Ordem relatava que Faure, no final de sua vida, lhe havia confidenciado: "Ah! Não é preciso vos ocupar do que eu publiquei! É preciso ocupar-vos do livro do Pe. Charmot!"[28].

O diretor mexicano Rafael Paz explicava as reticências de Faure em revelar a influência jesuítica:

> *"Ele queria que se descubrisse a mensagem de santo Inácio, mas não de uma maneira explícita, para tentar universalizar mais o processo de personalização e não torná-lo próprio de uma congregação religiosa. Por isso, foi num café da manhã, entre só nós dois, pois era uma inquietação minha: E santo Inácio? Ele disse: Ah! É preciso cuidado, para que isso seja do campo universal da educação, e não apenas da Companhia de Jesus".*

Por sua vez, a diretora francesa Marie France Lena recordava que

> *"Pe. Faure dizia com freqüência que um segredo de sua preocupação educativa tinha a ver com o que havia descoberto em santo Inácio, na pedagogia dos jesuítas, na emulação, na organização dos pequenos grupos e em toda a história dos colégios jesuítas".*

– *Faure, Montessori e Lubienska: relação e superações*

Como uma das questões mais repetidas por educadores brasileiros era sobre a novidade de Faure em relação a Montessori e a Lubienska, nós a refizemos a muitos entrevistados no decorrer da pesquisa.

Inspiração espiritualista, competência científica e material didático adequado parecem ter sido as riquezas principais que Pierre

28. Ver Bibliografia: Charmot, 1951.

Faure encontrou em Montessori. Esta apoiava-se numa filosofia humanista, de corte espiritualista, a qual ele iria encontrar, mais desenvolvida, em Lubienska de Lenval.

Dizia a pesquisadora Gersolina Antonia de Avelar Lamy:

> *"Faure nos dizia que o trabalho de Lubienska sobre o método Montessori era muito importante, que seus livros deveriam ser conhecidos, sua obra deveria ser conhecida (...); ele tinha uma admiração muito grande por seu trabalho, especialmente o de educação bíblica (...). Acho que Pierre Faure se encantou mais pelo trabalho de Lubienska porque ela deu um novo colorido, uma nova linguagem ao trabalho de Montessori (...) uma linguagem, uma interpretação mais católica".*

O material e os momentos didáticos montessorianos pareciam a Faure bastante ricos, científicos e originais, mas com algumas ressalvas: era um material excessivo, parecia muito rígido, deixava o aluno um longo tempo sozinho, carecia de maior explicitação da dimensão comunitária. Apoiado na herança jesuítica e na colaboração de Lubienska, Faure persistiu na busca e criação de instrumentos e técnicas mais personalizantes para a sala de aula. Por isso incrementou a dimensão espiritual ao achado montessoriano, simplificou-o, enriqueceu-o e popularizou-o. Faure adaptou esse material às séries seguintes ao Pré-Escolar, procurando deixar o aluno manipular esses subsídios e descobrir sua noção, dispensando o professor de mencioná-la. A professora do curso de magistério em Paris, Lucienne Perruchon, detalhava uma das adaptações feitas por Faure:

> *"Com Lubienska, ele retrabalhou certos tipos de materiais (...). Por exemplo, em matemática as crianças trabalhavam com Pe. Faure e Lubienska um material em madeira, que poderia levá-las, aliás, às noções de geometria, enquanto Montessori poderia trabalhar com pérolas. Já há certos símbolos gramaticais que evoluíram também".*

Faure procurou também baratear o material montessoriano e torná-lo acessível ao maior número de pessoas. Explicava o professor Rafael Paz:

"Os materiais e os custos didáticos de Montessori tornam-se cada vez mais caros e sofisticados. Isso se combate profundamente na educação personalizada porque há muito material no Pré-Escolar que pode ser elaborado pelos professores, pelos pais etc., para serem menos custosos".

Seria a esse material que se referia a irmã Isabel Sofia, a única a qualificar, repetidas vezes, o material didático apresentado por Faure como altamente sofisticado e caro? Dizia ela:

"Tudo o que [Faure] pedia era uma barbaridade (...), uma coisa absolutamente irreal em nossa realidade"; "era tudo pedacinhos de cartolina, tachinhas, ditados mudos (...); os mapas das declinações eram feitos em cartolinas plastificadas, com pedacinhos de plásticos escritos com tinta da China. Cada final de declinação escrito com uma cor diferente".

Contudo, a irmã Valentina expressava a experiência diferente de ter obtido material de sucata, "confeccionado com a Escola de Artes [de São Paulo], porque não havia material montessoriano". A irmã Ana Maria Meireles de Morais, do Externato N. S. do Morumbi, lembrava: "[Faure] dá as diretivas, mas se a pessoa faz alguma modificação e dá certo está ótimo para ele".

Para prevenir o aluno de ficar sozinho ou perdido em seu processo de aprendizagem, Faure incorporou ao material montessoriano novos elementos inspirados no Plano Dalton: *programação, plano de trabalho, indicações escritas de trabalho, quadro de atividades*. A fim de ressaltar a dimensão comunitária, Faure institucionalizou a *partilha*. Em síntese, consolidou filosófica e teologicamente o legado montessoriano.

Contudo, vários brasileiros entrevistados confessavam não perceber as diferenças entre Faure e Montessori, nem a necessidade de estabelecê-las. Algumas escolas brasileiras diziam aplicar o método Montessori-Lubienska-Faure. A pioneira Celma Pinho Perry explicava:

"Eu diria que, no Brasil, todo trabalho a partir de 1956 (...), todas as experiências que existiram foram [inspiradas em] Faure. E todas elas basearam-se em Montessori,

e todas tiveram um acento Lubienska, por causa da experiência do Colégio Sion".

Procurando dirimir as dúvidas que muitos educadores têm, seja quanto à fidelidade de Faure a Montessori, seja quanto à sua originalidade em relação a ela, assim opinava Pilar Fernández Canedo, então diretora do centro de formação de docentes em Paris:

"Se se toma Maria Montessori hoje ao pé da letra, é claro que Pe. Faure é um traidor, porque aplicou os princípios de Maria Montessori no Ensino Fundamental e no Ensino Médio. Ele disse: se isso é possível no ensino Pré-Escolar, é possível também no Fundamental. Portanto vou criá-lo. Então, Pierre Faure encontrou em Maria Montessori um dinamismo para desenvolver e enriquecer a intuição pedagógica que ela apresentava".

Em relação a Lubienska, o procedimento de Faure distanciou-se de sua rigidez e inflexibilidade. Segundo Gersolina Antonia de Avelar Lamy,

"Pe. Faure trabalhava com muito carinho, ele era muito atencioso com as crianças. Na sala ele sempre fazia demonstração de uma aula prática para os alunos, e a maneira como ele tratava a criança não era inflexível, como a gente pode perceber nos escritos de Lubienska".

3.4. Questionamentos e limites

Certa confusão conceitual sobre o projeto fauriano induz sua associação às vezes ao enfoque individualista, outras à concepção rogeriana, ou às diversas propostas de currículo. Os entrevistados apontam lacunas da proposta, principalmente quanto à precisão antropológica, à fundamentação epistemológica e ética e à formação da consciência e da prática social dos alunos.

Os pesquisadores, sobretudo, sentiam falta de maior precisão da antropologia filosófica no projeto fauriano, pois a estrutura aristotélico-tomista que percebiam se mostra insuficiente para os tempos atuais.

Embora tenha destacado a importância da teoria piagetiana da autogênese para seu projeto, Faure não aprofundou questões importantes para o ensino e a aprendizagem como a origem, o processo, a finalidade do conhecimento. A irmã Isabel Sofia recordava-se de questionamentos que Joel Martins e Teresinha Fram faziam sobre a falta de embasamento psicológico do projeto fauriano. Dizia, a respeito, o pesquisador colombiano Carlos Dario Orozco:

> *"A filosofia da educação personalizada tende a ser reprodutivista na medida em que continua muito ancorada em princípios demasiadamente metafísicos e, por outro lado, não penetrou forte no estudo do conhecimento do construtivismo cognitivo".*

Quanto à formação ética, Faure trata apenas, e rapidamente, do comportamento do aluno em sala de aula, em relação aos colegas e ao material escolar. A bibliografia sobre o projeto fauriano carece de estudos sobre princípios, critérios, valores e atitudes éticas que estimulem professores e alunos e os orientem para um compromisso social e político.

O pesquisador mexicano Alberto Minakata insistia em que a reflexão sobre a pedagogia personalizada atual se concentrou demais nos métodos e nas técnicas de ensino e aprendizagem, descurando da formação social da produção do conhecimento, de modo que o trabalho

> *"não transcende o elemento crítico do contexto, em que a criança vai entendendo ou analisando e trabalhando, e vai preparando ferramentas de pensamento e de intervenção da realidade, que a preparem para outros contextos".*

Faure não trata propriamente da dimensão social, como percepção estrutural da sociedade, mas apenas da dimensão comunitária, do respeito pelo outro e da ajuda mútua. O clima na França do pós-guerra teria influenciado Faure a buscar antes reforçar a harmonia que denunciar os conflitos?

Em seus escritos e conferências Faure explica repetidas vezes como, em sua proposta, a dimensão comunitária é indissociável da dimensão personalizante. Contudo, os entrevistados, em geral, referiam-se às duas dimensões como coexistentes, mas não-integradas.

Para o fim que pretendemos neste trabalho, convém enunciar alguns entendimentos sobre a dissociação e a articulação das dimensões personalizante e comunitária. Para a colaboradora francesa irmã Floscel Lamariée, de Caën, o aluno constrói-se primeiramente sozinho, partilhando, depois, o enriquecimento adquirido:

> *"No início chamava-se trabalho individual e trocaram-no [o termo] porque não era compreendido. Mas (...) adotou-se esse termo 'trabalho individual' porque cada um começava a trabalhar para si mesmo, antes de pôr em comum ou de entrar em comunicação com o outro".*

Procurando o equilíbrio, dizia o professor Jean-Marie Lecotenable, também de Caën:

> *"Eu não posso me construir sozinho, tenho necessidade dos outros. Isso é fundamental. E só posso ser útil aos outros — é o reverso — se eu me construo. É verdade que se poderia muito bem cair numa pedagogia em que teríamos a dependência do desenvolvimento da pessoa em relação ao grupo, o que em minha opinião seria insuficiente. É o equilíbrio: eu me desenvolvo no grupo, e o grupo me desenvolve".*

Igualmente, o professor Rafael Paz entendia que a construção do sujeito se dá na relação:

> *"Mas a criança não pode sozinha, nem se deve deixá-la sozinha, a criança necessita do adulto ou de outros agentes que a ajudem a se construir (...). É profundamente individual no sentido de que não existe outro ser igual. Mas esta individualidade não é tal a não ser na medida de sua dimensão social. Eu me construo em minha relação com os outros".*

Vários pioneiros recordavam que, no início, a proposta de Faure era conhecida como "trabalho individual", e, a contragosto, ele agregou o termo "comunitário" à expressão "educação personalizada", para eximi-la da pecha de individualismo. Seu livro *Ensino personalizado e comunitário* teria sido escrito com esse intuito.

Em algumas escolas a coexistência de classes no estilo personalizado e outras no estilo tradicional é uma dificuldade. Dizia a irmã Isabel Sofia:

> *"O que dificultou certamente foi a existência de duas metodologias no mesmo colégio. Então havia muitas comparações (...); os professores, os pais e as próprias alunas comparavam".*

O modo de implantação do projeto fauriano, em certos lugares, foi sentido como imposição, tendo-se desconsiderado o andamento e o clima da escola, conforme desabafava a mesma educadora:

> *"Foi uma temeridade vir um padre francês e impor uma metodologia dele no Brasil, sem conhecer a realidade(...). Fazer as lições de História como Pe. Faure queria, dar as aulas de Geografia como (...) ele achava".*

Há sempre a tendência do conjunto da escola para regressar ao estilo pedagógico tradicional, no qual dirigentes e educadores foram formados. A permanência, anos seguidos, do professor na mesma série, com a mesma disciplina, facilmente lhe tira o entusiasmo e o leva à acomodação por falta de desafios. O Colégio San Ignacio, em Medellín, por exemplo, esforça-se atualmente por recuperar métodos, técnicas e procedimentos personalizantes que foram desaparecendo por inércia. O perigo da acomodação pode provir também da falta de estudo, de busca de novas abordagens, técnicas ou instrumentos. O coordenador chileno Alejandro Antunes atribuía ao prestígio de seu colégio, decorrente do alto índice de ingresso nos exames à universidade, certa estagnação quanto a inovações pedagógicas. A professora Marília Palhares atribui à falta de aprofundamento teórico o declínio do projeto fauriano,

> *"que aí caberia não só ao Pe. Faure mas aos seguidores dessa metodologia. Quer dizer, procurar a maneira de trazer para os dias de hoje, e assim sucessivamente, as contribuições das pesquisas feitas em educação, das novas tecnologias etc. e tal".*

Nas últimas séries do Ensino Fundamental e no Ensino Médio, os alunos encontram um leque mais amplo de professores, os quais, por se sucederem nas diversas classes, não conseguem conhecer e acompanhar personalizadamente os alunos. Isso se agrava com o elevado número global de alunos na escola, tendendo a ficar desatendidos os que apresentam problemas de maturidade, atenção e concentração.

A dificuldade sentida na aplicação da proposta é a falta de textos de Pierre Faure sobre seu projeto pedagógico, o que obrigava os educadores a depender muito da observação de sua prática. Entendemos que essa postura dificultou a disseminação, o estudo e o aprofundamento de sua proposta e gerou certo mimetismo entre professores, que ficaram agarrados às técnicas, mas não chegaram a captar o enfoque pedagógico subjacente. O material desses cursos, que conseguimos levantar, foi publicado por seus organizadores ou então trata-se de apontamentos pessoais de algum cursista[29].

Outro problema que ocorre em muitos lugares é o das exigências do Governo quanto aos programas ou às provas oficiais que aplica, e também os exames para ingresso nas universidades, pois sobrecarregam a grade curricular e atropelam o ritmo e a tranqüilidade do processo pedagógico.

Os entrevistados apontaram outra dificuldade na implantação do projeto fauriano: os custos que implica adequar o espaço específico para as disciplinas em cada sala de aula no Ensino Fundamental, e salas-ambiente por disciplina nas classes posteriores; a pequena biblioteca em cada classe, os armários para o material dos alunos, que permanece na escola, e o pagamento da carga horária do professor, além das horas de aulas para reuniões, atendimento dos pais e formação permanente.

Algumas escolas impuseram-se alterações estruturais que para alguns soaram antes como incoerências que adaptações à proposta fauriana. Assim, o Instituto Veritas, em Somoságuas, Madri, para quebrar seu elitismo e socializar-se, entrou em convênio com o Estado, o que repercutiu no aumento do número de alunos, na seleção e formação do professorado etc.

---

29. Ver Bibliografia: *Semanas Pedagógicas de 1955 e 1956*, com as colocações de Faure em suas primeiras vindas ao Brasil; o curso dado em Bogotá: *Conferencias do Pe. Pierre Faure nas jornadas de 1973*; e as *Memoria*, textos mimeografados dos cursos dados em Guadalajara, de 1975 a 1984, e em San Salvador, de 1976 a 1978.

3.5. Novidade da contribuição

A pesquisadora brasileira Vera Candau entendia que, quando o Concílio Vaticano II inaugurou o caminho do diálogo com a modernidade, Faure, entre outros, procedeu da mesma maneira com a educação:

> *"Então, qual é a expressão da modernidade na área da educação? É a Escola Nova. Esta é vista, até então, com muita suspeita por parte da Igreja. Pe. Faure começa a dialogar em positivo com a Escola Nova, a incorporar seus elementos (...). Ele faz um diálogo com a Escola Nova que normalmente a turma da Igreja não fez (...); é uma tentativa de olhar em positivo as contribuições da Escola Nova desde a tradição católica".*

Por isso Candau considerava importante discutir até que ponto Faure é uma versão católica da Escola Nova, com bases personalistas: "Acho que ele dialoga muito mais com Montessori, com Lubienska, com o Plano Dalton".

Dois pesquisadores franceses entendiam que, no estudo dos diversos pedagogistas, Faure seguiu sempre uma intenção precisa: a personalização. Assim ele pôde selecionar suas contribuições, articulá-las numa organização, num processo pedagógico característico e levá-las à prática. O pesquisador mexicano Miguel Bazdresch dizia:

> *"Provavelmente esteja aí uma das contribuições mais claras, mais lúcidas (...): enfatizar que a educação é uma tarefa intencional, não uma tarefa técnica".*

Restituindo à técnica um embasamento filosófico e seguindo sua opção de cunho espiritual e personalista, Faure passou a manter unidos os pólos dos instrumentos e dos princípios, ajudando a neutralizar o "didatismo", a exacerbação tecnológica à qual a pedagogia tem, por vezes, se submetido hoje.

Outro elemento de novidade é a insistência de Faure no fato de a criança se desenvolver dentro de sua lógica, de seu ritmo, por meio das experiências que realiza. A primazia da atividade da criança sobre seu pensamento, segundo a inspiração piagetiana, é a mediação para ela crescer. Valoriza-se, assim, o estudo da criança como seu trabalho, programado e controlado por ela. Entrevistados recordam o que dizia Faure em seus cursos:

> *"As crianças vêm para trabalhar, não para ouvir os professores falar".* E ainda: *"A classe não é um lugar para brincar (...), mas é um lugar de trabalho, e a criança tem de aprender a trabalhar com alegria, com satisfação".* Por isso, concluía, *"nada de tempo morto! A criança precisa que você a leve a pensar, a descobrir (...), o aluno que trabalha é o aluno que tem de ser respeitado. Se você [professor] não tem o que fazer, pegue um livro, mas não interrompa o trabalho do aluno".*

O aporte fauriano implica uma mudança na compreensão do papel do aluno, do professor, da relação entre ambos, do ensino e da aprendizagem. Rompe-se o princípio do ensino tradicional: "todos [fazendo] o mesmo, e ao mesmo tempo" e, com isso, enfatizava Vélez Escobar, a questão preliminar do professor, ao elaborar a *programação*, passa de: "o que vale a pena que eu ensine?", para: "o que vale a pena que [os alunos] aprendam?" Diferente de seu sentido etimológico, o ensino passa a ser considerado

> *"no sentido de mostrar, de dar a conhecer, para que o outro conheça (...). Sou eu, como professor, quem convida a uma festa de conhecimentos. Vou te mostrar e, a partir do que eu te mostrar, vamos construir"* (Profª Maria Patrícia Gómez, Colégio San Bartolomé "La Merced", Bogotá).

Faure integra ainda cada noção estudada no conjunto da disciplina: Matemática, História, Língua etc. Organiza o trabalho da criança numa progressão: horizontal e vertical, do concreto para o abstrato, do conhecido para o desconhecido, do fácil para o difícil. Sugere a abordagem interdisciplinar dos conteúdos.

Entre os instrumentos de trabalho personalizado que encontrou, Faure introduziu a reflexão, pela qual os alunos fazem a *síntese pessoal* após seus trabalhos e a previsão do dia seguinte. Valorizou o silêncio e a interiorização, marcas do "exame de consciência" de Inácio de Loyola e da *lição de silêncio* de Montessori. Inovou ainda com elementos comunitários na aprendizagem, como a consulta do aluno aos colegas, o trabalho grupal e, sobretudo, a *partilha* da aprendizagem com os colegas. Ele estava convencido de que ninguém se personaliza sozinho, mas necessita da presença e do apoio dos outros, da partilha e do confronto com eles. "Quem diz 'personalização'", afirmava Monique Le Gall, "diz relação constante com o outro e o grupo".

Percebe-se que Faure apresenta uma proposta não apenas intelectual, de mera busca de conhecimentos, mas integral, que trabalha todas as dimensões do ser humano: afetiva, física, relacional e de percepção do mundo. Mérito de Faure também foi favorecer muito o surgimento de escolas para deficientes. Com o enfoque personalizante inovou, ainda, a formação estável dos docentes quando, na França, a exigência legal para a formação do magistério ocorreu em 1971, com a criação dos Instituts Universitaires de Formation des Maîtres (IUFM). O jesuíta francês Jean Sainclair, colaborador de Faure, testemunhava:

> *"Sobre o Ensino Fundamental ele teve uma influência, a certo momento, sobre todas as escolas de formação na França, no ensino privado (...). Ele chegou numa época em que não havia uma escola de formação de professores primários para o ensino privado na França".*

4. REALIZAÇÃO DO PROJETO DE PIERRE FAURE

Os entrevistados revelaram que sua compreensão do projeto de Faure corresponde ao que ele mesmo expressou em seus escritos e conferências. Seu valor é reconhecido pelos interlocutores que, com suas avaliações, demonstraram interesse por enriquecê-lo. Tendo presentes esses dados, veremos, a seguir, o projeto em ação, com seus elementos de força e de entrave.

4.1. Principais contribuições

Dentre as muitas contribuições do projeto fauriano, apontadas nas entrevistas, selecionamos seis, que aparecem reiteradamente e têm maior relevância no processo educativo. Referem-se, basicamente, à consideração da pessoa, à atenção ao aluno, ao processo de ensino e aprendizagem, às relações entre os segmentos e ao clima na escola, à normalização e à formação integral.

– Desenvolvimento integral da pessoa

Professores e orientadores percebiam que a educação personalizada melhora a aprendizagem e a formação pessoal dos alunos, desenvolvendo-lhes a autonomia, a liberdade, a responsabilidade. Os entrevistados notavam que os alunos chegam às últimas séries do Ensino Fundamental mais críticos, criativos, organizados, com iniciativa, mais sadios psiquicamente, mais seguros de si, expressando-se com clareza, com abundância de vocabulário. Os alunos demonstram método de estudo e gostam do trabalho escolar, especialmente a pesquisa. A professora Marília Palhares recordava que

> *"rapidamente as crianças adquiriram um ritmo muito superior ao esperado, e ao ritmo anterior até de metodologias anteriores. Porque, na medida em que elas se tornavam autônomas, podiam caminhar pelas próprias pernas, muito além daquilo que a gente planejava".*

As reações de muitos pais de alunos, que em princípio eram de apreensão e resistência ao novo enfoque pedagógico, passaram a expressar seu agrado diante dos resultados verificados em casa: autonomia, segurança, organização, responsabilidade, tranqüilidade. As diretoras mexicanas irmã Maria Luisa Gonzaga (de Léon) e Roci Carrillo Monraz (de Guadalajara) relatavam que

> *"as crianças vão se tornando fermento de bons hábitos em casa, vão suscitando confiança nelas"; "são agentes de mudança incríveis. Em qualquer coisa que queremos realizar, dentro e fora da escola, a criança é nosso melhor agente, nosso melhor informante".*

Diversos instrumentos de trabalho do ensino personalizado contribuem para desenvolver no aluno a consciência crítica. Ao ter de elaborar o próprio *plano de trabalho*, ao fazer, constantemente, a *avaliação* pessoal e grupal, ao questionar o conhecimento apresentado nas *partilhas* etc., "ensina-se" ao aluno, apontava o diretor comunitário e jesuíta colombiano Aurélio García, "a discordar, a opinar, a falar, a não estar de acordo".

Os alunos destacavam como elemento significativo na educação personalizada a consideração de cada um, mesmo o pequeno, em sua individualidade, como pessoa, e conseqüentemente a preocupação por formá-lo para ser ele mesmo, para fazê-lo crescer. Dizia um aluno colombiano:

> *"Bem, creio que (...) na [educação] personalizada a pessoa descobre muitas qualidades que tinha enterradas, ou que nunca havia percebido que possuía. E também ajuda muito a pessoa a melhorar. Todo dia, na [educação] personalizada, a pessoa vê que vai melhorando".*

A diretora Monique Le Gall constatava em seus alunos:

> *"Quando eles têm confiança em si e a confiança dos adultos a sua volta, e quando vêem a tenacidade dos adultos em ajudá-los, envolvê-los, fazê-los progredir, eles têm muito mais forças porque estão convencidos de que sua riqueza está neles".*

– *Atenção privilegiada ao aluno*

A educação personalizada proporciona aos alunos, pais e educadores a consciência do ser humano, diferente em capacidade, ritmo e grau de desenvolvimento e aberto a muitas possibilidades para tornar-se independente, tomar consciência de sua humanidade e atuar de modo congruente. Surge daí nova atitude do educador, mais centrada no aluno que nos programas, preocupado com sua formação integral, não só acadêmica mas também afetiva, emocional, social.

O núcleo ou chave da educação personalizada é o conhecimento e acompanhamento direto de cada aluno, ponto no qual insiste Faure, que evoca o conceito de "cura personalis" da tradição inaciana para inspirar o papel do tutor, do guia, do orientador, do acompanhante.

As escolas personalizadoras utilizam diversos procedimentos no acompanhamento dos alunos. Normalmente, para cada turma de alunos a escola designa um professor como tutor ou diretor de grupo, para conhecê-los e segui-los mais estreitamente, bem como para contatar e atender seus pais. Semanalmente cada tutor reúne os alunos no *grupo de animação* para reforçarem a coesão entre si, manifestarem sentimentos, refletirem sobre temas de seu interesse e avaliarem o desempenho de sua *programação*. No Instituto Pierre Faure, em Guadalajara, para favorecer a integração das últimas séries do Ensino Fundamental, o tutor é escolhido pelos alunos, dentre o corpo docente do curso, o que gera *grupos de animação* mesclados com alunos de diferentes séries. Em reuniões periódicas os tutores, com os demais professores e dirigentes da escola, refletem sobre o desempenho dos alunos com base na "folha de vida" na qual registram as diversas dimensões de sua vivência escolar.

Os educadores notavam que a educação personalizada, pelo fato de privilegiar o respeito às diferenças de ritmo e de grau de aprendizagem dos alunos, tem mais condições para atender aqueles com problemas de aprendizagem, de relacionamento, desinteresse ou resistência às propostas de formação integral. Nessas situações, diziam os alunos, os professores demonstram muita atenção, tomam a iniciativa do diálogo, procuram identificar as causas, buscam estímulos para superá-las, envolvem os alunos em grupos de trabalho e os estimulam nas partilhas.

É expressivo o testemunho de um aluno do Colégio San Ignacio, em Santiago, a respeito do tratamento dado a colegas resistentes às propostas formativas:

> *"Em alguns colégios, aqueles que não seguem as instruções vão embora. Mas este colégio, creio que a visão que tem é que mandar a pessoa embora vai causar-lhe mais prejuízo. Não terão como ajudá-la depois. Então, convidam-na, insistem, mas nunca lhe exigem nada".*

– Renovação do ensino e da aprendizagem

Os alunos sentiam o estilo personalizado como uma educação em valores, especialmente liberdade, autonomia e responsabilidade, que podem levar para a vida. O papel do professor, porém, é o marco divisor maior entre o ensino personalizado e o tradicional.

Neste, o verbalismo de quem dita ou explica quase a aula toda relega o aluno a um papel passivo, de ouvinte, copista ou memorizador, e não se importa com as perguntas que porventura ele tenha a formular. O método tradicional é referido com muito desagrado pelos alunos de todos os colégios por não ser formativo e não favorecer a assimilação dos conteúdos, "só serve para o exame e assim [o aluno] aprende menos".

Um número expressivo de educadores e alunos reconhecia como, por meio dos instrumentos de trabalho, especialmente a *programação, plano de trabalho* e orientações do professor, o aluno podia organizar seu processo formativo, decidir sobre alternativas de estudo, responsabilizar-se por trabalhar sozinho, segundo seu ritmo, pesquisar com organização, disciplina e profundidade em diversos textos, ampliar os conhecimentos, tirar conclusões, interiorizar o aprendido, expressar-se em público. Dessa forma, os alunos mostravam-se mais ativos, mais trabalhadores, mais pesquisadores, mais interessados. Recordava a professora Marília Palhares que as crianças

> *"adquiriam uma autonomia que chegava a ser surpreendente para os próprios pais. Crianças bem pequenas sabiam organizar-se, organizavam seu dia, a quinzena (...), porque diante de uma série de tarefas (...) elas tinham de se organizar, organizar espacialmente, organizar seu material e organizar-se também internamente, intelectual e mentalmente, para poder desenvolver-se adequadamente".*

Todos os alunos demonstravam apreço pelo ensino personalizado e referiam-se-lhe com certo orgulho, com certo ar de superioridade, sobretudo quando alguns colegas ou amigos de outros colégios, sem esse enfoque, tachavam-no de "flojera" (frouxidão), pelo respeito que é dado ao ritmo do aluno e pela liberdade de organização do trabalho pessoal. Os alunos confessavam que o ensino personalizado é mais trabalhoso e chegou, no início, a assustar muitos colegas acostumados a receber tudo pronto dos professores, mas aos poucos acostumaram-se à inovação. Um aluno do Colégio Berchmans, em Cali, comparava o trabalho personalizado com o de seus amigos que estudavam em escolas não-personalizadas:

> *"Eles notam que nós trabalhamos muito e nos esforçamos mais que eles. Porque para eles é simplesmente*

responder uma lição 20 exercícios e fazer exercícios de álgebra e de matemática, ou uma lição de espanhol, sei lá. Pelo contrário, nós temos de responder quase uma 'oficina' inteira que tem diferentes temas".

Ao ser questionado se não seria mais fácil e menos árduo o método tradicional, um aluno do Colégio San Bartolomé "La Merced", em Bogotá, contestou:

"Não, pelo contrário, pelo contrário, porque é mais fácil, mais dinâmico, mais autônomo fazer isso do que estar ditando e (...) o mesmo para todos. É interiorizar o que aprendeu, o que leu, e assim a pessoa escreve sobre o que ela pensa, e não sobre o que os outros pensam".

De modo geral, o que os alunos mais diziam apreciar e aproveitar no estilo personalizado é a liberdade de planejamento do próprio estudo e a possibilidade de adequar seu interesse e disponibilidade de tempo com as metas e prazos previstos para cada disciplina. Testemunhava um aluno do Colégio Berchmans, em Cali, "que é melhor estudar como cada um gosta, como cada um sabe, do que do modo que te querem impor".

– *Clima e relações na escola*

Os entrevistados reconheciam como o empenho no estilo personalizado torna os professores mais compreensivos com os alunos, mais criativos, sérios, responsáveis, profissionais, conscientes da necessidade de mudanças na educação. Um ponto de satisfação manifestado por educadores e alunos é a mudança nas relações entre eles, sem pressão, nem imposição, nem temor, o que o estilo tradicional nem sempre propiciava. Com o novo enfoque pedagógico parece haver um clima de alegria, de descontração, de harmonia na escola. Confessava a professora chilena Luz Labarca:

"O bom disso também é que a comunicação com a criança é muito horizontal, vê o professor ombro a ombro com ela, trabalhando, solucionando os problemas, ajudando-a, apoiando-a, e isso me parece fundamental. O

> *professor desce do trono e a criança entende, assim como o professor, que [este] é uma pessoa de carne e osso, que não está pelas alturas, que o jovem pode alcançá-lo, que ele [professor] não é dono da verdade, pois não a tem, que o vejam de igual para igual, que ele se engana, que tem pena, que tem alegria".*

Confessava um aluno do Colégio San Ignacio, em Medellín:

> *"A relação entre professor e aluno é (...) entre dois amigos (...). Você pode chegar alguma vez ao professor, sentar-se com ele e falar com ele (...). Você nunca vai ficar de mal com um professor".*

– *Normalização*

Na educação personalizada considera-se, antes que a disciplina, a *normalização*, que significa "respeitar a norma, atuar como eu quiser, sem prejudicar meu companheiro". A necessidade de concentração para realizar seu trabalho faz com que, comumente, os próprios alunos se regulem e cobrem o silêncio e a ordem.

Os educadores sentiam como a dimensão disciplinar na educação personalizada é mais exigente, mas em geral não se queixam de problemas disciplinares dos alunos e sentem que são menos freqüentes que no estilo tradicional. Num colégio, as faltas mais freqüentes eram furtos, perda de objetos, fraude em provas, atrasos, falta de uniforme e perda de tempo no trabalho pessoal. Os educadores procuram tratar os chamados "problemas disciplinares" não mais com a classe toda, mas de modo individual com o aluno, procurando, pelo diálogo, levá-lo a refletir e comprometer-se com o ambiente e ritmo de trabalho da classe. Conforme os casos, os pais são chamados à escola para analisar junto com os filhos e os educadores os problemas ocorridos e a solução possível. As sanções são raras, ocorrendo, em geral, mais com os alunos maiores. No Colégio San Ignacio, em Medellín, os próprios alunos se auto-sancionam, após refletir sobre seu comportamento.

Chamava a atenção que, num ponto delicado como o da disciplina, praticamente todos os grupos de alunos reconheciam seu valor e necessidade, consideravam-na exigente, mas não opressora. Alguns alunos testemunhavam que as normas disciplinares

> *"são necessárias para levar uma vida adequada e em comunidade", "ajuda a pessoa a controlar-se a si mesma e ter certo controle do próprio corpo"* e *"depois a pessoa se dá conta de que tudo o que lhe exigiram se aprendeu, ajudou".*

– Formação comunitária e social dos alunos

O ensino personalizado, no parecer dos alunos, aumenta o traquejo e desembaraço social, ajuda-lhes a vencer o egocentrismo, formando-os para o trabalho em equipe, para a convivência, a abertura, a interação, o relacionamento mútuo, a partilha, a sociabilidade. Um aluno de Guadalajara afirmava de seu colégio: "O que dizem [os educadores] é para ajudar-nos mutuamente, ou seja, o que mais nos insistem aqui é a ajuda mútua".

Embora praticamente todas as escolas, pela exigência do projeto fauriano, empenhem-se na formação comunitária dos alunos, de modo geral seu enfoque transparece, quase exclusivamente, como atenção e respeito pelo outro e a garantia das condições para seu trabalho, para não incomodá-lo.

Exemplo típico dessa concepção é a expressão de um aluno de Guadalajara:

> *"Porque (...) os que vão descobrindo o verdadeiro sentido do personalismo hoje vão descobrindo-se a si mesmos (...), descobrindo também as outras pessoas, suas qualidades, vão respeitando-as". "Segundo o princípio do personalismo, sua conduta tem de se refletir na relação com os outros. Por isso, não deve haver bagunça na classe porque você interromperia o trabalho dos outros."*

A dimensão de formação social, como decorrência do projeto fauriano, aparece em poucos depoimentos. De modo geral, há programas de formação da consciência e prática sociais para os alunos nas escolas personalizadoras, mas parece antes uma decorrência do ideário dessas escolas do que propriamente do projeto fauriano. Tais programas podem ser encontrados mesmo nas classes superiores, nas quais o projeto fauriano ficou interrompido.

Os colégios jesuítas da Colômbia aplicam o FAS, programa de Formação e Ação Social, de modo adaptado à psicologia evolutiva de seus alunos, e obrigatório, desde o Pré-Escolar. Significa, para eles, o "currículo não-negociável". No Ensino Médio, o FAS integra os estágios de serviço a comunidades populares para alfabetização ou saúde pública, exigidos pelo governo para as escolas. Os alunos realizam com empenho e gosto esses estágios, comovem-se e questionam-se com a realidade experimentada. Contudo, alguns educadores lamentam a pouca durabilidade de tais sentimentos, pois

> "*passam alguns dias e se esquece que há outras pessoas que também sofrem (...). Eles se comovem, mas se esquecem facilmente (...); isso não tem uma continuidade de atividades, para que se continue trabalhando sobre a base que nos corresponde*" (Dorian Astaiza, Colégio San Ignacio, Medellín).

Uma preocupação dos educadores colombianos é que a formação social não se circunscreva aos estágios, mas seja um tema transversal, trabalhado por todos os educadores, em todas as oportunidades pedagógicas. Aproveitando do "Proyecto de Nación", proposto para o país, esses colégios têm insistido na análise da realidade como um ponto preliminar de todas as suas reuniões.

O Instituto Veritas, em Somoságuas, Madri, oferece a todos os alunos, desde os menores, oportunidades para desenvolverem o senso crítico, o exercício da escolha e da decisão, a capacidade de trabalhar com outros.

O Instituto América, em Léon, eliminou atividades que implicam concorrência, concursos ou competições entre alunos e turmas, mesmo nos esportes, porque, explicava a diretora Rocio Reyes Lozano: "Todos os que trabalham, em certo ponto, são bons, então cada um tem seu limite". Adequando-se à exigência governamental para as escolas do país, o Instituto tem um programa de formação social de 300 horas, durante o Ensino Médio, quando os alunos realizam, semanalmente, atividades diversas com populações carentes: ensino do catecismo e da alfabetização e/ou atividades de entretenimento em asilos e orfanatos. Testemunhava a mesma diretora:

> "*[os alunos] são muito sensíveis à necessidade (...); reagem com muita entrega, com muitos desejos de ajudar*", "*não imaginam que exista isso em sua cidade (...) e se impressionam muito (...) e terminam gostando muito*

> *dessas pessoas, as meninas, os meninos que vão alfabetizar (...). Quando terminam o ano, voltam tristes, sentem saudades da contribuição que estavam dando".*

A participação dos alunos na organização da escola, especialmente na condução dos eventos de formação, foi minimamente mencionada nos depoimentos. Uma única experiência de grêmio estudantil foi referida no Instituto América, de León.

Alguns colégios procuram envolver os alunos mais rápidos na aprendizagem como monitores, para auxiliarem os colegas com dificuldades, dirigirem grupos de trabalho, tomarem providências para a classe, ajudarem na condução da *partilha.* Os alunos apreciam esse papel e reclamam quando os professores não lhes abrem tal possibilidade. A política da irmã Valentina era não colocar "auxiliar de classe" para a professora porque

> *"deve-se criar um tal clima de solidariedade, que uma criança pode ser mestre para outra criança. E ele [Faure] insistia muito nisso: a criança aprende muito mais de outra criança do que de um adulto".*

4.2. Incoerências e entraves na realização da proposta

Os agentes do processo pedagógico personalizante, alunos, educadores e diretores, apontavam diversos fatores que impediram sua continuidade em alguns colégios ou limitaram sua contribuição em outros. As dificuldades, verbalizadas pelos entrevistados, são de nível pessoal, estrutural, metodológico e conceitual, como veremos a seguir.

– *Limites dos atores*

+ Inadaptação e acomodação dos alunos

De modo geral, alunos que ingressam na aprendizagem personalizada, sem experiência prévia desse estilo, demonstram inadaptação, sobretudo os maiores, à disciplina, ao respeito mútuo, a planejar, pesquisar e trabalhar sozinhos, pois estão acostumados a receber tudo pronto do professor. Um problema reincidente nos alunos diz respeito à resolução das *guias* de trabalho. Uns rejeitam-nas por cansaço, desmotivação, por quererem apenas coisas fáceis; outros fazem-nas de modo mecânico, sem ler as introduções motivadoras, copiando dos livros consultados. Esses alunos demonstram, normalmente, carência de habilidades básicas, como intepretação de texto, resumo, redação e métodos de pesquisa, o que acarreta falta de assimilação, de apropriação pessoal do conteúdo. A coordenadora colombiana Dorian Astaiza diagnosticava que os alunos, em geral,

> *"querem fazer a pesquisa não como pesquisa, mas como definição de determinado conceito (...), um conceito e nada mais (...) [e], com isso o trabalho torna-se superficial em alguns momentos".*

Nesse sentido reconhecia o diretor mexicano Rafael Paz:

> *"Creio que mais que pesquisar nós lhes ensinamos a buscar e encontrar, mas não propriamente a pesquisar. Porque o processo de pesquisa é muito sério, muito profundo, necessita de um tema, de um problema concreto etc. (...). Eles [os alunos] não sabem pesquisar, sabem encontrar as fontes e recorrer a elas".*

+ Falta de sintonia dos pais de alunos

Quanto aos pais dos alunos, o problema maior é que pouco favorecem em casa os valores preconizados na escola. Tais posturas deixam os filhos divididos, sem saber a quem seguir (a escola ou o pai, ou a mãe), e muitas vezes com problemas de aprendizagem e de normalização.

As escolas sentem, por vezes, como a ansiedade e a pressão dos pais quanto a alfabetização, resultados acadêmicos, domínio de conteúdos, cumprimento do programa, aprovação nos exames à universidade e maior exigência disciplinar têm influído num certo retorno ao estilo pedagógico tradicional de aulas, prova ou disciplina.

+ Problemas diversos com os professores

Com relação aos professores, as deficiências maiores referem-se à sua formação inicial e permanente. Os programas de capacitação nem sempre ofereceram a fundamentação filosófica do projeto fauriano, ou a formação para a solidariedade, ou ainda a metodologia para ajudar o professor a transferir para a sala de aula o estilo personalizado. Vários fatores poderiam explicar as lacunas na formação dos docentes: multiemprego, que reduz sua permanência na escola; sobrecarga de trabalho; carência de especialistas e de textos em educação personalizada; falta de pesquisa quanto a conteúdos pedagógicos inovadores; ausência de interesse deles pelo próprio aprimoramento.

Entrevistados da Europa e da América Latina concordavam quanto à dificuldade de os professores mudarem de mentalidade e de postura diante do estilo personalizado. Em diversos lugares o docente, temendo a queda do nível acadêmico, ou o não-cumprimento dos programas, mantém-se na figura clássica de professor magistral, não dando espaço para a autonomia do aluno. Prefere "despejar a matéria em cima da cabeça da criança, do que levá-la a descobrir". Normalmente tal professor agarra-se aos meios, às técnicas ou às "receitas" didáticas, mas tende a se acomodar e se tornar rotineiro, o que foi muito notado pelos entrevistados na má qualidade das *guias* de trabalho e em seu desinteresse por conviver com os alunos e acompanhá-los. Em geral, esse tipo de professor se incomoda com a liberdade do aluno do estilo personalizado, interpretando-a como indisciplina, porque este se move, pesquisa, consulta, intervém, questiona.

Explicava o irmão Emiliano Mencia, colaborador de Faure e pesquisador espanhol:

> *"Mas o problema está nos professores (...) que pensam que se não explicam não há o que fazer. Quando o professor explica, tem segurança: 'Muito bem, hoje expliquei esta lição, e amanhã vou explicar a próxima'. Ele faz seu plano, acaba o curso, deu todo o programa e pronto, porque pensa que basta explicar para que os alunos aprendam".*

O diretor jesuíta colombiano Héctor López interpretava que

> *"é mais fácil chegar e dar uma aula e pronto que conviver com os alunos, um dia, uma semana, um mês, um ano (...). Porque é mais fácil dar aula magistral, ainda que seja mais cansativo. Porque isso supõe preparar um*

> *pouquinho a aula, e só dizer: 'Prestem atenção!', que estar com o aluno, perder a paciência, não desanimar, acompanhar o aluno em seu processo".*

Outro problema referente aos professores é sua rotatividade na escola, por diversos fatores: desinteresse, inadaptação ao novo estilo, insatisfação salarial. Isso exige das escolas uma preocupação contínua por selecionar novos docentes, oferecer-lhes um programa de formação e acompanhá-los na prática. Pesa, em alguns lugares, como no México, a alarmante falta de professores no mercado de trabalho, ou seu mau preparo.

É difícil manter professores em tempo integral no colégio de modo a atenderem com mais tempo os alunos, individualmente e em suas mudanças de sala. Em várias escolas referiu-se muito à sobrecarga dos professores. Suas atribuições, além das de cunho acadêmico, já por si exigentes na educação personalizada, como a elaboração de material didático e a correção de trabalhos, implicam também o atendimento pessoal dos alunos e pais, reuniões contínuas com estes, com professores e dirigentes, envolvimento nas atividades extraclasse de formação religiosa e social.

+ Despreparo dos dirigentes

Também os dirigentes das escolas revelaram seus limites quanto ao domínio teórico do projeto fauriano e à falta de prática personalizante. Recordava-se que em algumas escolas da Colômbia a capacitação dos atuais dirigentes contrasta hoje com o vigor existente em meados dos anos 70, de modo que

> *"isso se foi perdendo. Então, parece que neste momento uma das dificuldades é que todo o pessoal dirigente não domina de modo igual a educação personalizada. Algumas pessoas confundiram as coisas".*

Limites de capacitação para orientar o processo são verificados entre os próprios dirigentes jesuítas, como dizia um deles:

> *"Parece-me que a crise que temos tido, a queda do nível personalizado em nossos colégios, se deve à falta de*

> *jesuítas dirigentes que partilhem esta maneira de pensar e continuem formando nessa direção".*

– *Distorções na aplicação dos instrumentos de trabalho*

A aplicação do projeto fauriano demonstrou diversos problemas quanto a seus aspectos metodológicos. Em virtude de uma interpretação errônea dos materiais didáticos e das técnicas, muitos professores absolutizaram-nos, caindo num "tecnicismo", esquecendo-se de que a finalidade desses é estimular, pelo trabalho ou pela manipulação, a atividade mental dos alunos. Em muitos lugares o "tecnicismo" no projeto de Faure tornou-se uma "fichomania" ou um "guiismo", contra os quais ele reagia. Fichas e *guias* nem sempre eram bem elaboradas, ou não estimulavam a atividade mental dos alunos. Eram empregadas, por vezes, como a única modalidade para orientar o trabalho pessoal dos alunos. O irmão Emiliano Mencia esclarecia:

> *"Muitos professores pensam que tudo depende deles, que, se dão isso [aos alunos], parece que é o que lhes convém, e pronto (...). Não! A personalização está no aluno. A educação personalizada consiste em que o aluno, consciente ou inconscientemente, persiga um objetivo, tenha um projeto".*

Apontaram-se as possíveis causas dessas posturas dos professores: seu despreparo; sua rotinização e acomodação; deficiências de supervisão pedagógica; elevado número de alunos por classe. Um pesquisador mexicano notava certos comportamentos paradoxais em professores que continuam utilizando os mesmos mecanismos de controle e de entrega de conhecimentos do estilo tradicional, mas com instrumentos personalizados, tomados acriticamente. Em seu entender, isso se deve a "uma grande ausente [no projeto fauriano], que é a reflexão social (...) sobre a organização e a formação social de produção do conhecimento".

Uma falha metodológica também era o professor exacerbar a importância do trabalho pessoal do aluno, mas abandonando-o a si mesmo, deixando de oferecer-lhe seu acompanhamento e orientação. Explicava a coordenadora colombiana Maria Patrícia Gómez:

> *"O perigo é que (...) não há uma boa orientação (...). Eu não sei como meu aluno está construindo [o seu conhecimento]. Isso para mim é importantíssimo. É um momento em que o rapaz tem de estar constantemente retroalimentado sobre como está trabalhando. Está sendo muito vago em suas respostas? Está considerando os temas de uma maneira muito superficial? (...) Que contribuições esse rapaz está trazendo para esse edifício de conhecimentos que está construindo?"*

A avaliação da aprendizagem é referida como um "de nossos maiores problemas", um "cavalo de batalha", um "quebra-cabeça", uma "ruptura". Vários intentos foram feitos, e aparentemente ineficazes, para buscar a avaliação adequada ao processo personalizante, ou seja, uma avaliação objetiva, continuada, formativa. O que encontram os educadores, ao contrário, é uma avaliação que pressiona os alunos ao lhes atribuir uma qualificação numérica por seu trabalho, em tempo limitado, como que desconsiderando seu ritmo e sua modalidade de aprendizagem. Na experiência dos alunos, a avaliação é um foco de tensão devido à exigência de notas, à figura ameaçadora de alguns professores, à memorização muitas vezes exigida.

Outra dificuldade metodológica, apontada pelos alunos é quanto ao encurtamento que certos professores fazem dos prazos para a conclusão dos trabalhos, seja pela sobrecarga da *programação*, seja porque esta não foi montada de forma interdisciplinar, seja ainda por falta de diálogo do professor com a classe. Testemunhava uma aluna de León:

> *"No princípio o professor lhe entrega [a programação] e diz: 'Você pode fazê-la no momento em que quiser', mas chega um momento em que lhe diz: 'Até aqui você já deve tê-la terminado'. Então, por que eles dizem: 'Você tem de andar em seu ritmo'?"*

Várias escolas experimentaram uma crise, ou fase de permissividade e indisciplina, por terem entendido a *normalização* como a exclusão de exigências, rigor, limites e regras. Vilma Reyes, diretora do Colégio Berchmans, em Cali, desabafava:

> *"Uma das dificuldades sérias que tenho visto em todos, inclusive em mim mesma, desde que cheguei aqui foi o manejo do grupo. Ou seja, por acreditar que se respeita a pessoa, que a criança é um ser muito especial e que é preciso querê-la, amá-la etc., vai-se ao extremo de não lhe exigir normas, de não lhe exigir certas regras de comportamento, e com isso a classe escapa do controle".*

Em duas escolas o regresso ao estilo tradicional ocorreu quando se incrementou o papel orientador do professor para reduzir a liberdade excessiva atribuída ao aluno quanto à própria programação de estudos. Essas escolas empreendem agora um árduo trabalho de resgate das condições necessárias para o trabalho escolar, sabendo que é difícil estabelecer a justa medida entre o respeito ao ritmo pessoal do aluno e o rigor acadêmico e as exigências da formação integral. Um recurso tem sido a montagem de oficinas para ajudar os professores a descobrir novas técnicas para a *normalização* e a aplicá-las a si mesmos, pois nem sempre eles próprios são normalizados.

A falha na aplicação de instrumentos personalizantes, finalmente, é um dos pontos sobre os quais Faure mais reclamava. Faltavam, muitas vezes, momentos de silêncio para interiorização e reflexão dos alunos, que podem ser alcançados, especialmente, por meio de exercícios psicomotores e de relaxamento.

– Interrupção do projeto nas últimas séries

Um problema estrutural que ocorre em algumas escolas e, por isso, é insistentemente pesquisado nas entrevistas diz respeito à falta de continuidade do projeto fauriano nas últimas séries do Ensino Fundamental. Na maioria dos casos as escolas passam a aplicar nessas séries, e no Ensino Médio, uma "educação híbrida", ou seja, agregam à educação tradicional apenas alguns elementos do projeto fauriano. A seleção destes, que podem ser atitudes personalizantes, momentos didáticos ou instrumentos de trabalho, depende do critério, do interesse e da capacidade do professor, ou de uma determinação da escola, podendo ocorrer em algumas ou em todas as disciplinas.

De modo geral, os entrevistados lamentam a descontinuidade na aplicação da proposta, pois isso debilita o entusiasmo dos educadores das séries anteriores do Ensino Fundamental, choca, desorienta e atrasa os alunos quando chegam às classes posteriores. Dizem os entrevistados de uma escola em que a descontinuidade parece mais sentida que "aí há uma fissura", "um impacto forte", "um golpe muito frio que se produz na 5ª série", "eles [alunos] sentem que vão a outro mundo".

Essa descontinuidade seria devida a uma desconfiança quanto ao projeto fauriano? Seria um dado conjuntural? Haveria razões mais graves para tal distinção?

As escolas em que o projeto fauriano estancou nas séries iniciais do Ensino Fundamental elencam diversas razões. A falta de uma avaliação consistente sobre a inovação pedagógica personalizada no Ensino Fundamental tem gerado dúvidas e insegurança quanto à sua continuidade nas séries posteriores. Há professores, a partir do Ensino Fundamental, em geral mais antigos na escola, de formação racionalista, enciclopedista, que resistem a centrar o trabalho pedagógico no aluno. Eles "não querem alunos-sujeito, mas alunos que recebem, que copiam, que repetem", dizia um professor chileno. Em geral, esses educadores se apegam às próprias disciplinas e ao estilo tradicional, porque assim foram formados e porque as aulas expositivas e a correção de provas ainda lhes parecem menos trabalhosas que a educação personalizada. Outros professores duvidam de que o projeto fauriano seja aplicável às séries superiores em virtude das características dos alunos e da grade curricular. Há professores, também, que acreditam na proposta personalizada, mas reclamam não terem recebido, como seus colegas das séries iniciais do Ensino Fundamental, a formação intensiva para aplicarem a inovação. Finalmente, há professores das séries terminais que, por pressionarem as iniciais a adquirir conteúdos necessários para as séries subseqüentes, impedem a aplicação do ensino personalizado.

Atribui-se também a interrupção do projeto fauriano nas séries posteriores à falta de decisão da direção de algumas escolas, porque, dizia um professor chileno: "tem havido medo, certo conservadorismo, certa prudência, extrema (...), há uma falta de coerência". Recordou-se, contudo, de que nesse colégio a direção decidiu implantar a educação personalizada até a última série, mas teve de restringi-la, provisoriamente, às séries iniciais do Ensino Fundamental, devido à forte oposição dos pais, muitos dos quais chegaram a retirar os filhos, temerosos de uma baixa no nível acadêmico e nas exigências disciplinares. Essa decisão, que em princípio pretendia ser temporária, por não ter sido revogada, perpetuou-se.

Poderá ter levado vários educadores a considerar o novo enfoque aplicável apenas às classes iniciais o fato de Faure ter proposto os instrumentos de trabalho personalizado para todas as séries da escola, enquanto o material didático, que elaborou ou adaptou, especialmente em matemática e linguagem, ele o ter feito apenas para as séries iniciais do Ensino Fundamental. Falta, portanto, definição clara de um modelo de aplicação do projeto fauriano às características do alunado e às exigências acadêmicas das últimas séries do Ensino Fundamental e do Ensino Médio.

Alguns diretores apontaram ainda a dificuldade de estender a todas as séries o projeto fauriano devido ao custo do investimento em salas-ambiente, número menor de alunos e maior de professores.

Há de se considerar, finalmente, como, em vários países, as escolas não conseguem, junto às autoridades educacionais, permissão para adaptações internas referentes à duração das aulas, à carga horária das disciplinas, ao calendário de férias, ao sistema de avaliação, à titulação dos professores, a fim de poderem acomodar-se à proposta fauriana. A própria sociedade, lembravam alguns, pressiona as escolas por um ensino de resultados acadêmicos elevados, o que dificulta as inovações pedagógicas.

4.3. Principais interpretações e adaptações ao projeto fauriano

Considerados os olhares de atores e pesquisadores sobre as contribuições e os limites da aplicação do projeto fauriano, apresentamos, a seguir, o entendimento que eles têm sobre as possibilidades de adaptá-lo e enriquecê-lo, as tentativas realizadas a respeito e as fontes em que se inspiraram.

– *Consciência da fidelidade com flexibilidade*

É praticamente unânime a percepção dos entrevistados quanto à flexibilidade necessária para aplicar o projeto fauriano, que não pode se identificar com técnicas ou com instrumentos.

Marie-Noëlle Bisbrouck, professora pioneira francesa, justificava a flexibilidade da educação personalizada:

> *"A [educação] personalizada é algo vivo. É uma pedagogia viva. É, portanto, uma pedagogia que muda. O que não muda é a filosofia da pedagogia. Mas os meios podem ser diferentes conforme a classe que se tenha, conforme a personalidade do professor, os planos de trabalho".*

Como a aplicação dos instrumentos didáticos depende de sua materialidade e da decisão do professor quanto ao modo de propô-los aos alunos, é impossível etiquetá-los como "material personalizado". Luz Stella Montoya, diretora colombiana, assim expressava a liberdade necessária do professor no uso dos instrumentos:

> *"Temos voltado como a recuperar para o docente a consciência de que (...) cada um seleciona as ferramentas de que necessita (...), não tem de utilizar à força todos os instrumentos da educação personalizada. Não! Esses são simplesmente meios que ele não pode perder de vista, assim como essa dinâmica interativa que tem de estar exercendo permanentemente com o aluno".*

– Incorporação de enfoques pedagógicos atuais

Embora vários entrevistados tivessem apontado, em algumas escolas, sinais de estagnação, de resistência ao estudo e à renovação pedagógica, são mais numerosos os testemunhos sobre a preocupação que as escolas têm com o aprimoramento do processo personalizante, graças à flexibilidade permitida pelo projeto fauriano. Têm havido estudos nas escolas sobre a relação de diversos enfoques pedagógicos atuais e os princípios e as práticas de Faure.

A École Charles Péguy, em Caën, por exemplo, tem-se inspirado nos estudos sobre neurociências, gestão mental, aprendizado da abstração e fisiologia, para inovar um material que seja estimulante psíquico para os alunos deficientes mentais que atende.

Os colégios jesuítas da Colômbia, ao refletir sobre o desempenho de seus alunos nas universidades, deram-se conta de que, não obstante suas inúmeras qualidades, destacadas pelos professores, aqueles não desenvolviam um pensamento autônomo, crítico e criativo. Conseqüentemente, a aprendizagem que os alunos receberam, além de poder sucumbir facilmente diante dos desafios da contemporaneidade, parecia comprometer o trabalho personalizado desenvolvido havia anos por essas escolas. A partir daí, estudando temas como construtivismo, aprendizagem significativa e interdisciplinaridade, essas escolas, como diversas outras, também personalizadas, intuíram o enriquecimento que tais temas poderiam levar para o projeto fauriano porque

> *"a [educação] personalizada é, antes de tudo, o respeito da pessoa, com suas potencialidades, com instrumentos de trabalho que não deveriam ser eliminados, mas redimensionados com esta nova visão. Esta visão nos traz isto: uma nova maneira de entender a criança, de compreender o conhecimento e a realidade"* (Vilma Reyes, Colégio Berchmans, Cali).

Algumas diretoras expressavam seu entusiasmo quanto ao aporte do construtivismo, pois "vem a ser um elemento dinamizador do projeto personalizado", "é a resposta à parte epistemológica da educação personalizada", "é a parte que faltava à educação personalizada para estar completa". A diretora colombiana Elsa Cristina Acuña de Rodríguez justificava a incorporação do enfoque construtivista à proposta faureana:

> *"O que queremos formar por meio do projeto pedagógico de educação personalizada? Formar uma pessoa que seja agente de sua própria educação (...). E o que pede o construtivismo? Que nós, adultos, levemos o aluno a construir sua própria aprendizagem. Então não há nenhuma contradição (...). Então, para estas estratégias pedagógicas que nos fornece a educação personalizada, como são a oficina, as aulas coletivas, a partilha, o processo de avaliação, em tudo isso já temos uma base epistemológica que é o construtivismo (...). Não fornecer [o conhecimento ao aluno], mas mantê-lo em permanente desequilíbrio [conceitual] para que ele construa".*

As escolas começaram, então, a preparar os professores para estabelecerem novo tipo de relação com os alunos, instaurarem nova dinâmica de aula e elaborarem *guias* e instrumentos de trabalho adequados a essa concepção. Ao propor qualquer tema de aprendizagem, os professores procuram contextualizar o aluno e a classe, ou seja, procuram partir de seus (dos alunos) conhecimentos prévios ou preconceitos e de sua experiência, o que não era tão marcante no projeto original de Faure. Em seguida, numa discussão grupal, provocam o desequilíbrio conceitual sobre as diferentes hipóteses que eles apresentam, procuram estimular nos alunos os processos mentais e então levá-los a informações novas e fundamentadas, sobre as quais farão a síntese e, finalmente, a avaliação.

Os entrevistados apontavam outras contribuições que o construtivismo pode trazer à educação personalizada: o desvelamento da prática educativa do professor e do "currículo oculto"; a emergência do lado afetivo do aluno, como ajuda para sua integração; os estímulos educativos sem competição entre os alunos, o que tem ocorrido quando intercambiam sua produção escolar.

A fim de evitar mal-entendidos quanto à proposta, alguns colégios redigiram um glossário sobre os principais conceitos da educação personalizada, distribuído a todos os agentes educacionais. Há um entendimento generalizado entre os educadores de que nem sempre é possível, ou desejável, aplicar a seqüência completa dos elementos do roteiro didático personalizante. Entendem também que o importante é assegurar o objetivo que cada instrumento pretende atingir, utilizando-o então com estratégia variável.

O estudo das escolas sobre novos enfoques pedagógicos passou a gerar diversos enriquecimentos à proposta fauriana. Com base ainda no enfoque construtivista, o Colégio Berchmans, de Cali, introduziu no currículo a modalidade de "projetos", em paralelo com o trabalho por disciplinas e áreas, exigidas por lei. Os "projetos" contêm temas que, pela relevância, são "inegociáveis" e outros que são definidos bimensalmente em reunião com os alunos. Estes se envolvem na programação dos "projetos" e

> *"escolhem uma temática e determinam o tempo, votam entre todos, trazem informação, bibliografia, tudo (...). Faz-se como uma espécie de organização interna, em que as crianças participam, propõem as atividades e trazem relatórios escritos, cartazes e fazem trabalhos manuais sobre seu projeto"* (Ruth Elvira Buenaventura, Colégio Berchmans, Cali).

A Escola Alberto Pérez, em Maipu, Santiago, para alcançar a aprendizagem significativa, tem trabalhado a interdisciplinaridade. Num esforço de trabalho integrado, os professores procuram relativizar as próprias disciplinas e buscar não um tema comum de interesse, mas o nexo que as une. A partir daí tratam de elaborar juntos os instrumentos de trabalho necessários. De modo semelhante, o Instituto Veritas, em Somoságuas, tem-se baseado na nova lei educacional espanhola e buscado a interdisciplinaridade a partir de um mapeamento dos conteúdos teóricos, atitudinais e procedimentais para identificar os elementos comuns às disciplinas, em cada ciclo escolar.

Os colégios jesuítas colombianos aplicam o projeto fauriano no "bachillerato" sob a forma de "unidades de aprendizagem" com sete passos: 1) bloco de trabalho de 60 ou 90 minutos; 2) guia de trabalho pessoal, principalmente para interiorização; 3) trabalho pessoal, e eventual trabalho em grupo; 4) plenário, sob forma de mesa-redonda, painel, debate, partilha; 5) avaliação; 6) eventual aula coletiva, que encerra a "unidade de aprendizagem"; 7) engate com a "unidade" seguinte, motivando-a e introduzindo-a.

O Colégio Berchmans, de Cali, tem aplicado, na 4ª e 5ª séries do Ensino Fundamental, os "centros de interesse", segundo Freinet, o que tem permitido dosar a carga horária das disciplinas, conforme sua relevância para cada centro de interesse. Permite também integrar as diversas atividades que o colégio oferece no campo da formação acadêmica, religiosa, social, artística, esportiva. Explicava Gloria Stella Ramirez, diretora colombiana:

> *"por exemplo (...) a organização contribui para meu êxito pessoal. Qual será a atividade central? As crianças visitarão a biblioteca e, com uma guia de trabalho sobre ela, encontrarão, então, que a organização contribui para seu êxito pessoal. E todas as guias, de estudos sociais, ciências, espanhol, matemática, religião, psicomotricidade e estética, todos esses professores estarão trabalhando em função da obtenção desse objetivo central. E, partindo dessa atividade motivadora de aprendizagem, temos várias [atividades]".*

– *Adaptações específicas*

+ Método de alfabetização

O Colégio San Bartolomé "La Merced", em Bogotá, apoiado no enfoque construtivista, aboliu seu processo tradicional de alfabetização, baseado no ensino direto de letras, frases e palavras, que conduzia o aluno a um simples mecanismo, sem a correta conceitualização e comunicação. A interação com o meio passou a ser o ponto de partida em que o aluno pode buscar fontes de informação para ir construindo seu processo alfabetizador. Como resultado da mudança

> *"as crianças, por si mesmas, começaram a se soltar e produzir textos muito bem elaborados, diferentes dos que elaboravam antes, com um sentido comunicativo e, sobretudo, com uma base de ordem afetiva que lhes permitia transmitir ao outro seu sentir, seu pensar, num momento determinado, e não simplesmente produzir padrões por meio da cópia de um ditado, como tradicionalmente se faz"* (Olga Meri Gachancipá, Colégio San Bartolomé "La Merced", Bogotá).

No Instituto Pierre Faure, em Guadalajara, alterou-se a programação da alfabetização, ensinada por Faure, para ampliar seu material preparatório e assim ajudar a criança a percorrer aquele processo segundo seu ritmo.

+ Programação

Os colégios jesuítas da Colômbia distinguem dois tipos de *programação*. A *programação longa* define os conteúdos a ser trabalhados durante o ano letivo, a partir de instruções gerais do Ministério de Educação, mas adaptadas aos objetivos próprios da escola e segundo a auscultação dos interesses dos alunos. *Programação curta* é a divisão da anterior, atrelando os temas aos períodos letivos. Para assegurar uma *programação* adequada à situação acadêmica dos alunos e articulada entre as séries, os professores desses colégios reúnem-se por disciplinas ou áreas, no final do ano letivo, para as *conductas de salida*, quando se informam, mutuamente, por escrito, sobre o desenvolvimento da *programação*. No início do ano letivo, os professores da série seguinte inteiram-se da matéria percorrida no ano anterior e sobre ela elaboram a *programação* subseqüente, que poderá ser alterada ao longo do ano, caso não esteja favorecendo os alunos. Para aferir o nível da classe quanto aos conteúdos, alguns colégios dedicam a quinzena inicial do ano a aplicar exercícios de sondagem dos pontos fortes e débeis da aprendizagem do anterior.

Programação e *plano de trabalho* são instrumentos necessários para o aluno ter muito claro o objetivo, as estratégias e os recursos de seu trabalho. Nesses colégios a *programação*, sobretudo dos alunos menores, é enviada aos pais para possibilitar-lhes o acompanhamento do processo pedagógico e, dessa forma, poderem assumir seu papel na comunidade educativa. A *programação* é colocada nas mãos do aluno, para que

> *"a criança a veja, conheça, utilize, avalie junto com o professor, vá fazendo juízos sobre seu próprio trabalho, vá descobrindo como e em que ritmo avança"* (Prof. Rafael Paz).

Na Espanha, as "unidades didáticas", introduzidas pela recente reforma educacional, assemelham-se ao *plano de trabalho* do projeto fauriano, porém diferem por ser responsabilidade do professor, enquanto o plano é para que o aluno organize o que deverá aprender.

+ Guias de trabalho

Embora vários educadores considerem a *guia* como principal instrumento de trabalho, alguns acautelam-se contra sua absolutização:

> *"a* guia *não é o único nem o último na personalizada"* e *"pode ser um instrumento profundamente despersonalizante porque inclusive castra a relação professor-aluno"*. Fundamental *é "a orientação que se dá no processo de educação personalizada"*.

Álvaro Vélez Escobar recordava a teoria de Faure: "É possível ter uma educação personalizada excelente, inclusive sem fazer guias, e é possível ter as melhores guias sem educação personalizada".

Eliane Corbet, diretora chilena, opinava que as fichas e *guias* surgiram com Faure nos anos 60, quando não havia livros-textos atraentes para os alunos, mas, dada a diferença da situação atual, parece conveniente variá-las, recorrendo-se a textos modernos.

O entendimento preciso da finalidade das *guias* de trabalho favorece a superação da "fichomania", ou do "guiismo", anteriormente apontado. De modo geral, uma boa *guia* deve ser: clara, precisa, motivadora, estimuladora da pesquisa, permitindo ao aluno requerer menos o professor. Deve aproveitar elementos enriquecedores dos atuais enfoques pedagógicos, promover a aprendizagem significativa, estimular as habilidades intelectuais mais complexas do aluno: comparar, sintetizar, deduzir etc.

Normalmente a elaboração das *guias* é o ônus maior para o professor. Assim se expressava Gloria Stella Ramirez:

> *"Primeiramente você tem de ir lendo, em dois ou três dias, sobre o tema, os livros dos alunos e outros livros. Depois, na preparação já escrita da guia, você demora uns cinco dias, porque é preciso pensar muito nos objetivos e ler muito sobre as atividades, de modo que sejam compreensíveis para o aluno".*

Há procedimentos diversos quanto à elaboração da *guia*. Em algumas escolas, ela é preparada pelo grupo de professores de cada série, de modo a ser aplicada, com flexibilidade, à média dos alunos. Em outras escolas, a *guia* é considerada instrumento de trabalho do professor e, portanto, é elaborada por ele, para sua classe. Alguns colégios, para romper a rotina, estimular a criatividade do professor e o conhecimento do contexto dos alunos, arquivam as *guias* utilizadas durante o ano e exigem nova elaboração para o ano seguinte. Percebendo necessidades específicas ou interesses diversos de um subgrupo de alunos, avançados ou atrasados na *programação*, o professor atende-os elaborando uma *guia* especial, complementar, de reforço, de aprofundamento. Para os alunos menores, tende-se a elaborar a *guia* de modo a ocupar um período de trabalho; para os maiores, as *guias* são mais extensas e pormenorizadas, para propiciar pesquisas, consultas, o processamento das informações, a elaboração da própria reflexão, e por isso ocupam várias sessões de estudo.

Outros educadores têm experimentado elaborar *guias* em forma de jogos de palavras, ou de roteiro, mas não de questionário. As *guias* não deveriam ser apenas para o aluno resolver exercícios, pois, segundo recordava a irmã Valentina, Faure

> *"também falava em fichas de movimento, quer dizer, tipos de trabalhos que levem a criança a se movimentar até fisicamente, a buscar, pegar, montar, desmontar".*

O Colégio Berchmans, em Cali, tem introduzido nas séries iniciais do Ensino Fundamental as *guias* integradas, ou seja, em cada uma há conteúdos de diversas disciplinas apoiando-se na teoria segundo a qual a criança, em seu processo evolutivo, não distingue as áreas de conhecimento, mas o utiliza de modo geral.

+ Aula coletiva

No entender de vários entrevistados, o abandono da "aula magistral" não pode significar que a motivação e a orientação do trabalho dos alunos só passem a ser feitas por *guias* e fichas, desaparecendo o contato direto do professor com seus alunos. É preciso reconhecer elementos positivos do estilo tradicional e instaurar um novo tipo de intervenção do professor, como desabafava a pesquisadora mexicana Leticia Joseph Rojas de Robles:

> *"Eu não (...) satanizaria tanto o sistema tradicional, como o fazemos os personalistas. Para nós, uh! o sistema tradicional (...), pensar em dar uma aula expositiva (...), é um pecado".*

A educação personalizada não pode ser entendida como uma educação à distância, explicava a diretora colombiana Elsa Cristina Acuña de Rodríguez. Pelo contrário, além da presença constante do professor para supervisionar o trabalho pessoal e grupal dos alunos, há um espaço explícito para sua intervenção, garantido na "*clase comunitaria*", que as escolas personalizadoras brasileiras denominam *aula coletiva* (Magalhães, 1996: 8).

Conforme alguns entrevistados, a aula coletiva é entendida como o momento da reunião do grupo de alunos com seu professor, em que pode haver também revisões do grupo, avaliações, discussão de temas de seu interesse etc.

Distingue-se a *aula coletiva introdutória*, em que o professor apresenta e motiva o tema a ser trabalhado pelos alunos, da *aula coletiva orientadora*, na qual ele esclarece, corrige, resume, conclui a matéria. Cabe ao professor perceber o momento, a duração e a freqüência de utilização desse instrumento que, no entanto, deve ser bem dosado para não absorver o tempo do trabalho pessoal dos alunos. Esse momento é preparado pelo professor com base no conhecimento que tem da situação acadêmica, das necessidades e do interesse dos alunos. Não pode acontecer que o professor, como explicava a diretora Maria Patrícia Gómez,

> *"chegue sem preparar sua aula coletiva (...), em que traga uma história preparada e se limite a transmiti-la. Então, não leva em conta as inquietações, as preocupações dos alunos, seus interesses, não leva em conta sua participação, mas simplesmente chega e dá (...)".*

+ Tomada de consciência

As escolas brasileiras que aplicam o projeto fauriano chamam *tomada de consciência* à *toma de contacto* (Magalhães, 1996: 8). Este momento pedagógico, segundo o diretor Rafael Paz, é

> *"cair na conta, é a reflexão pessoal que o padre [Faure] me dizia: é o exame de consciência que fazíamos desde toda a vida (...), é encontrar-se de cara com a vida real, simples, cotidiana".*

O conceito *tomada de consciência* parece sujeito a diversas interpretações. Duas diretoras colombianas entendem-na como um momento de relação do tutor com sua classe, no início do dia, para uma breve oração ou reflexão, ou avisos; no final do dia, para recolher impressões e sentimentos dos alunos; ou, no decorrer do trabalho, para recuperar o clima ou a motivação. Em seu colégio, *toma de contacto* passa a se chamar *dirección de grupo* e

> *"é mais de coração, é mais de sentimento (...), é o primeiro contato que se tem com o aluno no dia (...). Inclusive, se na aula acontece alguma coisa que perturba um pouco, pode-se interromper e fazer uma tomada de consciência".*

As escolas que incorporam o enfoque construtivista asseguram um momento de auto-avaliação grupal após cada *partilha* como meio para conectar a aprendizagem concluída com a que iniciarão a seguir. Seria uma modalidade da *toma de contacto*.

+ Trabalho pessoal e trabalho grupal

De modo geral todos os entrevistados entendem que o *trabalho pessoal* é um momento individual, solitário, em que o aluno procura construir seu conhecimento, seguindo-se um momento partilhado, grupal, como explica um aluno do Colégio Berchmans, em Cali:

> *"(...) cada um faz seu trabalho. O professor dá umas indicações gerais e cada um desenvolve as bases de acordo com seu critério. Trata-se, assim, de formar a pessoa, ou seja, individualmente, e cada um vai fazendo suas coisas. Descarta-se um pouquinho o grupo, embora se façam alguns trabalhos em grupo. Mas, basicamente, o trabalho é feito por cada pessoa individualmente".*

André Fournier, jesuíta francês colaborador de Faure, testemunhava a respeito:

> *"Ele [Faure] dizia: não tenho nada contra o trabalho de grupo, mas (...) se não se tem, no momento da personalização, a apropriação do saber pessoal, no fundo, o trabalho de grupo será estéril. Mas se os alunos que tiverem trabalhado (...) depois (...) eles terão do que falar".*

Maria Patrícia Gómez enfatizava a importância do *trabalho grupal* para a formação social dos alunos:

> *"Parece-me fundamental que o aluno tenha de aprender a socializar o conhecimento, construir em grupo, aprender que há momentos em que pode e deve partilhar. Isso é fundamental. Se queremos buscar uma sociedade justa, como vamos consegui-la se não há esta possibilidade, na aula, de aprender a estar em grupo, com o outro, para o outro?"*

+ Partilha

A *partilha* é considerada um dos instrumentos de trabalho que caracteriza o processo pedagógico como personalizante, em contraposição ao individualizante. Nesse momento pedagógico, os alunos socializam os conhecimentos adquiridos, re-situam-se diante do mundo, ampliam o conhecimento.

Segundo alguns diretores, a *partilha* é preparada pelo *trabalho pessoal* do aluno e pelo próprio professor, para não restringi-la a um interrogatório dos alunos sobre o que pensam ou acham da pesquisa feita. Cabe ao professor prever estratégias pedagógicas e humanas que provoquem o desequilíbrio conceitual dos alunos, que animem a fundamentação de seu estudo, a correta exposição de argumentos sobre as distintas posições, que encorajem os tímidos a se expressar; além de avaliar este instrumento. Dessa forma, a *partilha* pode cumprir seu papel de

> *"manejar não apenas o recurso da fala mas fundamentalmente o recurso do discurso. É levar o aluno a dominar o discurso. E dominar não só no sentido da postura, dos gestos, do movimento corporal mas em nível de conjunto. Dominar conceitualmente esse discurso. Que seja capaz de sustentar uma posição teórica"* (Maria Patrícia Gómez, Colégio San Bartolomé "La Merced", Bogotá).

+ Avaliação e promoção

Em geral, os entrevistados entendem a avaliação como estímulo, mais do que prova, como defende Álvaro Vélez Escobar:

> *"Avaliação é a oportunidade que damos ao aluno para que nos manifeste os ganhos de seu processo de aprendizagem. Então (...) triunfamos quando nossos alunos aprendem, e fracassamos quando ficam sem aprender. O desafio é que ninguém fique sem aprender. O importante não é: 'Passou de ano!'. Não! Aprendeu ou não aprendeu?"*

De modo geral, há um esforço dos educadores por se libertar das exigências governamentais da avaliação dos alunos e buscar formas mais condizentes com os princípios personalizantes. O professor colombiano Jaime Jaramillo dizia que é melhor e possível avaliar o aluno em seu processo cotidiano de aprendizagem e, por isso, questionava a exigência legal da avaliação formal:

> *"Se numa partilha vejo (...) que conhece, domina o tema, para que vou lhe aplicar uma avaliação? Não é necessário! E se de repente eu lhe dou uma avaliação e se sai mal porque estava nervoso? Mas eu sei que na partilha ele se saiu muito bem, então o chamo [e lhe pergunto]: 'O que aconteceu? Por que você foi tão mal nessa avaliação, se ontem falou magnificamente bem sobre o tema?' 'Estava nervoso, me deu um branco'. Essa é a parte que enriquece! Dou-lhe uma nota de acordo com o que o vi trabalhar".*

Na Colômbia, o ensino personalizado saiu favorecido pela determinação do governo, em 1987, de promoção automática para o Ensino Fundamental, segundo a qual não há notas numéricas, mas qualificação dada aos processos ou às dimensões de desenvolvimento: físico e psicomotor, socioafetivo, cognitivo, comunicação, normalização, e também às disciplinas. Para cada dimensão os professores estabelecem dois ou três indicadores sobre os quais o aluno será avaliado em determinado período letivo.

Os entrevistados referiam-se a vários tipos de avaliação em suas escolas: oral, escrita, individual, comunitária. A avaliação deve ser formativa, contínua, mediante a observação do professor sobre o desempenho do aluno e seu processo pedagógico, e a consideração dos objetivos pretendidos. A professora chilena Luz Labarca confessava só avaliar por meio de provas em caso de necessidade, porque sente ser mais coerente "observar e ter olho clínico no momento em que ele [aluno] está fazendo o trabalho".

Alguns professores entrevistados ressaltavam, de acordo com a proposta de Faure, o valor formativo de o aluno se auto-avaliar, para isso prevêem, para cada trabalho escolar, um exercício de controle que ele aplica sozinho ou com a ajuda do colega, como no caso do ditado. Além disso, os alunos são estimulados a avaliar-se continuamente a partir do *plano de trabalho* que elaboraram e foi aprovado pelo professor.

A fim de possibilitar a avaliação das atitudes do aluno, além da dimensão acadêmica, várias escolas utilizam fichas ou registros especiais, com dados cumulativos da vivência escolar, analisados pelo próprio aluno, junto com seus educadores e pais.

De acordo com o princípio da avaliação por objetivos, as escolas personalizadoras francesas permitem aos alunos avançados passar para a série seguinte no meio do ano letivo, e aos atrasados, que necessitam de mais tempo, cumprir até dois anos em três.

– Adaptações na organização escolar

+ Organização escolar em geral

Não obstante o peso institucional e a rotina de trabalho, algumas escolas têm procurado adaptar sua organização geral para corrigir as incoerências do enfoque personalizante. Uma das medidas do Colégio San Ignacio "El Bosque", em Santiago, para atenuar o impacto da interrupção do estilo personalizado entre o Ensino Fundamental e o Médio, tem sido reduzir o número de professores, na 5ª e 6ª séries, confiando mais de uma disciplina a cada um.

O número de alunos é um ponto freqüentemente abordado pelos entrevistados e sobre o qual os pareceres divergem, seja quanto a um limite a ser fixado, seja quanto à sua repercussão no processo pedagógico. Contudo, das entrevistas pode-se perceber uma tendência a considerar 35 como limite máximo de alunos por classe, nas séries superiores, e 25 na Educação Infantil. É variável o parecer dos educadores sobre a viabilidade do projeto fauriano com classes em torno de 40 alunos.

+ O sistema de rotação

Poucas escolas mantém o sistema de *rotação*, em que o aluno é quem escolhe a disciplina na qual trabalhará, de acordo com seu *plano de trabalho*, e se dirige à sala-ambiente correspondente, onde o aguarda o professor. É o sistema da "descompartimentação" proposto por Faure, como elemento formativo ideal da organização e da autonomia do aluno, segundo a explicação de Jaime Jaramillo:

> *"O ideal é que não haja esses tipos de horário tão rígidos, mas que haja um horário flexível ao ritmo dos alunos. Ou seja, dentro do que é o ritmo de trabalho, das 7h às 14h30, que as salas de espanhol, biologia, matemática, estudos sociais estejam abertas de tal forma que o aluno possa escolher em qual delas vai entrar, de acordo com suas necessidades".*

Contudo, problemas disciplinares — excessivo número de alunos em determinadas salas e o atraso deles na locomoção entre as salas — obrigaram as escolas a substituir a livre escolha da disciplina por horários fixos de trabalho que estabelecem qual será trabalhada por determinada série.

Outras escolas preferem que os alunos trabalhem uma só área de conhecimentos, o que favorece sua atenção, organiza melhor a classe e permite percorrer todas as etapas do projeto fauriano. Contudo, a direção das escolas sente que perde a flexibilidade pedagógica ao ter de, na organização do horário das últimas séries do Ensino Fundamental e no Ensino Médio, acomodar a multiplicidade de professores e a diversidade de sua carga horária. O Colégio Berchmans, de Cali, por exemplo, manteve parcialmente o sistema de rotação, distinguindo cinco "áreas de rotação": ciências naturais, ciências sociais, matemática, espanhol e filosofia.

Dado que as atividades do projeto fauriano (*trabalho independente, partilha* etc.) exigem duração mais longa que o estilo tradicional, as escolas têm acoplado as aulas em blocos de cerca de 90 minutos, o que facilita as disciplinas com carga horária de número par. Tratando-se de número ímpar, a aula avulsa ou é dada em bloco com a da semana seguinte, portanto quinzenalmente, ou, por ser de menor duração, é utilizada para *aula coletiva, partilha* ou avaliação.

– *Acompanhamento e envolvimento do pessoal*

Considerando-se imprescindível envolver todos os segmentos da comunidade educativa na concretização do projeto fauriano, as escolas têm aplicado diversos programas e procedimentos para atendimento dos alunos, pais, educadores e dirigentes. Em seu *Manual de convivencia escolar*, procedimento exigido pela nova lei de educação da Colômbia, em substituição ao regulamento escolar, o Colégio Berchmans, de Cali, fez constar os direitos e deveres não só dos alunos mas também dos adultos. O documento, elaborado com a participação de alunos, pais e educadores, tem ampla divulgação, constituindo-se, atualmente, num ponto de referência para a reflexão e avaliação dos alunos e adultos.

O Instituto América, em León, ao perceber que os novos alunos, inexperientes no estilo personalizado, apresentavam dificuldades de disciplina, de relacionamento e de aprendizagem, passou a oferecer-lhes um programa de introdução durante quinze dias, antes do início do ano letivo.

Para suprir a falta de instâncias formativas de professores para o ensino personalizado, várias escolas organizam-lhes cursos teórico-práticos, intensivos, ao começar o novo ano acadêmico. No Colégio Berchmans, ao ser contratados, os educadores comprometem-se a participar, durante o ano escolar, do *Seminário Permanente de Educação Personalizada*. No Instituto Pierre Faure, de Guadalajara, o processo de formação dos educadores novos consta de estágio de alguns meses de observação de aula e depois, como auxiliares de classe, junto com o estudo da bibliografia específica.

A maioria das escolas, além de programas introdutórios de formação, promove a capacitação permanente do pessoal mediante reuniões pedagógicas, periódicas, com dirigentes e educadores, sobre temas e problemas práticos. Como meio de formação dos professores, o Instituto Veritas, em Somoságuas, os incentiva a observar as aulas uns dos outros e a discutir suas reflexões entre si. Os colégios jesuítas oferecem a seus educadores diversas modalidades de *Exercícios Espirituais*, os *Colóquios sobre a missão do educador*, e jornadas pedagógicas[30].

Várias escolas experimentam a supervisão pedagógica como ótimo meio de acompanhamento e de formação do pessoal. A diretora Elsa Cristina Acuña de Rodríguez partilhava o proveito que conseguia ao estimular a auto-estima de seus professores, por meio do grupo de reflexão:

> *"Tenho conseguido tirar de meu professorado um ressentimento (...) de que, infelizmente, o docente não tem o* status *que tem o engenheiro (...) por meio dessa refle-*

30. Uma apresentação sobre os *Colóquios* encontra-se em Baker (1981); cf. Anexo bibliográfico.

> *xão, isto é, que depende de ele crescer, transcender profissionalmente e não se sentir um professorzinho, mas um professor".*

Relatando suas experiências de supervisão pedagógica, os entrevistados propunham três modos de realizá-la, todos eles visando ao contato direto e personalizado com o professor: diálogo, avaliação e observação de aula. Alguns colégios desenvolvem um processo semestral de avaliação formal dos educadores em três momentos: auto-avaliação de cada educador; avaliação pelo diretor imediato; entrevista de confronto entre ambos. A observação de classe é um procedimento usual em que acertos e falhas didáticos percebidos permitem posterior reflexão.

Um ponto de atenção intenso e constante da supervisão é a verificação do conteúdo e a apresentação das *guias* ou fichas de trabalho dos alunos. Os professores submetem estes instrumentos à apreciação de diversas instâncias acadêmicas que podem solicitar sua reformulação ou interligação com outras disciplinas.

Elsa Cristina Acuña de Rodríguez recordava que

> *"quando não há supervisão educativa, em nível de cumprimento de conteúdos, por parte dos coordenadores acadêmicos (...), decresce um pouquinho a dinâmica e a criatividade na aula e o manejo da estratégia na aula".*

As escolas consideram indispensável o envolvimento dos pais no processo pedagógico dos filhos e sua participação na vida da escola. Para tanto, informam as famílias sobre a programação escolar, oferecem-lhes reuniões de cunho teórico e vivencial com os dirigentes e professores, organizam cursos de formação seguindo as mesmas etapas do ensino personalizado, entrevistam-se com elas para analisar eventuais problemas pedagógicos ou disciplinares dos filhos, convidam-nas a fazer a observação de aula. Alguns professores incluem as *guias* de trabalho dos alunos com determinadas questões que necessitam de consulta aos pais.

Nos *Encuentros con Cristo*, breves cursos de vivência religiosa, que começaram a ser promovidos nos colégios jesuítas, as mães dos alunos menores atuam como madrinhas e acompanhantes[31]. O

31. Esses cursos são de autoria de Eduardo Levy, que os publicou em cadernos específicos para cada faixa etária, dos 4 aos 18 anos, em diversas editoras,

Instituto Pierre Faure, de Guadalajara, faz uma conferência para os pais interessados em matricular seus filhos, em que expõe os objetivos da escola, os princípios da educação personalizada e as obrigações daí decorrentes para a família. A coordenadora Roci Carrillo Monraz explicava que

> *"é aí que o pai de família se compromete ou não a entrar no IPF, e há quem dê meia-volta, porque sente que o que se lhe vai pedir é muito mais que ele pode dar".*

De modo geral, os pais são envolvidos pela escola como beneficiários de programas formativos, existindo poucos exemplos em que eles aparecem como colaboradores, organizadores ou protagonistas de algo.

4.4. Ressonâncias do projeto fauriano

- No meio acadêmico

Após considerar a auto-expressão de Faure sobre seu projeto pedagógico e a apreciação de variados atores, importa conhecer também o pensamento da academia a seu respeito.

Entrevistados de diversos países atestavam que o meio universitário, em geral, desconhece o projeto fauriano. É muito difícil a obtenção de informações sobre a realização de pesquisas, estudos ou teses atualmente sobre o tema.

A Universidade Javeriana de Bogotá, por meio da Faculdade de Educação, proporcionou, no final dos anos 70, diversos seminários, e um curso de um ano e meio, com reconhecimento oficial, para formar professores segundo a educação personalizada e o projeto fauriano. A Universidade Católica de Santiago do Chile também chegou a oferecer curso sobre educação personalizada, tema hoje não mais estudado lá.

A Província Jesuítica da Colômbia realizou pesquisas, em 1987 e 1991, para avaliar o andamento do projeto fauriano em seus colégios. Falhas na aplicação e tabulação dos resultados terão deter-

especialmente: Centro Gráfico de Guadalajara (México), Libreria Parroquial de Claveria, Cidade do México (México), e Ediciones JEAL, de Bogotá (Colômbia).

minado sua não-publicação. Atentos às megatendências da contemporaneidade, diante da proximidade do terceiro milênio, esses colégios têm procurado estudar a conexão entre o projeto fauriano, o novo paradigma pedagógico jesuítico e o construtivismo, e sua referência com outros temas atuais: análise da realidade, habilidades para o ano 2000, concepção de democracia participativa, informática[32]. Contudo, faltam pesquisas sobre o compromisso social dos ex-alunos formados na educação personalizada: onde atuam, com que valores, quais suas repercussões etc., como apontava José Alberto Mesa, jesuíta colombiano.

Na França, explicava uma educadora, o enfoque pedagógico personalizante é, em geral, mais estudado em Montessori, Pestalozzi ou Freinet. Uma das primeiras e mais constantes colaboradoras de Faure, Anne Marie Audic, concluiu em maio de 1997 a tese de doutorado sobre a originalidade de Pierre Faure, orientada pelo professor Guy Avanzini, na Université de Lyon, França. Alguns explicavam que o meio universitário francês não tem se interessado pelo projeto de Faure devido à sua inspiração católica, ou por ter sido conhecido mais pelo material didático que por seu pensamento pedagógico. De qualquer forma, temas relativos à educação personalizada estão sendo estudados em determinados meios acadêmicos[33]. A École Charles Péguy, em Caën, que aplica o enfoque fauriano e onde funciona um centro de formação de docentes nessa orientação, sentindo que a escola não está adaptada à sociedade de hoje, tem estudado seu papel social, a relação educar-ensinar, o processo da aprendizagem e a educação moral.

Temos notícia de poucas pesquisas sobre o projeto fauriano. Em 1989 Leena Kurki, da Universidade de Oulu, Finlândia, realizou uma pesquisa em três escolas de Bogotá que aplicam a educação personalizada, sobre as atitudes dos alunos com relação à escola e a alguns problemas da vida, comparando os dados com os dos alunos de escolas finlandesas e de escolas jesuítas irlandesas (Kurki, 1987, 1989). Em 1990, Christiane El Hayek fez uma pesquisa na França junto aos docentes que seguem o projeto fauriano para levantar o número de escolas que o aplicam, avaliar seus resultados

32. Apresentamos o atual paradigma pedagógico dos colégios jesuítas em nosso livro *Atualidade da pedagogia jesuítica* (Loyola, 1997, 171 pp.).

33. Na França, por exemplo, Guy Avanzini, Antoine de la Garanderie, Philippe Meirieu, Alain Mougniotte, M. Agnès Hofmans-Gosset, entre outros, pesquisam atualmente temas da educação personalizada.

e a capacitação recebida nos centros de formação personalizada (El Hayek, 1990). Três pesquisas qualitativas sobre o enfoque de Faure foram realizadas por diretores de colégios jesuítas da Colômbia que trabalharam sobre o enfoque construtivista (Gachancipá, 1991; Montoya, 1990; Ocampo & Quintero, 1993). Uma psicóloga, cujos filhos estudaram no Instituto Pierre Faure, em Guadalajara, pesquisou sobre o trabalho pessoal na educação personalizada (Matilla, 1993), concluindo principalmente que os alunos: desenvolvem um trabalho solitário e não-personalizado, carecem de suficiente acompanhamento dos professores, preenchem as *guias* sem motivação ou finalidade, têm baixíssimo nível de compreensão de leitura, não têm liberdade para se organizar segundo seu ritmo.

Uma pesquisa qualitativa de maior amplidão sobre o projeto fauriano foi realizada em março de 1992 por Montaldo Lorca (1992), do Colégio San Ignacio "El Bosque" de Santiago do Chile, em convênio com o Centro de Investigación y Desarrollo Educativo (CIDE), sobre os resultados do projeto fauriano após 12 anos de implantação nas oito escolas jesuítas do país. Além de observações de classe, o professor entrevistou dirigentes, educadores e alunos sobre maior ou menor rendimento acadêmico destes com o estilo personalizado, a manifestação de atitudes baseadas em valores, e sobre a aplicabilidade de três princípios personalizados na sala de aula: autonomia, solidariedade, singularidade. Os dados de rendimento acadêmico foram comparados com escolas similares sem o estilo personalizado e comprovaram que este não enfraqueceu nas escolas que o aplicaram, tendo havido certo avanço no aprendizado do espanhol nas escolas. Quanto ao perfil formativo dos alunos, perceberam-se melhoras na autonomia — capacidade para decidir, pesquisar e defender seus pontos de vista — e na solidariedade com os outros. Um ponto deficiente foi o princípio da singularidade, como Montaldo explica:

> *"Em parte alguma (...) alguém disse que o aluno hoje é mais criativo; o aluno hoje é uma pessoa que tem vários caminhos para expressar o que é próprio, original (...). Se houve um 'déficit' nesses 12 anos de aplicação, é quanto ao princípio de singularidade (...); os professores desconheciam o que significava modalidade de trabalhos diversos, ou seja, possibilidades de dar expressão a cada pessoa de ser o que é".*

Embora o professor concluísse que "a educação personalizada melhorou a qualidade da educação jesuíta nos colégios", a pesquisa teve pouca ou nenhuma repercussão entre os dirigentes desses colégios.

– No desempenho dos ex-alunos na universidade

Poucos aspectos negativos do estilo personalizado foram manifestados pelo desempenho dos ex-alunos ao chegarem à universidade. Uma pesquisadora mexicana notava que, por falta de maior estrutura acadêmica numa escola, os alunos concluíam o curso sem a devida sistematização ou concatenação dos conhecimentos. Em mais de um colégio notou-se que os alunos, ao ingressar na universidade, ressentiram-se da falta de uma educação da memória no ensino personalizado. Uma escola atribuía a uma fase de excessiva liberdade dada aos alunos, com pouca exigência disciplinar, a queda em seu nível acadêmico.

São, em geral, muito positivas as referências da universidade sobre o desempenho acadêmico dos alunos formados na educação personalizada. Admite-se que tenham menos bagagem de conhecimentos, como testemunhava Juan Fernando Quijano, diretor jesuíta colombiano:

> *"Pode haver alunos que tenham chegado [à universidade] com quinze capítulos de física dominados; estes chegaram com doze, mas estes doze, eles os conhecem melhor e sabem trabalhar, valer-se mais deles, de maneira que em pouco tempo se igualam e sobressaem aos outros no saber, estudar e pesquisar".*

Os entrevistados atestam que os ex-alunos do estilo personalizado são espertos, ágeis, organizados, responsáveis, competentes, autônomos no trabalho intelectual, sabem pesquisar, expressar-se oralmente e por escrito. Alguns notavam que os alunos de formação personalizada aborrecem-se com o estilo de aula magistral, repetitivo, mais passivo, na universidade. Quanto à dimensão emocional, os alunos são conscientes das próprias capacidades, estáveis, tranqüilos, seguros, com capacidade de tomar decisões. Socialmente são amáveis, cordiais, com capacidade para liderar, trabalhar e viver em grupo.

Perguntados como vêem seus colegas provenientes do ensino personalizante, os alunos destacam estes traços: capacidade de pesquisa, de autonomia no trabalho, segurança interior, desembaraço e traquejo social, convivência e amizade.

Com referência à consciência e à prática social dos alunos oriundos do estilo personalizado, os pareceres dos entrevistados divergem: diretores e professores dos colégios afirmavam ouvir referências positivas, no que discordavam seus homólogos das universidades.

Para os entrevistados das escolas, os alunos são reconhecidos como diferentes daqueles de colégios não-personalizados, saem com sentido de ordem, espírito crítico para com os antivalores, assumem seus trabalhos, são influentes na sociedade, preocupados com o bem comum, atuantes em obras sociais e na política. Testemunhava José Alberto Mesa:

> *"Tanto nossos próprios alunos como pessoas de outros colégios e os professores universitários notam que se percebe na maioria de nossos alunos essa inquietação social e essa diferença com o restante dos alunos em não encarar sua profissão e seu curso simplesmente como um meio lucrativo, mas como uma maneira de serviço e contribuição aos outros, de compromisso com o país".*

Contrariamente, a pesquisadora da Universidad Javeriana, de Bogotá, Elba Martinez de Dueri percebia os alunos com

> *"muito pouca sensibilidade social, talvez num nível de consciência de considerar as classes menos privilegiadas como pobrezinhas, como: 'puxa!, que problema!', certa preocupação num nível sensitivo muito elementar".*

O diretor universitário padre Oscar Mejía ressaltava como a formação recebida pelos alunos na escola personalizadora dilui-se rápido na universidade:

> *"São alunos cujo desempenho no início é bom, mas, infelizmente, depois de poucos meses a massa, o grupo, o sistema universitário, os absorve".*

O pesquisador colombiano Carlos Eduardo Vasco confessava que

> *"a gente esperaria que os alunos que chegam da [educação] personalizada sacudiriam por dentro a estrutura universitária, seriam mais agressivos em propor mudanças curriculares, discussões em grupos, trabalhos por projetos. Mas, não, chegam muito dispostos a se amoldar a sistemas mais tradicionais da universidade (...). E alguém se pergunta se o que o aluno ficou aprendendo foi a se adaptar insensivelmente a qualquer meio e não a chegar a questionar as regras do jogo, transformar, propor mudanças e soluções".*

Os diretores das escolas apontavam expressivos índices de ingresso de seus alunos na universidade. Por exemplo: 98% do Colégio Berchmans, de Cali; 96% do Instituto Pierre Faure, de Guadalajara; 95% dos Colégios San Ignacio de Medellín e San Ignacio "El Bosque", de Santiago; 90% do Colégio San Bartolomé "La Merced", de Bogotá.

– *No sentir da sociedade e de outros colégios*

De modo geral, os colégios que aplicam o estilo personalizado são considerados, na cidade onde estão, de elevado nível acadêmico, e com pedidos de matrícula que superam, anualmente, o de vagas. Os 120 formandos do Colégio Berchmans, de Cali, conseguiram em 1994 cerca de 82% de pontos nas provas de Estado, organizadas pelo Instituto Colombiano para el Fomento de la Educación Superior (ICFES), adscrito ao Ministério de Educação. O mesmo instituto situa os oito colégios jesuítas entre os 100 primeiros dentre os 4.000 particulares do país. Segundo a medição de qualidade acadêmica, feita pelo governo chileno em 1992, o Colégio San Ignacio "El Bosque", em Santiago, ocupava o segundo lugar nacional em sua categoria, e seus alunos do Ensino Fundamental demonstraram 93% de domínio em espanhol e matemática.

Uma opinião freqüente sobre os colégios personalizados é que são muito liberais, por valorizarem a espontaneidade e o ritmo dos alunos. Uma aluna de León (México) dizia:

> *"Gente que não o conhece [o estilo personalizado] fala muito (...) que talvez elas [as alunas] sejam folgadas porque seguem seu ritmo, não têm um professor que lhes exija, que lhes esteja dizendo: vamos rápido, preparem isso para amanhã".*

– *Em algumas legislações educacionais*

Pierre Faure teve repetidos contatos com as autoridades do governo da França e de outros países, que o consultavam sobre as reformas educacionais, nas quais é fácil perceber seu enfoque personalizante.

Os entrevistados franceses encontram em suas recentes reformas educacionais ressonâncias do projeto fauriano. Monique Le Gall esclarecia:

> *"Fala-se de personalização do ensino, de adaptação ao ritmo particular da criança, de instrumentos de trabalho, de programação, de promoção antecipada. Fala-se de tudo isso, mas sem nunca nomear o que se crê serem suas fontes. Jamais se fez alusão a padre Faure".*

Por ser de inspiração católica, a proposta de Faure, para ser assumida e difundida oficialmente na França, esbarra com o laicismo estatal, proveniente da reforma educativa de Jules Ferry (1832-1893). Por isso, muitos autores, lembravam alguns pesquisadores, demonstram o paradoxo de preconizar e aplicar uma educação personalista, mas sem a assumir publicamente e até ocultando os nomes de Mounier e Faure. Explicava a diretora Isabelle Delcroix Pattyn:

> *"Nossa França, com seus problemas de laicismo, está sempre desconfortável quando se trata de definir em nível nacional uma filosofia de educação. (...) há docentes que podem fazer referência total, em nome de suas liberdades fundamentais, a esta pedagogia, mas você nunca encontrará num texto oficial da Educação Nacional qualquer coisa que se refira a uma filosofia espiritualista, menos ainda cristã. Em nome do laicismo! É isso que faz com que as idéias de padre Faure, seus*

objetivos pedagógicos, sua filosofia sobre a qual ele fundamenta esta pedagogia, nunca tenham penetrado no ensino público".

Na Espanha, há uma esperança de que a recente Ley Organica de Ordenación General del Sistema Educativo (LOGSE) favoreça o ressurgimento do enfoque pedagógico personalizante, pois diversos entrevistados percebem afinidades entre ela e o projeto de Faure, embora não mencionado no texto. O texto legal propõe o trabalho dos professores em equipe. A aprendizagem significativa é incentivada em todos os momentos da aprendizagem. Amplia-se o conceito de conteúdos não mais apenas teóricos, mas também procedimentais e atitudinais. Exige-se a transversalidade de temas para perpassar todo o currículo, o que favorece a educação em valores, antes tratada isoladamente por algumas disciplinas.

No Chile, foi grande a repercussão da aplicação do ensino personalizado no começo dos anos 80. O mundo universitário e acadêmico interessou-se, a imprensa dedicou seguidas reportagens à inovação pedagógica. Os colégios jesuítas foram muito visitados, para conhecimento e estágios, por educadores de diversos colégios, que decidiram investir na mesma proposta. Assim, a reforma educativa de 1986 assumiu em nível nacional o currículo humanista centrado na pessoa e autorizou planos de ensino próprios para os colégios que o solicitassem.

O México, explicava um pesquisador, tem um amplo sistema educativo, mas polarizado pelos conflitos entre Igreja e Estado e pelo alheamento entre educação privada e pública. A carência que a educação pública sofre de recursos econômicos, insumos educativos e professores qualificados, além de estruturas legais e opções políticas do país, inviabilizam uma educação personalizada em nível oficial.

– Nas escolas brasileiras hoje

A aplicação típica do projeto fauriano parece não ter durado muito mais de 15 anos nas escolas brasileiras, sobretudo pelas dificuldades indicadas acima. Nos dois colégios de grande porte, que haviam aplicado o projeto fauriano em diversas séries, como o Nossa Senhora do Morumbi e o Santa Cruz, em São Paulo, as alterações foram mais significativas, em parte devido à opção que as escolas fizeram de diversificação socioeconômica do alunado, e também em virtude do alto custo operacional com que se defrontaram. Esses colégios decidiram por um "enxugamento" administrativo que aboliu certos aspectos personalizantes, redundando em aumento do número de alunos, redução do de educadores; supressão do período integral dos alunos e de atividades extraclasse; adequação dos instrumentos de trabalho.

Questionados sobre o que resta hoje do projeto fauriano nas escolas brasileiras que já não o aplicam tipicamente, os educadores coincidiram nos dois pontos basilares de Pierre Faure: enfoque e instrumentos de trabalho. No Colégio Nossa Senhora do Morumbi, explicavam as diretoras, permanecem a liberdade para o professor inovar em seu trabalho, estimular o espírito crítico dos alunos e prosseguir na pesquisa, a disciplina para o planejamento da aprendizagem e da vida da pessoa. Como a escola nunca teve o estilo de aula magistral, hoje o professor fornece orientações para a pesquisa dos alunos, chamadas "trabalho coletivo". Há momentos de *trabalho pessoal* e de *partilha*, mas diferentes do modo fauriano. No Externato Madre Alix, dizia a irmã Angélica Maria Afonso, permanecem a importância do *trabalho independente*, sobre o qual o aluno deve planejar, refletir e partilhar com os colegas; a correção do erro pelo aluno, como fator de aprendizagem; a avaliação global como processo, mais que por provas.

Também no Colégio Sion, de São Paulo, permaneceu a pedagogia cristã, entendida pela irmã Luísa Maria Monteiro como formação integral. No Instituto Montessori, a irmã Valentina reconhece a permanência de três enfoques principais: a organização do ambiente escolar, a postura consciente do educador e a consideração da criança como pessoa, sendo que o embasamento dado por padre Faure ficou como "a alma de todo o trabalho que a gente faz". No Colégio Teresiano, do Rio de Janeiro, os educadores procuram assegurar sua postura de consideração do aluno.

O Colégio Santa Cruz, de São Paulo, sofreu profundas mudanças: aumento do número de alunos e sua diversificação socioeconômica, adaptação do ambiente para abrigar três períodos escolares, descentralização da diretoria. Contudo, explicava o diretor Luís Antonio de Souza Amaral, permanecem com força na escola a "mística" do atendimento personalizado que professores e orientadores educacionais prestam ao aluno, as reuniões pedagógicas para reciclagem e entrosamento dos educadores, as relações entre dirigentes, educadores e alunos e o oferecimento de situações de aprendizagem para o aluno construir seu conhecimento.

As escolas que já não aplicam completamente o projeto fauriano sentem que a concepção do aluno como pessoa continua inspirando o currículo, a dinâmica do cotidiano escolar, e as relações interpessoais. Explicava a pioneira brasileira, a irmã Jeanne d'Arc:

> *"Quem bebeu da fonte, que foi a passagem de Pierre Faure pelo Brasil, e quem tem ideal de educador, percebe que em qualquer trabalho que estejamos realizando hoje podemos fazer o que é essencial ao que ele nos apresentou, que é a filosofia do método: fazer com que a criança seja cada dia mais consciente e, à medida que ela é consciente, livre no sentido certo da liberdade".*

– *Na recordação de colaboradores e pioneiros*

Além de atitudes e procedimentos determinados do projeto de Faure, o que dele permanece também é a recordação de sua pessoa e seu papel.

Os que conheceram de perto Pierre Faure e com ele conviveram recordam-no como uma pessoa interessante, extremamente espiritual, prudente, terna, simples no linguajar, mas muito exigente. Seus ex-alunos e colaboradores impressionavam-se com sua relação com as crianças, às quais demonstrava amor, confiança, respeito e alegria. Os educadores aprendiam o estilo pedagógico personalizado vendo Faure atuar com as crianças, sentado no chão com elas, porque ele recomendava ao educador "falar na altura da criança". E, recordava a irmã Angélica Maria Afonso, "ele fazia isso com uma leveza, com uma graça, apesar de já ser um senhor, e com muita naturalidade". Entendia-se com alunos brasileiros, chilenos ou mexicanos, embora só falasse francês.

Com os adultos, na universidade e nos cursos, Faure parecia outra pessoa: exigente, impaciente, inflexível, duro até. Vários entrevistados recordavam suas reprimendas por material mal-preparado, por exercícios mal-orientados em classe ou por interferirem num trabalho errado da criança. Ele não admitia que o educador errasse com os alunos, porque

> *"partia do princípio de que as crianças sabiam fazer tudo e quem as atrapalhava éramos nós. Então, quando as crianças diziam: 'Como eu faço isso?' ele dizia: 'Está em sua cabeça!*, c'est dans ta tête!'" (irmã Isabel Sofia).

Faure era um educador, formador de educadores, tinha consciência dessa vocação e demonstrava grande intuição e criatividade pedagógicas.

Da formação recebida nos cursos e sessões orientados por Faure, Maria Nieves Pereira afirmava ter recebido "uma síntese pedagógica e didática que a universidade não me havia dado". A irmã Angélica Maria Afonso complementava que

> *"quem conheceu padre Faure mudou (...), toma uma coloração que não se perde mais (...), porque é uma proposta que atinge (...) o cerne daquilo que qualquer educador procura na educação".*

Da apresentação do projeto fauriano emerge com mais força a pergunta pelas condições de possibilidade de sua aplicação hoje, o que veremos adiante.

CAPÍTULO III

VIABILIDADE DO PROJETO FAURIANO HOJE

1. APLICAÇÃO RADICAL E RISCO DE DOMESTICAÇÃO

Os entrevistados consideravam o projeto fauriano uma possível resposta educativa para o ser humano em vista do século XXI, aflito com o alto custo social da globalização e com o cunho individualista de certas filosofias sociais. Miguel Bazdresch, pesquisador mexicano, expressava sua convicção na capacidade de o projeto de Pierre Faure formar o aluno contra a ideologia individualista:

> *"Os alunos que passam por um processo de educação personalizada não só aprendem que é preciso estudar junto com os outros, estudar fora da sala, que o que acontece fora da sala é muito importante. Aprendem a relacionar o conhecimento com a vida cotidiana (...), com o que acontece no país (...). E isso me parece que é o antídoto à filosofia individualista (...), ao modo de ser individual (...) [que] no fundo são o que as ideologias neoliberais propõem".*

O pesquisador francês Guy Avanzini analisava como a sociedade atual, temendo as conseqüências da crise de valores, do desemprego, do fracasso escolar, da exclusão etc., tem retomado o tema da moral. Nesse debate a filosofia personalista poderá ajudar a refletir sobre seus fundamentos: valor da pessoa, respeito por ela, solidariedade etc. Notava ainda que as grandes orientações do pensamento pedagógico contemporâneo sublinham o enfoque personalista, embora com diversas tonalidades e expressões. Nessa linha, Abraham Magedson, pesquisador chileno, via a importância da abordagem personalizante para favorecer a emergência de pessoas, de sujeitos de direitos, capazes de conhecer e promover os valores, não em função do sistema vigente, mas de modo a repensá-lo e transformá-lo.

No entanto, alguns se perguntavam como transpor o projeto fauriano, com êxito numa sociedade sacralizada e homogênea, para um mundo secularizado, pluralista e até de forte concorrência entre as escolas. O personalismo comunitário, proposto por Faure, opinava Carlos Diáz, pesquisador espanhol, é uma contracultura na cultura contemporânea. É questionável, dizia o jesuíta colombiano Sérgio Bernal, a pretensão de educar em valores, quando o que muitos pais parecem buscar na escola é apenas instrução e amizades, em vista do futuro proveito profissional. Convencido da aplicabilidade do projeto fauriano, Bernal interpelava vigorosamente os educadores pelos poucos frutos demonstrados por sua implantação:

> *"Se se aplica o método como é, quer dizer, não como um método, mas como uma pedagogia, é explosivo (...). No fundo não nos damos conta de que, se levamos isso às últimas conseqüências, isso é explosivo e não queremos que exploda nem para dentro, nem para fora. É evidente! Porque se vamos aplicá-lo como é (...) as primeiras vítimas do método seremos nós. Se não está ocorrendo isso é porque nós já domesticamos o método. Quer dizer, teremos feito um método, não uma pedagogia".*

Concentrando-se na aplicabilidade do projeto fauriano especificamente na área acadêmica, o educador chileno Sérgio Durán analisava como a aceleração do fluxo de informações na sociedade atual limita uma educação conteudista, justificando um papel específico à educação personalizada:

> *"Hoje em dia somos incapazes de entregar às crianças a quantidade de conhecimentos de que necessitam. Portanto, o que temos de entregar são ferramentas que permitam ao aluno alcançar esse conhecimento".*

Diante das atuais tendências educativas, que insistem nos processos, antes que nos produtos ou resultados, o pesquisador mexicano Luís González Martinez considerava que a educação personalizada tem uma contribuição a dar, ainda hoje, principalmente por basear-se no diálogo entre educador e aluno, meio pelo qual estes poderiam estabelecer o currículo e criar

> *"comunidades de aprendizagem"*, em que *"já não há um professor do aluno, já não há um aluno do professor, mas o professor e os alunos caminham na busca da verdade"*.

A diretora francesa Nicole Chardon observava que a sociedade de seu país "ainda não tem toda a maturidade para descobrir o valor dessa pedagogia [personalizada], que ainda está por vir", por tratar-se de uma pedagogia antropológica, pedagogia da vida, do trabalho interior. Educadores e pesquisadores franceses pareciam reticentes à aplicabilidade do projeto fauriano nas últimas séries do Ensino Fundamental e no Ensino Médio, devido à inflexibilidade da legislação educacional do país, à mentalidade do professor, formado antes como especialista e menos como pedagogo, e que não abre mão de gerir a classe a seu bel-prazer, e a experiências fracassadas no "collège" e no "lycée". Contudo, vários entrevistados referiam-se à aplicação radical do projeto fauriano que padre Maurice Feder, graças a seu temperamento tenaz, conseguiu aplicar em Longwy (Feder, 1980; Faure, 1993: 83-103), embora tal aplicação tenha desaparecido com sua morte.

Não obstante erros e limites na implantação do projeto fauriano, os entrevistados, de modo geral, consideram desejável e possível aplicá-lo onde não existe e prossegui-lo, em todos os cursos e com todos os tipos de aluno, onde houve e há experiências significativas. Recordou-se que Faure afirmava a aplicabilidade de sua proposta até no "lycée", e ele mesmo introduziu-a nas classes superiores de formação de professores na França. Norma Bross, diretora pedagógica do Instituto Pierre Faure, em Guadalajara, testemunhava:

> *"Ele [Faure] dizia que era um privilégio poder ver que no México estávamos implantando uma educação personalizada com adolescentes e não apenas com crianças"*.

No entanto, os próprios alunos consideravam que o método personalizado não é para todos, por diversos motivos: desinteresse ou resistência por esse tipo de formação, acomodação, falta de hábito para planejar e pesquisar, necessidade de alguns serem instados ao trabalho, por estarem acostumados a receber tudo pronto, a própria dificuldade dos alunos que, por sua lentidão ou dispersão no trabalho pessoal, revelam-se incapazes de levá-lo com organização, autonomia e criatividade. Tais alunos carecem do professor de estilo tradicional, que lhes dite e destrinche a matéria.

De modo contrário, a colombiana Gloria Stella Ramirez entendia que "o fim último de nosso colégio é que os alunos aprendam, não que se percam". Pela opção que o projeto fauriano faz pela pessoa, ele se abre a todo tipo de aluno, sem excluir ninguém, pois sua novidade está precisamente em ajudar aqueles que mais precisam ser considerados em seu ritmo de desenvolvimento e ajudados a encontrar seu lugar.

O prognóstico consensual dos entrevistados sobre a aplicação, hoje, do projeto pedagógico de Pierre Faure recomenda a consideração de algumas condições. Escolhemos cinco que nos parecem fundamentais para a concretização desse itinérario: a clareza conceitual da proposta fauriana (com vários subaspectos), a correta aplicação dos instrumentos de trabalho, o adequado desempenho do professor, a organização escolar coerente e a co-responsabilidade dos envolvidos na comunidade escolar.

2. IDENTIDADE E ENRIQUECIMENTO DO PROJETO

2.1. O legado pedagógico de Faure

A aplicação do enfoque fauriano requer uma precisão conceitual, para não ser considerado com rigidez e tampouco com displicência.

Em seu último livro, após apresentar os precursores, os princípios e os objetivos do ensino personalizado, Faure dizia:

> *"Só resta passar à prática. Como organizar a pedagogia para alcançar esses objetivos prioritários, não excepcionalmente e à guisa de ilustração, mas na prática cotidiana da aula (...)? Enquanto não se dá resposta a esta pergunta, fica-se em generosas perspectivas educacionais e numa pedagogia livresca"* (1993: 50).

Mas o legado fauriano não é unívoco, não pode ser considerado de modo monolítico. Não é identificado apenas pelos momentos, instrumentos ou materiais didáticos. Compõe-se desses elementos ancorados, porém numa filosofia educacional que explicita os conceitos de pessoa e de seu desenvolvimento, de educação, de ensino e aprendizagem, as atitudes do educador, os momentos, instrumentos e recursos didáticos.

Entendemos, como diversos entrevistados já apontaram, que Faure não se preocupou em elaborar um sistema pedagógico, nem em apresentar um método, entendido como "conjunto de meios preparados racionalmente para a obtenção de determinado resultado" (Foulquié), visando à formação personalizada dos alunos. Sua contribuição consiste mais num roteiro de trabalho, suficientemente configurado para atingir os fins pretendidos, mas flexível para adequar-se à realidade conjuntural dos alunos. Pronunciamentos de Pierre Faure, bem como testemunhos de seus alunos e colaboradores, não registram nenhuma autoria do método proposto. Cumpre recordar também que o pensamento pedagógico de Faure se foi desenvolvendo paulatinamente, por meio da experiência docente desde estudante jesuíta, da vasta cultura geral que adquiriu, da imersão num momento típico como o da "revolução pedagógica" na França do pós-guerra, do acompanhamento de inúmeras e diversas experiências pedagógicas personalizadoras. O estudo sobre Faure revela-nos que ele foi esboçando, pouco a pouco, um novo estilo dentro da corrente mais ampla de educação personalizada. As idéias pedagógicas personalizadoras e os métodos ativos que disseminava na universidade e nos centros de formação de docentes, nas sessões pedagógicas em diversos países, nos escritos e conferências, foram instigando seus alunos e sessionistas a testá-los em sala de aula. Estes divulgavam o que haviam aprendido em seus locais de trabalho. Educadores e pesquisadores que orientavam com Faure as sessões pedagógicas em diversos países fizeram conferências e escreveram artigos. Comprovação do novo enfoque ocorria na pequena escola de aplicação que Faure e sua equipe dirigiam à rue de Madrid, em Paris. À força de reiterada divulgação, as experiências bem-sucedidas de ensino personalizado mostravam um novo modo de proceder no ensino e na aprendizagem.

Embora competente nas ciências da educação e estudioso dos problemas e experiências pedagógicos de seu tempo, Faure distinguiu-se por ser um educador prático, sem menosprezo da fundamentação teórica. Após o primeiro livro *L'école et la cité* (1945a), em que expôs sua concepção de escola e as conexões desta com o Estado, a família, os setores produtivos e a Igreja, em *Au siècle de l'enfant* (1958) ainda aprofundou algumas questões de filosofia educacional, mas concentrou-se, nos subseqüentes livros, artigos e conferências, em problemas do ensino e da aprendizagem. Na maior parte de sua obra, expressou-se mais quanto às orientações e estratégias do ensino e da aprendizagem do que ao conjunto das questões atinentes ao processo educativo global. Isso explica sua referência freqüente à expressão *ensino personalizado e comunitário* — título do último livro — e quase nunca "educação personalizada".

2.2. A marca da Ratio Studiorum *no projeto fauriano*

No capítulo II, apresentamos nossa interpretação desse "roteiro didático" de Faure como a depreendemos de seu livro *Ensino personalizado e comunitário.* Os sete momentos didáticos (*trabalho independente, trabalho grupal, partilha, síntese pessoal, exposição oral e escrita, avaliação* e *tomada de consciência*) parecem ter-se inspirado muito mais na dinâmica dos *Exercícios Espirituais* e da *Ratio Studiorum* que na *Escola Nova.* Em sua obra *Au siécle de l'enfant,* Faure havia acolhido com entusiasmo os princípios escolanovistas, mas respaldava as críticas feitas ao descuido desse movimento quanto às disciplinas teóricas e à exigência que devia caracterizar todo processo de ensino[1].

O roteiro didático fauriano revela inspirações daquele que Inácio de Loyola propõe no livro dos *Exercícios Espirituais,* quando apresenta as *Anotações* e *Adições* para os períodos de oração (quatro ou cinco por dia, de cerca de uma hora de duração). Há semelhanças também com o elenco de momentos didáticos que podemos perceber da *Ratio Studiorum.*

O estudo da obra de Faure revela tal consagüinidade com a pedagogia jesuítica que podemos afirmar que ele atualizou o sistema pedagógico da *Ratio,* dando mais organicidade e inter-relação àquele conjunto de elementos didáticos em que cada um deles desenvolve uma atividade ou função, para atingir um ou mais objetivos. Há momentos de *trabalho independente* e outros de *trabalho grupal;* de percepção dos dados da realidade e outros de assimilação ativa;

1. Dizia Faure (1958: 125): "Por oposição a certas práticas da escola atual e, provavelmente, porque as escolas progressistas americanas e anglo-saxônicas vangloriavam-se de resolver todas as dificuldades de educação e do ensino por meio de um 'aprender fazendo' demasiado pragmático, certo número de escolas novas desprezaram disciplinas propriamente intelectuais, assim como seu modo específico de aquisição".

momentos teóricos e de expressão prática. A proposta de Faure integra tais momentos, mas não se esgota neles, de tal modo que, ao cabo de uma "aula" (de duração maior que a de uma aula convencional de 50 minutos), o aluno pode desenvolver habilidades, atitudes, conhecimentos e valores que um momento isolado não lhe proporcionaria. Chamemos, portanto, a proposta prática de Faure de "roteiro de ensino e aprendizagem", cujos elementos, ou "momentos didáticos", embora não aplicáveis linear nem cronologicamente, implicam determinado encadeamento. É impossível, por exemplo, o aluno desenvolver um *trabalho independente* ou *grupal* eficaz sem saber a *programação* e o *plano de trabalho* que o direcionam. A *partilha* dos alunos será inconsistente se não for antecedida daqueles momentos de trabalho. Estes, por sua vez, serão inócuos se não forem concluídos com uma *síntese pessoal* e com *expressão oral e escrita*.

Há, portanto, em Pierre Faure, um conjunto de elementos de cunho metodológico, embora sem o caráter prescritivo da *Ratio Studiorum*. É por isso que, para evitar os perigos de aplicações mimetistas e superficiais do legado fauriano, como diversos entrevistados afirmaram ter ocorrido, insistimos em que ele se caracteriza mais como um "roteiro didático". Nieves Pereira denomina-o "projeto pedagógico" (1997: 16) precisamente para enfatizar algo inacabado como é a pessoa, um empreendimento mais amplo, a ser realizado conforme determinado esquema, mas sem prescrições.

As distinções acima parecem-nos importantes para afirmar que Faure não deixou apenas um enfoque ou um espírito personalizador, mas uma novidade que outros pedagogistas não apresentaram: a organização, a disposição, a configuração de momentos didáticos num roteiro determinado. Entendemos que Faure deixou esse legado "impremeditadamente" porque ele definia didática apenas como "um só espírito e muitos instrumentos de trabalho" (apud Nieves, 1997: 69), sem mencionar os momentos didáticos que foi apresentando em seus escritos e conferências. Mas, ao dizer *"instrumentos de trabalho"*, Faure referia-se, na verdade, a "momentos didáticos" que, em seu entender, eram anteriores e mais importantes que os meios, os recursos e as técnicas que os encarnam na sala de aula. Por outro lado, os que ouviam Faure falar de "instrumentos" terão concluído que sua proposta se resumia a técnicas concretas. Concluímos, por conseguinte, que nem sempre ficou claro o pensamento de Faure de que a didática se compõe do "espírito" (embasado por uma filosofia educacional), de momentos didáticos e de técnicas.

2.3. Elementos para a epistemologia do projeto fauriano

Em seus escritos e pronunciamentos, Faure enfatizou mais o processo de desenvolvimento mental e da personalidade do aluno que o processo específico de obtenção do conhecimento. As poucas referências que deixou sobre a epistemologia do ensino personalizado procuram descrever antes as atividades didáticas do aluno que o modo como ele obtém o conhecimento. Apresenta dez elementos: 1) interesse e motivação iniciais do aluno em procurar o que lhe falta; 2) identificação das capacidades pessoais para obtê-lo; 3) planejamento do trabalho de aprendizagem; 4) determinação pessoal para realizar o trabalho; 5) experiência de pesquisa e reflexão pessoal; 6) interação e colaboração grupal; 7) localização do conhecimento em quadros de síntese; 8) partilha do fruto do trabalho; 9) autocorreção e avaliação do aprendido; 10) assimilação pela expressão oral e escrita.

Respigando pontos em que Faure mais insistiu, podemos ver que a obtenção do conhecimento parte sempre da observação e da experiência. A seguir o aluno generaliza o dado obtido, passando do particular para o geral; compara-o com outros, assegurando sua identidade, e, finalmente, classifica-o em seu acervo de conhecimentos (1977d: 88). Embora se apoiasse na visão construtivista da autogênese de Piaget (1975a: 13; 1993: 32), diversas expressões de Faure parecem mostrar que ele entendia o conhecimento mais como descoberta que como construção. É insistente, por exemplo, sua recomendação aos professores para que estimulem a atenção dos alunos a ver, a contemplar a realidade, a buscar a verdade (1979g: 59), a observar e descobrir (1977d: 89; 1982a: 12).

De qualquer forma, a epistemologia no projeto pedagógico de Faure constitui um dos pontos importantes sobre os quais importa prosseguir a pesquisa.

2.4. Pessoa e comunidade: constante inter-relação

Não obstante a abordagem fauriana afirmar a busca do pleno desenvolvimento da pessoa, por meio do processo de ensino e aprendizagem, alguns entrevistados levantaram a questão sobre como se conectam as dimensões personalizada e comunitária.

A prática de certos educadores terá propiciado o entendimento de que a aprendizagem, segundo Faure, é uma construção individualista do aluno, que a partilharia com os colegas apenas como gesto de benemerência, sem maior contribuição destes.

A época do pós-guerra, quando Faure começou a cogitar em suas propostas pedagógicas, levou à insistência na dimensão personalizadora, silenciando-se quase por completo o âmbito social. Pairava, então, a necessidade de afirmação da pessoa em confronto com abordagens coletivistas ou grupais. Dessa forma, o enfoque personalizador do projeto fauriano parece, por vezes, defensivo. A dimensão comunitária, embora frisada no projeto fauriano, parece restringir-se apenas às relações de convivência ou de urbanidade, faltando-lhe um enfoque mais estrutural, que considere as injustiças sociais e as possibilidades de a educação contribuir para sua análise e superação. Em *L'école et la cité*, de 1945, Faure havia exposto exaustivamente sua proposta de "aliança" entre os vários segmentos e instâncias da sociedade para a preservação de determinados valores: democracia, justiça, liberdade, entre outros. No comentário que fez da encíclica *Pacem in Terris*, Faure sente a análise da realidade social feita pelo papa João XXIII como uma conclamação, entrevendo nela a nova "missão dos educadores" (Faure, 1963a).

O roteiro didático apresentado por Faure considera o *trabalho independente* do aluno e o *trabalho em equipe* ou *grupal*, ou a interação com os colegas, como momentos de um mesmo processo. Sua observação em sala de aula levou-o a constatar que, ao se entreter no trabalho, o aluno busca espontaneamente os colegas para consulta, ajuda ou partilha. Contudo, embora não apresente os momentos de seu roteiro didático de modo rigidamente cronológico, Faure situa a interação dentro do processo de busca do conhecimento, e não após este, pois, uma vez trabalhando com os colegas, o aluno ainda terá outros momentos didáticos para elaborar *visões de conjunto* e *sínteses*, *autocorreção*, *memorização* e *notas*, *exposições* e *dossiês* e *avaliação* (1993: 59).

Para Faure, o aluno não realiza seu trabalho sozinho e depois o partilha, mas ele o faz de modo cíclico, comunicando-se com os colegas, retornando à sua privacidade, voltando a partilhar, mais uma vez avaliando etc. O momento de isolamento e de recolhimento pessoal é exigido pela diversidade de tarefas e de ritmos dos alunos de uma classe. Cada um trabalha naquilo de que necessita, conforme seu *plano de trabalho*.

Faure é muito cioso de assegurar ao aluno as condições para um trabalho pessoal sério, por isso dá o critério para que o

> "*trabalho em parceria provoque um trabalho pessoal mais intenso de cada um, enriquecimento e complementaridade. Não se trata de conversa fiada, nem de se esquivar da própria responsabilidade. Esse tipo de trabalho costuma suscitar notável estímulo*" (1993: 65).

O aluno, graças a múltiplas instâncias, acrescenta ou altera a significação que dará às experiências selecionadas e consideradas. É tão importante que o aluno emita seu juízo, sua palavra, seu posicionamento, que o professor é alertado, diversas vezes, a não condicionar nem impor seus pontos de vista ou sua verdade. Seguro do próprio conhecimento, o aluno poderá manifestá-lo de diversos modos em vista de ações transformadoras da realidade.

2.5. Aplicação do projeto fauriano: diálogo com a contemporaneidade

Vários entrevistados consideravam importante a reflexão constante da escola sobre o projeto fauriano, sobre seus pressupostos filosóficos, teológicos e metodológicos, para que não se debilite nem se desfigure diante de fatores negativos, apontados acima: sobrecarga e rotina do trabalho escolar, tentação do retorno ao estilo tradicional de ensino ou de relação, "facilismo" na utilização dos meios didáticos, ou sua absolutização, entre outros. Urge, igualmente, um trabalho de busca de novos materiais e instrumentos didáticos que permitam a realização do projeto fauriano no presente contexto cultural. Desabafava o professor chileno Alberto Vásquez:

> *"Estou começando a ter algum temor de que praticamente os mesmos materiais, introduzidos no final dos anos 70, são usados hoje, e já estamos na segunda metade dos anos 90! (...) Acho que uma deficiência é a de se conformar com um formalismo educativo (...). Acho que está faltando uma nova revolução dentro da revolução [que foi o ensino personalizado], deveria haver agora pessoas pensando, criativamente (...), que os materiais (...) também precisam ser mudados, trocados, atualizados".*

O projeto fauriano poderá enriquecer-se, opinam alguns, por meio de seu diálogo, por exemplo, com o construtivismo, a aprendizagem significativa, as teorias de inteligências múltiplas, o interacionismo, e com o próprio paradigma pedagógico jesuítico, com o qual tanto se assemelha.

Maria Concepción Flores de Montúfar, professora mexicana do curso de magistério, enfatizava a importância do aprofundamento científico das questões referentes à aprendizagem:

> *"porque (...) esta questão a respeito de por que e como o aluno aprende, e em que consiste aprender, creio que seria a chave para que qualquer um entrasse de cheio na educação personalizada".*

No entanto, considerando a força com que o enfoque construtivista entra no meio educacional hoje, mais de um pesquisador alertava as escolas a não depender de um único autor sobre esse tema, mas a ampliar seu horizonte de reflexão. Recomendavam-lhes também a consideração das condições para o professorado poder assimilar e aplicar tal enfoque.

3. CORRETA APLICAÇÃO DOS INSTRUMENTOS DE TRABALHO

Devido à despreocupação em formular um método pedagógico, Faure não deixou outros elementos para a organização do ensino e da aprendizagem além dos momentos didáticos, apresentados em diversas ocasiões. Por isso, os entrevistados ressentiram-se da dificuldade em organizar a grade curricular, selecionar os conteúdos e estabelecer uma avaliação no modo personalizado.

Os momentos didáticos de Faure distinguem-se das técnicas. São meios e, como tais, dependem dos objetivos educacionais que os direcionam. Em outras palavras: um processo personalizado e comunitário de aprendizagem não exprimiria os valores pretendidos se não permitisse ao aluno um tempo para se concentrar no planejamento e na pesquisa pessoal. O processo que nunca assegurasse o *trabalho grupal* como integrante da construção do conhecimento, e não como seu mero complemento ou sucedâneo, estaria mutilado. Seria possível ao aluno tornar próprio o conhecimento trabalhado se não lhe permitissem a *síntese pessoal*? Onde estaria o exercício para a comunicação se ao aluno lhe impedissem exercícios de *expressão oral e escrita*? A seriedade e o respeito atribuídos pelo professor e pela classe ao trabalho de cada aluno (por isso a *acolhida*, o *silêncio*, a *normalização*) lhe revelarão que o trabalho escolar, fruto de sua determinação, escolha e persistência, é sintetizado, avaliado, anotado etc. para mostrar que não é apenas um exercício fugaz. É sua produção, sua quota para o aprimoramento da sociedade. Por isso deve ser comunicado, partilhado, divulgado aos outros.

Faure não menciona os instrumentos ou técnicas de ensino em seu último livro *Ensino personalizado e comunitário* (1993), quando descreve a dinâmica da sala de aula, o que nos leva a concluir que ele os relativizava. Esses instrumentos foram inspirados em diversos autores e correntes pedagógicas, tomados e enriquecidos por ele, conforme sua concepção de didática, como vimos.

Os entrevistados entendem que o bom proveito do projeto fauriano requer uma aplicação correta, flexível, mas persistente, dos instrumentos de trabalho ao tipo e à capacidade dos alunos. No entanto, o respeito por seu ritmo de trabalho, embora tão valorizado, não significa deixá-los a si mesmos, numa ausência total de parâmetros, o que poderia, eventualmente, favorecer sua indolência. Faure valoriza, mas não amima a pessoa do aluno. Apresenta-lhe altos ideais, excelência, rigor, normalização, contradizendo uma entrevistada que identificava no padre Faure uma visão "rousseauniana" da criança. A atitude fundamental é, precisamente, crer na criança, valorizá-la, incentivá-la a dar o máximo de si.

Outro requisito fundamental para o êxito do processo personalizante é a motivação dos alunos para se envolverem na aprendizagem, para verem a articulação dos conteúdos e o proveito que podem levar para sua vida. O aluno deve ter uma pergunta para cuja resposta montará um processo de busca. Conseqüentemente, torna-se imprescindível o professor começar qualquer programação pedagógica pela contextualização de seus alunos, pelo conhecimento de sua história, de suas circunstâncias, de suas experiências prévias, pelo conhecimento do país, das condições humanas e materiais da escola, dos enfoques pedagógicos aí aplicados. Isabelle Delcroix Pattyn recordava a insistência de Faure:

> *"Observem a criança, partam sempre da criança, voltem sempre à criança. É por a terem observado que vocês*

> *verão onde ela teve dificuldades e então poderão inventar o meio para ajudá-la a sair dessa dificuldade".*

Entendem os entrevistados que o material didático deve ser: objetivo, claro, com rigor intelectual, com respeito pelas etapas de progressão do aluno. Por isso Faure combatia a "poluição visual" na sala de aula. A irmã Isabel Sofia lembrava que o material apresentado por Faure visava ao desenvolvimento intelectual da criança e, por isso, na classe

> *"não havia um bonequinho, uma florzinha, nada. Ele não deixava. Quando ele entrava numa sala de aula e via o Pinóquio, o Mickey Mouse, qualquer coisa, ele mandava tirar tudo".*

Há de se considerar ainda como o pluralismo cultural contemporâneo sugere um leque de temas, antes desconsiderado na organização escolar, que se atinha quase exclusivamente à programação oficial. Faure recomendaria hoje às escolas a formação dos alunos para o conhecimento e a reflexão das correntes culturais e para o diálogo com elas.

A fim de concretizar sua meta personalizadora e social, a escola poderá aproveitar-se das reflexões de cunho social de diversos autores atuais sobre currículo e do conceito de transversalidade temática. Esta permite que se aplique uma educação de valores de modo a pervadir todo o currículo, sem a introdução de novos cursos e a sobrecarga da grade. Tal procedimento requer a sintonia entre os professores e eficiente supervisão escolar, sob o risco de os valores pretendidos pelo projeto educativo diluírem-se no trabalho cotidiano ou não serem corretamente enfocados.

A pedagogia fauriana encontra na *programação* do curso um valioso instrumento para o direcionamento e a eficácia do trabalho educativo. Contudo, sendo o fim pretendido a personalização e a solidariedade dos alunos, faz-se mister um processo criterioso na seleção dos conteúdos a constar da *programação*. Há de se evitar o "enciclopedismo", ou o acúmulo de temas, assim como a visão dicotômica entre o aproveitamento do acervo cultural da humanidade e a educação em valores.

Definida a *programação*, no início do ano letivo, há de se considerar como, em seu decorrer, a realidade e os meios de comunicação social podem mostrar outros temas urgentes que uma educação em valores não pode ignorar. É bastante generalizada a caminhada de escolas como em raia paralela à problemática da sociedade, pois não percebem ou não incorporam em sua programação temas como violações da justiça, atentados à vida, ao meio ambiente e diversas questões éticas etc., divulgados e debatidos pela sociedade. Se a escola não se comove diante de tais problemas e não os apresenta à reflexão dos alunos, como pretenderá formá-los para a cidadania? Daí a necessidade de mecanismos na escola para, em tempo hábil, analisar, selecionar e incorporar novos temas à programação.

Uma consideração importante também para a organização do ensino e da aprendizagem da pedagogia personalizada hoje é a amplidão e a rapidez das informações disseminadas pela rede mundial de computadores. Tal fenômeno retira à escola a hegemonia da informação, que passa a ser obtida pelos alunos "internautas" de modo constante e intenso, mas muitas vezes desorganizado, superficial e diletante. A aplicação dos princípios pedagógicos faurianos de hierarquização dos objetivos, de seleção dos conteúdos, de ressonância social do aprendizado etc. poderá educar o aluno a ter critérios, prioridades e preocupação social ao integrar a rede mundial de comunicação e a enriquecê-la com os valores vivenciados na escola.

Quanto à avaliação dos alunos, a consideração de diversos depoimentos é sobre a incompatibilidade do sistema vigente, classificatório, com os princípios e procedimentos pedagógicos personalizadores, e a ameaça de inviabilizar os objetivos pretendidos pela abordagem fauriana.

4. PAPEL, FORMAÇÃO E SUPERVISÃO DO PROFESSOR

No enfoque fauriano o professor não desempenha funções isoladas, como a transmissão de conhecimentos (escola tradicional) ou a facilitação da aprendizagem (escola liberal escolanovista), nem mesmo o provimento de instrumentos para a aprendizagem (escola tecnicista). Textos e conferências de Faure revelam que ele retira o professor de seu pedestal e o aproxima do aluno, considera o docente insubstituível no processo educativo personalizador, propõe-

-lhe um papel diferente, mais abrangente do que exercia no ensino tradicional. Emerge então, nessa proposta, a figura do professor-diretor do processo da aprendizagem dos alunos. Apoiado na atitude fundamental de crença no desenvolvimento pleno dos alunos, o professor é zeloso em não subtrair sua autonomia, criatividade e responsabilidade no caminho para lograrem tal objetivo. Interessa-se pela vivência dos alunos, mostrando-se disponível por ajudá-los. Instiga e provoca o desequilíbrio conceitual e sua atividade pessoal (sobretudo mental e afetiva) para que os alunos possam programar e desenvolver o próprio processo educativo mediante orientações, condições e instrumentos precisos. Acompanha o trabalho individual e grupal dos alunos, não apenas em seu produto final, mas ao longo do processo de elaboração: como eles o realizam, que métodos empregam, que dificuldades e proveitos encontram, que relações estabelecem. O professor entretém e situa os alunos destacados, anima os tímidos ou apagados, ouve até os que, eventualmente, se recusam a progredir, de modo que cada um encontre seu lugar, que é respeitado por todos.

O correto papel dos professores é um dos requisitos de maior reincidência e consenso nas entrevistas para a aplicação do projeto fauriano. Conseqüentemente, o processo para selecioná-los considerará suas capacidades intelectual e profissional, seu equilíbrio psicológico e, acima de tudo, a vontade de assumir a proposta personalizante como própria, com convicção, afeto, liberdade, segurança, criatividade e desejo de progresso. O novo caminho, diziam os entrevistados, implica "como uma mudança (...) na cabeça e no coração", e nele "não é possível ter espírito de 'funcionário'". Graciela Monsalve, coordenadora do Colégio San Ignacio, em Medellín, encorajava a conversão do professor:

> *"Creio que todos podemos mudar, todos podemos progredir, ou podemos estagnar. Se o professor quiser trabalhar na [educação] personalizada, terá de mudar e, se quiser mudar, ele o conseguirá.*

A formação do professorado é o ponto mais difícil, mas é a pedra de toque, é a chave e o segredo do êxito da educação personalizada. Faure mostrava a postura do professor ante o processo de ensino e aprendizagem, mas não detalhou elementos para sua formação.

Requisito primeiro é que o próprio professor seja personalizado, isto é, empreenda, decidida e continuamente, o processo da busca de seu desenvolvimento integral. Isso há de se demonstrar em seus critérios, procedimentos e relacionamentos com os da escola, da casa e da sociedade. A professora Maria Concepción Flores Montúfar, do Instituto América em León (México), alertava para o risco de o professor

> *"viver uma realidade que nos leva, talvez, a uma existência pouco autêntica. O professor que cumpre certos requisitos na classe, que atua com a aparência de estar personalizado, embora apenas represente, como um modo de simplesmente desempenhar um papel superficial, porque, ao sair da sala, deixa a roupa do personagem que estava representando e torna a vestir a do homem velho que continua carregando"* (1980a: 28).

A capacitação requerida é inicial e permanente, teórica e prática, considerando os fundamentos da educação personalizada e os avanços das ciências afins. Nesse processo o professor, como o é o aluno, é incentivado a demonstrar também autonomia, atividade e criatividade. Bem diz Nóvoa (1995: 25) que

> *"a formação deve estimular uma perspectiva crítico-reflexiva, que forneça aos professores os meios de um pensamento autônomo e facilite as dinâmicas de autoformação participada. Estar em formação implica um investimento pessoal, um trabalho livre e criativo sobre os percursos e os projetos próprios, com vista à construção de uma identidade que é também uma identidade profissional".*

Ser companheiro de aprendizagem do aluno não oculta ao professor o realismo de sua experiência e competência. Sua história de vida permite-lhe compreender melhor o aluno e assim valorizar e orientar o trabalho que este realiza para se enriquecer por meio da aprendizagem escolar. Tornam-se importantes os programas formativos que levam os professores a considerar sua vida afetiva, o respeito por si mesmos e pelos outros, o modo e ritmo de seu conhecimento como condições de possibilidade para entender e respeitar seus alunos. O jesuíta colombiano e pioneiro José Carlos Jaramillo enfatizava: "O professor tem de ser criativo também, tem de ser personalizado, conhecer sua pessoa e amá-la, para poder amar os demais".

Empenhando-se em ser pessoa, para formar pessoas, o professor traz para a formação permanente seu saber experiencial, com conquistas e fracassos, a fim de partilhá-los com seus pares em vista da criação de "espaços de formação mútua", de "redes coletivas de trabalho" (Nóvoa, 1995: 26). O cunho comunitário da formação permanente estimula os professores a trazer para a discussão saberes, práticas e pesquisas diversos e os ajuda a superar a cisão entre duas posturas: a do professor-executor de orientações pedagógicas e a do professor-produtor de sua própria profissão (id.: 28).

É mister um professor com olhar e sensibilidade políticos, no sentido etimológico de preocupação com a *pólis*, com a coisa comum. Tal capacitação passa a ser componente indispensável do currículo do educador, mediação para ele desempenhar o trabalho de formador de agentes de transformação da realidade.

Os que estão à frente das escolas na direção geral, pedagógica ou de cursos também necessitam adquirir domínio sobre os princípios e as práticas da educação personalizada, a fim de poderem definir as políticas gerais da instituição.

A capacitação do professor, continua Nóvoa (id.: 28), é apenas um componente da transformação da escola e ocorre simultaneamente com esta. Além de se empenhar em seu crescimento pessoal e profissional, o professor terá como dimensão integrante de sua formação o desenvolvimento organizacional da escola, porque:

> *"As decisões no domínio educativo têm oscilado entre o nível demasiado global do macrossistema e o nível demasiado restrito da microssala de aula. Emerge hoje em dia um novo conceito de instituição escolar, essa espécie de entre-dois onde se decide grande parte das questões educativas"* (id.: 29).

Admite-se que o clima, a disciplina e o trabalho na classe dependem do papel ou da postura do professor, ou seja, "conforme o entendimento que a professora tiver da criança será o modo de tratá-la", dizia uma aluna de León. Os alunos consideram o professor imprescindível como estimulador, facilitador e mediador de seu trabalho pessoal, indicador da trajetória, esclarecedor de dúvidas, mas que não os substitui no empenho de aprendizagem. Explicava um aluno de Guadalajara:

> *"Nesse ensino, tem-se como princípio que o professor não é uma pessoa que repete o conhecimento, mas uma pessoa que ajuda os alunos a aprender por si mesmos, a tirar por si mesmos suas conclusões".*

Coincidiram também os entrevistados em que a concepção de pessoa segundo o enfoque fauriano requer uma postura mais próxima, horizontal, humilde, de interesse e confiança do professor diante dos alunos. Quanto melhor o educador se relacionar com eles e conhecê-los, melhor poderão orientá-los em vista de seu pleno desenvolvimento. A professora francesa Catherine Driout evocava, certamente, sua atitude ao descrever a nova postura:

> *"É preciso ser natural com as crianças. É preciso rir com elas, exigir com elas, amá-las e dizer-lhes: Ih! Eu me enganei! (...) Não é mais o professor num pedestal, como uma estátua. É um professor que é um ser vivo, é um ser normal".*

Finalmente, Álvaro Vélez Escobar insistia com seus professores:

> *"Você pode ter o melhor conhecimento teórico da educação personalizada, pode dispor dos melhores meios, métodos e aulas, mas se sua atitude não é de respeito pela pessoa, de incentivá-la a dar o melhor de si, a ser criativa, a ter um pensamento próprio, em que você a aceite e a acolha, não estará fazendo nada".*

Do âmbito de formação acima exposto podemos concluir que ao papel já apontado do professor — professor-diretor e estimulador da aprendizagem — impõe-se um novo: o professor-pesquisador de sua prática e das inovações pedagógicas que ela requer. Isso implicará uma nova cultura da comunidade escolar em que o professor permaneça mais tempo na escola para desempenhar as funções descritas e seja remunerado condignamente. Não se trata mais de ver o professor apenas "proferindo" aulas. Surge agora um novo tipo de profissional; produtor, com os dirigentes, os colegas, os alunos e as famílias, da escola personalizadora e solidária.

Os professores não se iludem quanto à complexidade e à exigência de trabalho requeridas pelo estilo personalizado. Estão sempre se perguntando como equilibrar o respeito pelo ritmo do aluno e a conveniência ou não de intervir em seu processo de aprendizagem, ou sobre o momento e o modo de fazê-lo, sabendo que o projeto fauriano não visa deixar o aluno só. Há de estudar e pesquisar constantemente ampla bibliografia para criar e modificar os instrumentos de trabalho. É preciso também que o professor tenha disponibilidade para o trabalho em grupo com seus colegas e dirigentes, para estudos, para intercâmbio de experiências, para avaliação dos alunos, para integrar as diversas disciplinas e dimensões da formação integral.

À supervisão pedagógica cabe exercer um papel constante de acompanhamento, incentivo, formação, orientação e avaliação dos professores. Mecanismos de recrutamento, seleção, formação inicial e permanente dos educadores devem estar assegurados na organização da escola para manter a coerência da proposta, não obstante erros cometidos e empecilhos encontrados. Alguns diretores destacavam que sua tarefa de supervisão pedagógica, segundo a inspiração de Inácio de Loyola, deve ser a "cura personalis", ou seja, a consideração respeitosa da história e das circunstâncias do docente em vista de sua plena realização. Testemunhava a coordenadora colombiana Gloria Stella Ramirez:

> *"E, quando ele [professor] se sente acompanhado num problema ou numa dificuldade, é diferente. Ele sente que tem um vínculo mais forte que não é só trabalhista, mas o vínculo do afeto, o vínculo de participação, e isso é fundamental".*

Embora a educação personalizada seja mais trabalhosa, vários entrevistados disseram não pretender voltar atrás. Catherine Driout justificava sua preferência pelo novo estilo:

> *"Sinto que é mais interessante porque podemos inventar o tempo todo, porque estamos o tempo todo em situação de criar alguma coisa em função da criança (...); a gente não se fecha em nada que existe (...) sempre igual, e isso eu vejo como muito interessante".*

5. COERÊNCIA NA ORGANIZAÇÃO ESCOLAR

A aplicação do projeto fauriano implica mudanças radicais na configuração física da escola, na concepção educativa, na formação e inter-relação do pessoal, na organização administrativa, o que exige liderança constante dos dirigentes para orientar e sustentar tal processo.

Diversos entrevistados, diretores ou professores, faziam a ressalva que sua escola já não aplicava "Pierre Faure puro", mas apenas seu enfoque personalizador. A maioria deles lamentava uma implantação "híbrida", fragmentária e descontínua (não em todas as séries), da abordagem fauriana, apontando os inconvenientes para o desenvolvimento dos alunos e o comprometimento da coerência da escola. O educador jesuíta francês Jacques Viel lembrava:

> *"Há escolas na França, por exemplo nosso colégio [jesuíta] de Bordeaux, onde há professoras que implantam o ensino personalizado, e seis ou sete outras não. O resultado é medíocre".*

No entanto, os entrevistados não revelavam a que contribuição do legado fauriano estavam se referindo: à sua filosofia educacional? ao roteiro didático? aos materiais de trabalho?

O "hibridismo", na prática, parece um procedimento de escolha e aplicação fragmentária — em geral nas primeiras séries do Ensino Fundamental — de determinados momentos didáticos de Faure e não de todo o seu roteiro. Nas escolas do Brasil e do exterior que aplicam a educação personalizada, o fenômeno parece mais reincidente do que foi verbalizado nas entrevistas, provavelmente devido à falta de convicção e de assimilação dos princípios de personalização, falta de consciência crítica e de compromisso social, e também de percepção de suas implicações para a vida dos agentes educacionais e para o conjunto da vida escolar. Outras vezes influiu também a falta de uma opção da escola por se situar integralmente na nova linha educacional. Alegando o impacto das mudanças e o despreparo de educadores, de alunos e pais, alguns entrevistados defendiam uma aplicação prudente e progressiva desses enfoques pedagógicos. A própria expressão "aplicação híbrida" poderia estar escondendo uma opção política de neutralidade da escola?

Imaginamos que a restrição se deva ao fato de aqueles educadores entenderem a proposta fauriana apenas como instrumento didático. A sugestão de Faure foi a de o educador ater-se a determinados princípios e atitudes fundamentais quanto à consideração da criança e às suas possibilidades de desenvolvimento, criando depois os instrumentos ou meios que julgasse necessários.

Como já foi visto, mesmo sem premeditar, Faure deixou uma determinada dinâmica da sala de aula, com momentos e instrumentos didáticos relacionados e articulados entre si, com flexibilidade e adaptação à realidade de cada aluno. Tais momentos e instrumentos, mesmo que não sejam aplicados sempre, em todas as unidades didáticas, e com rigor cronológico, apresentam determinado encadeamento. O aluno não dá conta, por exemplo, de iniciar o processo de construção do conhecimento sem ter acesso à *programação* e às *indicações de trabalho* fornecidas pelo professor e sem estabelecer seu próprio *plano de trabalho*. A *partilha* e o *trabalho grupal* poderão ser inconsistentes sem um *trabalho independente* prévio, com pesquisa às fontes e eventuais consultas ao professor e aos colegas. O aluno poderá ter estudado, mas não assimilado ou se apropriado do conhecimento, se lhe faltarem momentos de interiorização, de autocorreção, de memorização, de anotações, de inserção dos novos conhecimentos em seu mapa conceitual etc.

Esses momentos didáticos não foram apresentados por Faure na configuração didática como a fazemos aqui, o que insinua que a prática e a reflexão dos educadores poderão sugerir novos momentos, adequados aos fins educacionais pretendidos.

Quanto aos materiais didáticos, bastante relativizados pelo próprio Faure, sua utilização pode e deverá ser seletiva e fragmentária, conforme o contexto do aluno e as circunstâncias pedagógicas, ambientais etc. Faure considerava que as técnicas deveriam ser selecionadas ou criadas pelo professor para ajudar o aluno a desenvolver-se.

É importante considerar ainda que a aplicação do roteiro fauriano não é um procedimento meramente técnico. Implica a experiência e o testemunho dos educadores, o ambiente geral do colégio, as políticas e a organização escolar. Será possível, por exemplo, implantar a dinâmica fauriana em sala de aula, mantendo na escola procedimentos disciplinares autoritários, relacionamentos verticais ou distantes entre adultos e alunos, processo de avaliação tensionante e excludente e relacionamento entre direção e professores considerando-os como meros executores de suas diretrizes? Tal "esquizofrenia" não conduzirá à formação de cidadãos competentes e solidários com os demais porque o espaço e a experiência que desfrutam em sala de aula é negado fora dela!

Em que pesem as exigências legais quanto a cumprimento de carga horária escolar e de conteúdos programáticos, e os problemas disciplinares existentes no sistema de *rotação*, alguns entrevistados consideram ideal a flexibilidade de horário que permita ao aluno desenvolver sua autonomia e responsabilidade na aprendizagem.

Foi lembrado por alguns diretores que a educação personalizada requer uma política trabalhista com remuneração, carga horária e designação de funções do professorado adequadas ao que se lhes exige: pesquisa e preparo dos instrumentos de trabalho, acompanhamento dos alunos, atendimento dos pais, reuniões e estudos com os demais educadores etc. Alguns colégios jesuítas colombianos sofreram com a evasão de professores bem preparados em educação personalizada, que, num dado momento, se sentiram mal remunerados.

A contratação do educador em período integral é defendida por algumas escolas, porque o horista nem sempre consegue manter uma relação personalizada com os alunos nem participar em outras atividades da comunidade educativa. Sua permanência integral na escola favorece a flexibilização do horário e a realização das diversas reuniões de trabalho e de estudo entre eles.

6. ENVOLVIMENTO PARTICIPATIVO DOS SEGMENTOS

Carlos Eduardo Vasco, pesquisador colombiano, considerava importante a aplicação do enfoque personalizado fauriano como um projeto de todo o colégio, como uma inspiração a pervadir toda a vida da escola: documentos, projetos, atividades, trabalhos, envolvendo co-responsavelmente todos os segmentos, até configurar um projeto próprio do colégio. Outro diretor e pesquisador colombiano, padre José Alberto Mesa, expressava que a educação personalizada introduz uma consideração da escola toda como uma comunidade, o que implica "que as pessoas se conheçam, que as pessoas possam se relacionar entre si, que os professores possam realizar o acompanhamento".

A participação, traço constitutivo da pessoa, expressão de sua liberdade e consciência, elemento de sua auto-realização e desenvolvimento, é fundamental para sua formação plena, como pretende a pedagogia fauriana.

Em *Ensino personalizado e comunitário*, Pierre Faure conclui o capítulo IX, sobre as realizações de sua proposta, com três itens referentes à integração dos segmentos: a mútua colaboração dos professores, o papel dos pais no ensino personalizado, as comunidades educativas rumo ao futuro (1993: 74 a 76). Sob o lema "a função dos pais é participar!", Faure apresenta como novidade a participação dos pais, antes mantidos estranhos à escola. Ressalta três níveis: 1) garantia de certos serviços (transporte, cantina, esportes, excursões, organização de festas); 2) melhoria de outros serviços (conservação de mobília e instalações); 3) distribuição de responsabilidades (secretaria, administração e direção). A ressalva que ele faz é quanto à distinção das alçadas de poder, que pode ser assegurada por um projeto educativo bem elaborado.

CONCLUSÃO

O estudo das obras de Faure, das obras sobre ele, dos depoimentos daqueles que foram seus alunos e colaboradores, atores do enfoque pedagógico que inspirou e pesquisadores sobre a temática em questão ressalta a relevância do ensino personalizado e comunitário.

Mais que considerações pedagógicas de cunho teórico, Faure deixou um roteiro didático científico, preciso e concreto. Este se apresenta como mediação para uma pedagogia motivadora, que estimule os desejos e o empenho do aluno em seu trabalho, para uma pedagogia com objetivos claros, adequados, concatenados e progressivos, para a formação integral do ser humano e o envolvimento de todas as faculdades humanas: mente, coração e vontade.

Ao divulgar essa proposta, Faure desempenhou um papel típico, intenso e extenso, mas com insuficiente destaque no campo pedagógico. O volume e a riqueza de dados históricos, fornecidos sobretudo pelos primeiros e próximos colaboradores de Faure, permitem-nos uma reconstituição histórica mais clara sobre seu influxo educativo em diversos países, nos campos da docência, pesquisa, consultoria e de publicações. Os dados relativos à presença inspiradora de Faure no Brasil servem de referencial importante para as escolas brasileiras que estão aplicando seu projeto desde 1993. Tais informações são, igualmente, um alerta para as escolas sobre os erros e as incoerências de uma implantação mimetista, descuidada da contextualização, "híbrida" em sua aplicação, negligente quanto à capacitação dos agentes da inovação, refratária à busca do enriquecimento de novos aportes pedagógicos, alheia à dimensão política e social.

As considerações do projeto fauriano sob o prisma teórico esclareceram sua identidade e seus fundamentos. A considerar o recato de Faure, só os entrevistados poderiam revelar quanto ele se sentia devedor à herança jesuítica (princípios espirituais inacianos e tradição pedagógica da Ordem). Ficaram mais esclarecidos, também, a influência de Montessori sobre Faure e os aspectos práticos em que ele avançou. Esse esclarecimento era necessário, especialmente, para educadores interessados na aplicação do projeto fauriano poderem inovar técnicas e procedimentos didáticos.

A abordagem dos entrevistados sobre o aspecto prático da proposta de Faure revelou cinco questões que, por serem reincidentes, parecem básicas para os que se empenharem em aplicá-la: convicção dos educadores sobre o valor da proposta, segurança sobre seu embasamento teórico, capacitação permanente dos agentes educacionais, constante inovação didática, supervisão pedagógica interativa e estimuladora.

O roteiro fauriano defende, após ser comprovado por diversas experiências, que no próprio processo de aprendizagem o aluno pode viver e desenvolver valores de autonomia, responsabilidade, organização, consciência crítica, solidariedade, comunicação social, entre outros. A educação em valores não é dada por fora ou além da dinâmica da sala de aula. Ela não se restringe, então, a um complemento dado em classe apenas por alguns professores idealistas, depois que cumpriram o programa principal de conteúdos.

A recusa de Faure em denominar "método" a sua contribuição pedagógica é interpretada como um acerto por parte dos entrevistados. Foi a convicção na grandeza da pessoa que levou Faure a enfatizar o princípio da *Ratio Studiorum* de flexibilidade e adaptação da educação às circunstâncias. A novidade, portanto, dessa contribuição é ser uma proposta, não uma receita; um estímulo, não uma prescrição. Nos instrumentos, momentos e materiais apresentados por Faure, o educador encontra um rumo que só poderá trilhar de modo criativo, não-servil, investindo nele sua formação permanente, a atenção ao contexto dos alunos, da escola e do mundo, em diálogo permanente com seus pares e com a supervisão.

Por isso, ao concluirmos nosso trabalho, torna-se difícil definir a proposta pedagógica de Faure, identificar sua originalidade, captar o distintivo em relação a autores semelhantes, porque, lembrava Nieves Pereira, a própria pessoa não se circunscreve numa definição. Ela sempre se supera, é sempre diferente, crescimento, novidade, surpresa.

Diante desse horizonte tão amplo, que prática pedagógica poderá ser identificada como educação personalizada? Certamente aquela que assegura orientações, meios, ambiente e educadores para que o aluno exerça o protagonismo de seu processo educativo, desenvolvendo-se a partir do próprio trabalho escolar que realiza.

A pessoa e a sociedade, a que a pedagogia fauriana procura servir, não são entes ideais, acham-se em constante mutação. A escola e a educação no Brasil, hoje, enfrentam outras exigências e deparam com novas possibilidades. O mundo de hoje, ao mesmo tempo que apresenta sinais perversos de desapreço e aviltamento da pessoa, também manifesta sinais alentadores de que ela se encontra em boa cotação na "bolsa de valores". Há notícias, infelizmente ainda pouco divulgadas, de indivíduos, grupos, minorias — de raça, gênero, classe —, entidades, associações, denominações religiosas etc. que protestam, se mobilizam e pressionam de diversas formas, quando sabem de atentados à vida humana. A educação personalizada e comunitária, mantendo o empenho para questionar-se e enriquecer-se com a análise de seu contexto e com as contribuições das ciências afins, pode ser uma mediação valiosa para educar em valores neste mundo, na mudança de milênio.

BIBLIOGRAFIA CONSULTADA E CITADA

1. AUTORIA DE PIERRE FAURE [1]

(1945a) FAURE, Pierre. *L'école et la cité*, Paris, Centre d'Études Pédagogiques (CEP), Spes, 332 pp.

(1945b) ____. *Le statu de l'école, pour la paix scolaire*, Paris, Action Populaire, Spes.

(1945c) ____. *Psychologie et grammaire. L'analyse. Elements d'une progresion*, Paris, CEP.

(1945d) ____. "Tour d'horizon et perspectives." In: *Pédagogie*, Paris, Spes, 1, pp. 1-15.

(1946) ____. "Méthodes Actives". In: *Pédagogie*, Paris, CEP, 2, pp. 1-7.

(1951) ____. "Une application originale du Plan Dalton." In: *Pédagogie*, Paris, CEP, 3, pp. 160-169.

(1952) ____. "Maria Montessori." In: *Pédagogie*, Paris, CEP, 10, pp. 579-580.

(1953) ____. "Le travail des maîtres." In: *Pédagogie*, Paris, CEP, 4, pp. 225-231.

(1954) ____. "Le XXV Anniversaire de l'Encyclique sur l'Éducation de la Jeunesse." In: *Pédagogie*, Paris, CEP, 10, pp. 728-740.

(1956) ____. *Semanas Pedagógicas de 1955 e 1956 promovidas pela A.E.C. do Brasil*, Edições A.E.C. do Brasil. Brochura.

(1958) ____. *Au siècle de l'enfant*, Paris, Mame, 233 pp.

(1959) ____. "Institution de classes expérimentales au Brésil." In: *Pédagogie*, Paris, CEP, 3, pp. 234-239.

(1960) ____. "Encore les programmes!" In: *Pédagogie*, Paris, CEP, 9, pp. 773-774.

(1963a) ____. "L'Encyclique Pacem in Terris. Mission des éducateurs." In: *Pédagogie*, Paris, CEP, 5, pp. 391-403.

(1963b) ____. "Progrès de la scolarisation et progrès pédagogiques." In: *Pédagogie*, Paris, CEP, 8, pp. 733-736.

(1964) ____. "Pédagogie s'interroge et vous interroge." In: *Pédagogie*, Paris, CEP, 2, pp. 101-106.

(1965a) ____. & Malfille, D. *Lire*, Paris, Éditions de l'École.

(1965b) ____. *Carnets de lecture: lire*, Paris, Éditions de l'École.

(1965c) ____. *Conferências de Pierre Faure realizadas por ocasião de Semanas Pedagógicas em São Paulo de 15 a 30 de julho de 1965*. 21 pp. Mimeografado.

1. Praticamente todo o material de e sobre Pierre Faure pode ser consultado, no Brasil, no Centro Pedagógico Pedro Arrupe: Rua Bambina, 115, 22251-050 (Botafogo), Rio de Janeiro (RJ).

(1965d) ___. "Orientations actuelles de l'enseignement. Perspectives des réformes." In: *Pédagogie*, Paris, CEP, 2, pp. 121-129.

(1965e) ___. "Travail, Saint Ennui?" In: *Pédagogie*, Paris, CEP, 4, pp. 329-333.

(1965f) ___. "L'instruction et la formation civiques." In: *Pédagogie*, Paris, CEP, 8, pp. 751-767.

(1968a) ___. *Semana de estudos Montessori-Lubienska*, São Paulo, 32 pp. Mimeografado.

(1968b) ___. "Le Concile et l'éducation." In: *Pédagogie*, Paris, CEP, 2, pp. 119--130.

(1968c) ___. "Raison garder!" In: *Pédagogie*, Paris, CEP, 8, pp. 735-741.

(1969a) ___. *Poésies, à l'écoute du monde*, Paris, Éditions de l'École.

(1969b) ___. "Un nouveau collège." In: *Pédagogie*, Paris, CEP, 2-3, pp. 136-144. Id., *Ideas y metodos en la educación*, Madri, Narcea, pp. 157-166, 1972.

(1969c) ___. "Une école d'application et de recherche pédagogique." In: *Pédagogie*, Paris, CEP, 2-3, pp. 149-154. Id., *Ideas y metodos*, op. cit., pp. 167-173.

(1969d) ___. "Trabajo personal y en equipo." In: *Ideas y metodos*, op. cit, pp. 41-45.

(1970) ___. *La Mathématique. Méthode et progression*, Paris, Éditions de l'École.

(1971) ___. "Créativité et rigueur." *Pédagogie*, Paris, CEP, 2-3, pp. 107-124. Id., *Ideas y metodos*, op. cit, pp. 137-154.

(1972a) ___. *Ideas y métodos en la educación*, Madri, Narcea, 207 pp.

(1972b) ___. "Hélène Lubienska de Lenval." In: *Recherche et Animation Pédagogiques* (RAP), Paris, Airap, 4, p. 7. Idem, in: *Pédagogie*, Paris, CEP, 8, pp. 730-731.

(1972c) ___. "Instruments de travail. Programmes et plans de travail." In: *RAP*, Paris, Airap, p. 4.

(1973a) ___. "Urgent: Formation (...)". In: *RAP*, Paris, Airap, 7, p. 1.

(1973b) ___. "Réflexions sur notre pédagogie. Construction de la personnalité. L'activité et le geste. L'interdisciplinarité." In: *Pédagogie*, Paris, CEP, 7, pp. 2-15.

(1974/1976) ___. "Les maternelles: évolution pédagogique." In *Pédagogie*, Paris, CEP, 10, pp. 848-857, trad. Maria Helena Rapp in: *Revista Brasileira de Estudos Pedagógicos*, v. 61 (140), pp. 534-539, outubro/dezembro 1976.

(1975a) ___. *Conferencias del Pe. Pierre Faure en las jornadas de 1973*, Bogotá, Pontificia Universidad Javeriana, 79 pp.

(1975b) ___. "Las actitudes del educador." In: *Memoria del curso sobre Educación Personalizada. Verano de 1975. Una experiencia educativa*, Cipo, Guadalajara, pp. 10-16. Mimeografado.

(1975c) ___. "El desarrollo mental del niño." Op. cit., pp. 17-23.

(1975d) ___. "Formación y desarrollo." Op. cit., pp. 24-29.

(1975e) ___. "La formación religiosa." Op. cit., pp. 30-42.

(1975f) ___. "Controlar, no corregir." Op. cit., pp. 43-47.

(1975g) ___. "La normalización." Op. cit., pp. 48-51.

(1975h) ___. "La formación social." Op. cit., pp. 52-60.

(1975i) ___. "La libertad." Op. cit., pp. 61-65.

(1975j) ___. "L'attachement." In: *RAP*, Paris, Airap, 15, pp. 2-3.
(1976a) ___. "Iniciativa, originalidad e investigación en la tarea educativa." In: *Memoria del curso "Verano de 1976"*, Guadalajara, pp. 6-11. Mimeografado.
(1976b) ___. "La Normalización I." Op. cit., pp. 12-18.
(1976c) ___. "La Normalización II." Op. cit., pp. 19-24.
(1976d) ___. "La Normalización III." Op. cit., pp. 25-31.
(1976e) ___. "Control y evaluación." Op. cit., pp. 32-38.
(1976f) ___. "Evaluación." Op. cit., pp. 39-41.
(1976g) ___. "Formación religiosa." Op. cit., pp. 42-48.
(1976h), ___. "La nature du jeu." In: *RAP*, Paris, Airap, 19, pp. 1-7.
(1976i) ___. "La normalisation." In: *RAP*, Paris, Airap, 20, pp. 4-11.
(1977a) ___. *L'enseignement du français par l'observation des textes*, Paris, Hatier.
(1977b) ___. "L'enseignement personnalisé. Ses origines, son évolution. In: *RAP*, Paris, Airap, 21, pp. 3-6. Idem, in: *Revista de Educación*, Madri, 247, pp. 5-10, dezembro 1976.
(1977c) ___. "Interview." In: *RAP*, Paris, Airap, 21, pp. 6-8.
(1977d) ___. "La naturaleza y el niño." In: *Memoria del 3er. curso sobre Educación Personalizada*, Guadalajara, Sección Airap en Latinoamerica, pp. 86-92.
(1978a) ___. "El niño de 7 a 12 años." In: *Memoria. Cuarto seminario de educación personalizada*, Instituto Pierre Faure, Centro de Investigación y Planeación Educativa, Association International de Recherche et Animation Pédagogique, Guadalajara, pp. 20-27. Mimeografado.
(1978b) ___. "Sesion de trabajo con el grupo I de Primaria y Secundaria." Op. cit., pp. 33-35.
(1978c) ___. "Lo esencial en preescolar." Op. cit., pp. 36-48.
(1978d) ___. "El estudio por temas." Op. cit., pp. 49-53.
(1978e) ___. "Sesión de trabajo con el grupo I de Primaria y Secundaria. Cuál es la diferencia entre indivíduo y persona?" Op. cit., pp. 54-55.
(1978f) ___. "La educación de la fe en preescolar y primer año de primaria." Op. cit., pp. 61-68.
(1978g) ___. "Personalismo comunitario." Op. cit., pp. 69-75.
(1978h) ___. "Sesión de trabajo con el grupo I de Primaria y Secundaria." Op. cit., pp. 76-78.
(1979a) ___. *La enseñanza del español a partir de la observación de la lengua*. Tradução e adaptação Maria Sashida Key e Maria Concepción Flores Montúfar, Guadalajara, Airap, 113 pp.
(1979b) ___. "Objetivos y medios de la educación personalizada." In: *Memoria sobre educación personalizada. Verano 1979*, Guadalajara, Sección Airap en Latinoamerica, pp. 8-14. Mimeografado.
(1979c) ___. "La Observación." Op. cit., pp. 15-21.
(1979d) ___. "El desarrollo completo en el niño hasta la unificación de su persona." Op. cit., pp. 23-27.
(1979e) ___. "Relaciones de los padres de familia con la escuela." Op. cit., pp. 29-36.
(1979f) ___. "Condiciones para la disponibilidad de la persona en la educación." Op. cit., pp. 37-44.

(1979g) ___. "La mente, su formación y su valor." Op. cit., pp. 55-59.
(1979h) ___. "Más sobre la formación de la mente." Op. cit., pp. 60-67.
(1979i) ___. "La enseñanza personalizada y comunitaria." Op. cit., pp. 73-78.
(1980a) ___. "Acto de apertura del curso." In: *Memoria del 6º. curso sobre Educación Personalizada*, Sección Airap en Latinoamerica, Guadalajara, pp. 1-5. Mimeografado.
(1980b) ___. "La Observación. Importancia de la educación personalizada." Op. cit., pp. 13-19.
(1980c) ___. "Elementos esenciales para una educación personalizada." Op. cit., pp. 33-39.
(1980d) ___. "Por una educación más justa." Op. cit., pp. 47-53.
(1980e) ___. "Precursores del personalismo II." Op. cit., pp. 79-85.
(1980f) ___. "Los Precursores III." Op. cit., pp. 98-104.
(1980g) ___. "La normalización." Op. cit., pp. 108-115.
(1980h) ___. "Alocução por ocasião da sessão de encerramento do II CBEM. Educação Montessoriana." Anais do II Congresso Brasileiro de Educação Montessoriana, São Paulo, Associação Montessori do Brasil, pp. 505-508.
(1981a) ___. "Reflexiones importantes (La acogida, La programación, La disciplina)", *Memoria del 7º curso sobre educación personalizada*, Guadalajara, pp. 10-18. Mimeografado.
(1981b) ___. "La dislexia y otros temas." Op. cit., pp. 38-43.
(1981c) ___. "La normalización y la concientización." Op. cit., pp. 50-57.
(1981d) ___. "Emmanuel Mounier y los inicios del personalismo." Op. cit., pp. 83-89.
(1981e) ___. "Reflexiones importantes (Neurofisiología del cerebro, Escuela Activa, Instrumentos de trabajo)", Op. cit., pp. 90-96.
(1981f) ___. "La organización del tiempo. El Plan de Trabajo. El ritmo de trabajo." Op. cit., pp. 97-105.
(1981g) ___. "La educación en la fe." Op. cit., pp. 111-115.
(1981h) ___. "Vraies progressions et rythmes scolaires." In: *RAP*, Paris, Airap, 38, pp. 6-9.
(1981i) ___. "Autonomie." Op. cit., 40, pp. 10-11.
(1982a) ___. "La Observación. La Puesta en Común." In: *Memoria del curso de verano de 1982. Una experiencia educativa*, Guadalajara, Sección Airap en Latinoamerica, pp. 9-13. Mimeografado.
(1982b) ___. "La Normalización." Op. cit., pp. 21-26.
(1982c) ___. "La Atención." Op. cit., pp. 30-38.
(1982d) ___. "La Programación." Op. cit., pp. 43-54.
(1982e) ___. "El grupo de animación. La acogida." Op. cit., pp. 64-70.
(1982f) ___. "Aspectos comunitarios de la Enseñanza Personalizada." Op. cit., pp. 83-88.
(1982g) ___. "Respuesta a varias preguntas de los sesionistas." Op. cit., 97-100.
(1982h) ___. "La psicomotricidad. La autoevaluación." Op. cit., pp. 101-108.
(1982i) ___. "Educación en la fé." Op. cit., pp. 140-147.
(1983a) ___. "Enseñanza personalista y comunitaria." In: *Memoria del curso Verano de 1983. Una experiencia educativa*, Sección Airap en Latinoamerica, Guadalajara, pp. 31-43. Mimeografado.

(1983b) ____. "Maria Montessori. La evaluación." Op. cit., pp. 45-56.
(1983c) ____. "Los programas oficiales de educación. La educación cósmica, La normalización. Como organizar la jornada de trabajo." Op. cit., pp. 69-83.
(1983d) ____. "Respuesta a varias preguntas de los sesionistas." Op. cit., pp. 85-102.
(1983e) ____. "La educación en la fe. Inicios del personalismo." Op. cit., pp. 103-116.
(1983f) ____. "El aspecto comunitario de la enseñanza personalizada." Op. cit., pp. 141-152.
(1983g) ____. "Maria Montessori y la disciplina. La Observación. El Proyecto Pedagogico." Op. cit., pp. 153-169.
(1983h) ____. "La Libertad. La utilización de los medios audiovisuales en la enseñanza personalizada." Op. cit., pp. 171-188.
(1993) ____. *Ensino personalizado e comunitário*, trad. Maurício Ruffier, São Paulo, Loyola, 103 pp.

2. OBRAS REFERENTES À EDUCAÇÃO PERSONALIZADA E A PIERRE FAURE

– *Livros e teses*

(1973) AMADO, Gildásio. *Educação média e fundamental,* Rio de Janeiro, Livraria José Olympio Editora; Brasília, Instituto Nacional do Livro/MEC.
(1985) ANTUNES, Mitsuko Aparecida Makino. *Estudo do sistema educacional e da psicologia em Maria Montessori: Uma contribuição à reflexão sobre a concepção humanística moderna na filosofia da educação,* Dissertação de Mestrado, Pontifícia Universidade Católica de São Paulo, 230 pp.
(1996) AUDIC, Anne Marie. "Le Père Pierre Faure. Genèse et originalité d'une pensée pédagogique", In: *Cahiers d'Action Éducative Lasallienne*, 58, 92 pp. Paris. Brochura.
(1997) ____. *Pierre Faure (1904-1988): Originalité d'une oeuvre éducative et d'une pensée pédagogique*, Tese de doutorado, Lyon, Université Lumière/ Lyon II, 756 pp.
(1978) AVELAR, Gersolina Antonia. *Renovação educacional católica. Lubienska e sua influência no Brasil,* São Paulo, Cortez & Moraes, 125 pp.
(1978) AVELLA, Martha et alii. *Educación personalizada. Modelo de entrenamiento para profesores de ciclo primario,* Bogotá, Universidad Javeriana, 287 pp.
(1980) FEDER, Maurice. *Un collège sans classe, ça existe,* Paris, Editions ESF, 116 pp.
(1991) GACHANCIPÁ, Olga Meri. *Estratégias cognitivas y pedagogicas aplicables al proceso lector silencioso en alumnos del tercer elemental en la educación personalizada del Colégio San Bartolomé "La Merced",* Tese de mestrado, Universidad Externado de Colombia.

(1988) GARCIA HOZ, Victor. *Educación Personalizada*, Madri, Rialp, 8ª ed. (1ª ed, 1970), 348 pp.
(1994) GOULART, Aurea Maria Paes Leme. *O projeto pedagógico de Maria Montessori*, Dissertação de Mestrado, Universidade de São Paulo, 301 pp.
(1970) GUTIÉRREZ RUIZ, Irene. *Experiencia Somosaguas*, Madri, Iter Ediciones, 125 pp.
(1988) JARAMILLO, José Carlos. *La Educación Personalizada. Un modelo educativo*, 2ª ed., Bogotá, Indo-American Press Service (Colección Experiencias, 66), 195 pp.
(1988) KISHIMOTO, Tizuko Morchida. *A Pré-Escola em São Paulo. 1877-1940*, São Paulo, Loyola.
(1997) KLEIN, Luiz Fernando. *O atual paradigma pedagógico dos jesuítas e a proposta de Pierre Faure: educação personalizada e solidariedade*, Tese de doutorado, Universidade de São Paulo, 382 pp.
(1987) KURKI, Leena. *Attitudes towards school and life acquired by pupils at some Columbian, Finnish and Irish senior secondary schools*, Oulu, Finlândia, Faculdade de Educação da Universidade de Oulu, 112 pp.
(1963) LAFRANCE, Yvon. *Uma experiência psicopedagógica no Colégio Santa Cruz (1959-1962)*, São Paulo, 103 pp. Brochura.
(1981) LEON GUEVARA, Judith. *Personalización liberadora. Exigencia educativa*, Medellín, Susaeta Ediciones, 445 pp.
(1987) ____. *Fundamentos para una personalización liberadora*, Bogotá, Indo-American Press (Colección Experiencias, 64), 120 pp.
(1991). LES ACTES du XX Anniversaire Meudon, Airap, 50 pp. Brochura.
(1993) MATILLA, Leticia C. Joseph. *El "Trabajo Personal" a nivel secundaria en una escuela de educación personalizada*, Licenciatura em Psicologia, Iteso (Instituto Tecnológico y de Estudios Superiores de Occidente), Guadalajara, 315 pp.
(1986) MESA, José Alberto. *Educación personalizada liberadora*, Bogotá, Indo-American Press.
(1990) MONTOYA, Luz Stella. *Principios de la educación personalizada en el Colégio San Bartolomé — La Merced*, Tese de mestrado, Universidad Externado de Colombia.
(1997) NIEVES PEREIRA, Maria. *Educação personalizada. Um projeto pedagógico em Pierre Faure*, trad. Laureano Pelegrim, Bauru, Edusc, 312 pp.
(1992) OCAMPO FLOREZ, Esteban & SERNA QUINTERO, Liliana. *Incidencia de la aplicación de las didacticas constructivista y personalizada en el desarrollo cognoscitivo de los alumnos de preescolar e infantiles del Colegio San Luis Gonzaga*, Dissertação de Mestrado, Colômbia, Universidad Pedagogica Nacional de Manizales, 240 pp.
(1993) VÁSQUEZ, Carlos. *Educación personalizada. Una propuesta educativa para América Latina*, Bogotá, Indo-American Press (Colección Experiencias, 39), 8ª ed., 85 pp.
(1996) VÉLEZ ESCOBAR, Alvaro. *Prática da educação personalizada*, trad. de Fábio Duarte Joly, São Paulo, Loyola, 159 pp.
(1985) VERDUZCO, Max. *Fundamentos de la educación personalizada Pierre Faure*, Guadalajara, Instituto de Ciencias, 60 pp.
(1991). 20 ANS au service de l'enfant 1971-1991, Airap, Meudon, 73 pp.

– Artigos

(1982) ALVAREZ, Rosa Maria. "Fundamento psiconeurobiologico del personalismo comunitario." In: *Memoria del curso de verano de 1982. Una experiencia educativa*, Guadalajara, Sección Airap en Latinoamerica. Mimeografado, pp. 114-125.

(1996) AUDIC, Anne Marie (s/d). "Pierre Faure, classicisme et modernité." In: *Pédagogie Chrétienne et pédagogues chrétiens. Actes du Colloque d'Angers des 28 au 30 septembre 1995*, Paris, Don Bosco, pp. 377-383.

(1992) BERNAL RESTREPO, Sergio. "I grandi principi della spiritualità ignaziana nel processo di educazione personalizzante." In: *La Pedagogia della Compagnia di Gesù. Atti del Convegno Internazionale Messina 14-16 novembre 1991*, Messina, ESUR Ignatianum, pp. 325-335.

(1989) BULLETIN INTERIEUR. *Pierre Faure, Les témoignages de ceux qui l'ont connu et le vécu d'une pédagogie*, Beirute, Université Saint-Joseph, Faculté des Lettres et des Sciences Humaines, Institut Libanais d'Éducateurs, Número especial, 3, 40 pp.

(1996) CADERNO DO CEAP. *Educação Personalizada e Comunitária*, Salvador, Centro de Estudos e Assessoria Pedagógica (CEAP), 1, 64 pp.

(1958) CLASSES EXPERIMENTAIS no ensino secundário. In: *Revista Brasileira de Estudos Pedagógicos*, Rio de Janeiro, Instituto Nacional de Estudos Pedagógicos, Ministério da Educação e Cultura, v. 30, n. 72, pp. 73-83, outubro/dezembro.

(1979) COLOM, Antonio. "El compromiso personalista." In: *La lectura del discurso pedagógico actual*, Palma de Mallorca, Ediciones Embat, pp. 165-183.

(1966) CRUZ, Mariano da. *Vinte anos a serviço da Educação*, Rio de Janeiro, AEC do Brasil.

(1975) DIEM, Jean-Marie. "Des mots et des idées: pourquoi l'enseignement personnalisé?" In: *RAP*, Paris, Airap, 16, pp. 3-5.

(1988) ____. "Le Père Faure et les sessions pédagogiques." In: *RAP*, Paris, Airap, 62, pp. 14-18.

EDUCACIÓN personalizada. *Un proyecto pedagógico en Pierre Faure*, Santiago, s/d., 9 pp. Mimeografado.

(1990) EL HAYEK, Christiane. *Enquete sur la pratique de la pedagogie personnalisée et communautaire*, Paris, Association Pierre Faure pour la promotion de l'enseignement personnalisé et communautaire, 68 pp. Mimeografado.

(1975a) FEDER, Maurice. "Promotion de la personne." In: *RAP*, Paris, Airap, 16, pp. 1-2.

(1975b) ____. "Des mots et des idées: pourquoi l'enseignement personnalisé?" In: *RAP*, Paris, Airap, 16, pp. 3-5.

(1980a) FLORES MONTÚFAR, Mª Concepción. "Reflexiones sobre el nucleo fundamental del personalismo." In: *Memoria del 6º. curso sobre Educación Personalizada*, Guadalajara, Sección Airap en Latinoamerica, pp. 27-32. Mimeografado.

(1980b) ____. "Un marco referencial del personalismo." Op. cit., pp. 60-66.

(1980c) ____. "Condiciones y perspectivas de una personalización." Op. cit., pp. 91-96.
(1980d) ____. "El trabajo en el aula I." Op. cit., pp. 122-125.
(1980e) ____. "El trabajo en el aula II." Op. cit., pp. 126-131.
(1991) GALINO, Angeles. "El personalismo y la educación personalizada en Francia." In: GALINO, Angeles (org.), *Personalización educativa. Genesis y estado actual*, Madri, Rialp, pp. 113-156.
(1995a) KLEIN, Luiz Fernando. "Entrevista com Paulo Freire", in *Ceap Revista de Educação*, Salvador, Centro de Assessoria Pedagógica, 9, pp. 5-15, junho.
(1995b) ____. "Entrevista com o prof. Georges Snyders", in *Revista da Faculdade de Educação*, Universidade de São Paulo, 21, pp. 139-147, julho/dezembro.
(1997) ____. A EPC segundo Pierre Faure (Conferência no 1°. Fórum sobre Educação Personalizada — Indaiatuba, SP: 31.10 a 2.11.96). In: *Caderno do Ceap*, Salvador, Centro de Estudos e Assessoria Pedagógica, 1, pp. 20-35.
(1989) KURKI, Leena. *Attitudes towards school and life acquired by pupils at some Columbian, Finnish and Irish senior secondary schools*, Oulu, Finlandia, 25 pp. Mimeografado.
(1959) LAFRANCE, Yvon. As Classes Experimentais no Colégio Santa Cruz. In: *Servir*, AEC, pp. 24-30, dezembro.
(1978) "L'ENSEIGNEMENT personnalisé vers une pédagogie personnalisante et communautaire" In: *RAP*, Paris, Airap, 26.
(1974) LE GALL, Monique. *L'enseignement personnalisé et l'Airap*, Paris, 14 pp. Mimeografado.
(1996) MAGALHÃES, Sonia. "Implementação da educação personalizada e comunitária na Província Centro-Leste." In: *Inovação em Processo*, Rio de Janeiro, Centro Pedagógico Pedro Arrupe, 6, pp. 3-13, julho.
(1978) *Memoria. Cuarto seminario de educación personalizada.* Guadalajara, Instituto Pierre Faure, Centro de Investigación y Planeación Educativa, Association International et Animation Pédagogique, 78 pp. Mimeografado.
(1976) *Memoria del curso "Verano de 1976"*, Guadalajara, Mimeografado.
(1982) *Memoria del curso de verano de 1982. Una experiencia educativa*, Guadalajara, Sección Airap en Latinoamerica. Mimeografado.
(1976) *Memoria del curso sobre Educación Personalizada. Agosto de 1976. Conferencias de Pierre Faure*, San Salvador, Colegio Externado de San Jose. Mimeografado.
(1978) *Memoria del curso sobre Educación Personalizada. Enero de 1978. Conferencias de Pierre Faure*, San Salvador, Fe y Alegria, Mimeografado.
(1975) *Memoria del curso sobre Educación Personalizada. Verano de 1975. Una experiencia educativa*, Guadalajara, Cipo, 75 pp. Mimeografado.
(1983) *Memoria del curso "Verano de 1983". Una experiencia educativa*, Guadalajara, Sección Airap en Latinoamerica, 203 pp. Mimeografado.
(1984) *Memoria del curso "Verano de 1984". Una experiencia educativa*. Guadalajara, Airap de Latinoamerica. Mimeografado.
(1978) *Memoria del tercer seminario de educación personalizada*, San Salvador, Fe y Alegria, Sección de America Latina de Airap. Mimeografado.
(1977) *Memoria del 3er. curso sobre Educación Personalizada*, Guadalajara, Sección Airap en Latinoamerica. Mimeografado.

(1980) *Memoria del 6º. curso sobre Educación Personalizada,* Guadalajara, Sección Airap en Latinoamerica. Mimeografado.

(1981) *Memoria del 7º. curso sobre Educación Personalizada,* Guadalajara, Sección Airap en Latinoamerica. Mimeografado.

(1979) *Memoria sobre educación personalizada. Verano 1979,* Guadalajara, Sección Airap en Latinoamerica, 86 pp. Mimeografado.

(s/d) MENCIA, Emiliano. *Un movimiento de renovación escolar en la linea de la educación personalizada,* 31 pp. Mimeografado.

(1992) MONTALDO LORCA, Nelson. *Evaluación de la educación personalizada en colegios y escuelas de la Compañia de Jesus en Chile,* Santiago, 96 pp. Mimeografado.

(1994) NEYRET, Madeleine. *Hélène Lubienska de Lenval. Pour une pédagogie de la personne,* Paris, P. Lethielleux, pp. 297-334.

(s/d) O HISTÓRICO da experiência, São Paulo, Ginásio Nossa Senhora do Morumbi, 14 pp. Mimeografado.

(s/d) PROVINCIA CHILENA. Coordinación Nacional de Educación Jesuíta. *El diseño curricular de la educación personalizada,* 7 pp. Mimeografado.

(1981) RECHERCHE ET ANIMATION PÉDAGOGIQUES. *L'autonomie,* Paris, Airap, n. 40, outubro/dezembro.

(1992) ____. *Lembranças e testemunhos de reconhecimento e amizade,* trad. Centro Pedagógico Pedro Arrupe, Rio de Janeiro, 24 pp. Mimeografado.

(1983) ____. *Les conseils d'éleves,* Paris, Airap, n. 46, abril/junho.

(1988) ____. *Pierre Faure (1904-1988),* Paris, Airap, n. 62, abril/junho.

(1982) ____. *Positions et propositions,* Paris, Airap, n. 1, janeiro/março.

(1982) ____. *Vie communautaire et pédagogie personnalisée,* Paris, Airap, n. 42, abril/junho.

(1988a) SAINCLAIR, Jean. "Pe. Pierre Faure: 1904-1988." In: *Compagnie* (Courrier de la Province de France), 214, pp. 97-99.

(1988b) ____. "Un 'croisé' de la pédagogie, le Pe. Pierre Faure." In: *La Croix Evénement,* fevereiro, pp. 14-15.

(1976) "UMA experiência pedagógica Colégio Teresiano (Colégio de Aplicação da PUC/RJ)." In: *Revista de Educação AEC,* 20, pp. 11-29.

(s/d) VASQUEZ TAPIA, Alberto. *Educação personalizada. princípios e fundamentos,* Rio de Janeiro, Centro Pedagógico Pedro Arrupe, 9 pp. Mimeografado.

(s/d) ____. *Educação personalizada: sugestões práticas,* Rio de Janeiro, Centro Pedagógico Pedro Arrrupe, 6 pp. Mimeografado.

(s/d) ____ & MAGALHÃES, Sonia. *Educação personalizada e comunitária: uma síntese conceitual,* Rio de Janeiro, Centro Pedagógico Pedro Arrupe, 9 pp. Mimeografado.

(1995) VÉLEZ ESCOBAR, Alvaro. *El paradigma pedagógico ignaciano y la educación personalizada,* Medellín, 6 pp. Mimeografado.

(s/d) ____. *La administración educativa personalizada,* 49 pp. Mimeografado.

(s/d) ____. *La experiencia de la educación personalizada en la Provincia,* Bogotá, Rectoria del Colegio San Bartolomé "La Merced", 8 pp. Mimeografado.

(s/d) ____. *Los colegios jesuitas y la educación personalizada,* 5 pp. Mimeografado.

(1995) ____. *Puntos breves y practicas de reflexión sobre la educación personalizada en la vida real*, Medellín, 4 pp. Mimeografado.

3. SOBRE PEDAGOGIA EM GERAL

(1997) CARRETERO, Mario. *Construtivismo e educação*, Porto Alegre, Artes Médicas, 98 pp.

(1986) FERREIRA, Aurélio Buarque de H. *Novo Dicionário da Língua Portuguesa*, 2ª ed., Rio de Janeiro, Nova Fronteira.

(1977) FAURE, Edgar. *Aprender a ser*, Lisboa, Livraria Bertrand; São Paulo, Difusão Editorial do Livro, 2ª ed. (1ª ed., 1972), 457 pp.

(1971) FOULQUIÉ, Paul. *Dicionário da Língua Pedagógica*, Lisboa, Livros Horizonte, 400 pp.

(1993) GADOTTI, Moacir. *História das idéias pedagógicas*, São Paulo, Ática, 319 pp.

(1993) LIBÂNEO, José Carlos. *Democratização da escola pública. A pedagogia crítico-social dos conteúdos*, 11ª ed. (1ª ed., 1984), São Paulo, Loyola, 149 pp.

(1990) ____. *Didática*, São Paulo, Cortez, 261 pp.

(1990) LUZURIAGA, Lorenzo. *História da educação e da pedagogia*, São Paulo, Nacional, 18ª ed., 292 pp.

(1995) NÓVOA, António. "Formação de professores e profissão docente." In: NÓVOA, António. *Os professores e a sua formação*, Lisboa, Publicações Dom Quixote, pp. 15-33.

(1986) PIMENTA, Selma Garrido. "A organização do trabalho na escola." São Paulo, *Revista da Ande*, 11, pp. 29-34.

(1991) ____. *O pedagogo na escola pública*, São Paulo, Loyola, 198 pp.

(1994) ____. "Questões sobre a organização do trabalho na escola." In: *Ceap Informa*, Salvador, Centro de Assessoria Pedagógica, 4, pp. 3-10, março.

(1996) ____. "Panorama atual da didática no quadro das ciências da educação, pedagogia e didática." In: PIMENTA, Selma (coord.). *Pedagogia, ciência da educação?*, São Paulo, Cortez, pp. 39-70.

(1992) SUCHODOLSKI, Bogdan. *A pedagogia e as grandes correntes filosóficas. A pedagogia da essência e a pedagogia da existência*, 4ª ed., Lisboa, Livros Horizonte, 134 pp.

(1979) ____. *Tratado de Pedagogía*, Barcelona, Península, 4ª ed., 497 pp.

(1981) TITONE, Renzo. *Metodologia Didactica*, Madri, Rialp, 8ª ed., 707 pp.

(1993) VASCONCELOS, Celso dos S. *Construção do conhecimento em sala de aula*, São Paulo, Salesiana Dom Bosco (Cadernos Pedagógicos do Libertad-2), 91 pp.

ANEXO BIBLIOGRÁFICO[1]

1. PUBLICAÇÕES DE PIERRE FAURE[2]

– *Livros*

(1958) FAURE, Pierre. *Au siècle de l'enfant*, Paris, Mame, 233 pp.
(1965) ____ & Malfille, D. *Lire*, Paris, Éditions de l'École, 96 pp.
(1965) ____. *Carnets de lecture: Lire* (30 carnets), Paris, Éditions de l'École.
(1972) ____. *Ideas y métodos en la educación*, Madri, Narcea, 207 pp.
(1945) ____. *L'École et la cité*, Paris, Centre d'Études Pédagogiques, Spes, 332 pp.
(1977) ____. *L'enseignement du français par l'observation des textes*, Paris, Hatier, 122 pp.
(1979) ____. *La enseñanza del español a partir de la observación de la lengua*, tradução e adaptação Maria Sashida Key e Maria Concepción Flores Montúfar, Guadalajara, Airap, 113 pp.
(1970) ____. *La Mathématique. Méthode et progression*, Éditions de l'École, Paris, 136 pp.
(1945) ____. *Le statu de l'école, pour la paix scolaire*, Paris, Action Populaire, Spes. Brochura.
(1945) ____. *Les débats autour de l'école*, Paris. Brochura.
(s/d) ____. "Liberté de l'enseignement et progrès pédagogique." In: *Un problème national*, L'École, Paris, Les Éditions de l'École, pp. 49-54.
(1969) ____. *Poésies, à l'écoute du monde*, Paris, Éditions de l'École, Fichier.
(1945) ____. *Pour la paix scolaire*, Paris. Brochura.
(1977) ____. *Pour une formation personnalisée et communautaire*, Paris, 90 pp. Inédito.
(1945) ____. *Psychologie et grammaire. L'analyse. Elements d'une progresion*, Paris, Centre d'Études Pédagogiques.

1. Além da bibliografia consultada e citada, apresentamos neste anexo o resultado da pesquisa bibliográfica que realizamos no Brasil e no exterior até 15 de janeiro de 1998.

2. Não são referidos aqui os artigos de Faure publicados em *Pédagogie* e em *Recherche et Animation Pédagogique* (RAP), pois Nieves (1997: 283-290) apresenta sua relação até 1975. Tampouco são indicadas todas as intervenções e conferências de Faure nas sessões pedagógicas que orientou, pois constam em: Faure 1965c, 1975a e em *Memoria*.

(1979) ____. *Un enseignement personnalisé et communautaire*, Paris, Casterman, 149 pp., trad. Mauricio Ruffier, *Ensino personalizado e comunitário*, São Paulo, Loyola, 1993, 103 pp.
(1981) ____. *Un enseignement personnalisé et communautaire. Precurseurs et témoins à travers l'histoire de la pédagogie*, 132 pp. Inédito.
(1945) ____. *Unité et pluralisme*, Paris. Brochura.

– *Artigos*

(1954) FAURE, Pierre. "Écoles Nouvelles et pédagogie chrétienne." In: *Servir*, Rio de Janeiro, AEC do Brasill, 2 (VII), pp. 21-22.
(1954) ____. "La Pédagogie en France." In: *Servir*, Rio de Janeiro, AEC do Brasill, 4 (VII), pp. 7-8.
(1954) ____. "Que penser des Écoles Nouvelles?" In: *Servir*, Rio de Janeiro, AEC do Brasill, 1 (VII), pp. 4-11.
(1963) ____. "Relatório sobre as sessões pedagógicas no Brasil." In: *Servir*, Rio de Janeiro, AEC do Brasill, 4 (XVI), pp. 19-20.

2. PUBLICAÇÕES SOBRE PIERRE FAURE

– *Livros e teses*

(1985) AGUILÓ, Alejandro et alii. *Aplicaciones de los principios de la educación personalizada en algunos colégios de Santiago*, Santiago, Universidad Católica, 150 pp.
(1984) ASOCIACIÓN INTERNACIONAL PARA LA INVESTIGACIÓN Y ANIMACIÓN PEDAGÓGICA EN AMÉRICA LATINA, *Memoria del curso Verano de 1984. Una experiencia educativa*, Guadalajara, 161 pp. Mimeografado.
(1984) BISBROUCK, Marie-Noëlle. *Lire: une relation pédagogique en Travail Personnalisé*, Mémoire de Maîtrise, Paris X, 200 pp.
(1985) JARAMILLO, José Carlos. *La educación personalizada en el pensamiento de Pierre Faure*, Bogotá, Indo-American Press Service, 6ª ed., 190 pp.
(1976) NIEVES PEREIRA, Maria. *Personalización y comunicación educativa*, Murcia, Universidad de Murcia.
(1996) SANCHEZ SIERRA, Carmen. *El movimiento renovador de la experiencia Somoságuas. Respuesta aun proyecto educativo*, Madri, Narcea, 196 pp.
(1985) VÉLEZ ESCOBAR, Alvaro. *Padres-Hijos: educación personalizada*, Bogotá, Indo-American Press (Colección Experiencias, 55), 71 pp.
(1997) ____. *La educación personalizada*, Bogotá, 86 pp. Brochura.

– Artigos

(1980) ADER, François & CARTON, Ignace. "L'amour de l'enfant. Hommage à Pierre Faure SJ." In: *Parents et Maitres*, Paris, 3-4 (dernier numéro), pp. 180-181.

(1992) AUDIC, Anne Marie. "La pédagogie personnalisée." In: *Ecactualités* (hors série), 1, pp. 3-5.

(1978) ____. "Au service de l'enseignement spécialisé." In: *Nouvelles*, Paris, Institut Catholique, 3, pp. 92-108, outubro.

(1994) ____. "Pédagogie et enseignement personnalisé: questions et réflexions critiques." In: *La Lettre du Clerse*, Lyon, ISPEF, 28, pp. 2-11, novembro.

(1994) ____. "Pédagogie personnalisée et communication." In: *La Lettre du Clerse*, Lyon, ISPEF, 28, pp. 10-19, dezembro.

(1995) ____. "Pédagogie personnalisée, relation de confiance." In: *La Lettre du Clerse*, Lyon, ISPEF, 32, pp. 2-8, abril.

(s/d) ANôNIMO. *Psicomotricidad, despertar mental, despertar del espiritu*, 16 pp. Mimeografado.

(1964) AUGUSTE, Louis. "La educación sensorial." In: *Extractos Pedagogicos: Educación y Cultura*, Paris, CEFP, 15 pp. Mimeografado.

(s/d) BOUDENANGE, O. de. *Los preambulos de la lectura*, 23 pp. Mimeografado.

(1979) COLÉGIO BERCHMANS. *Educación personalizada. Curso para padres de familia. Memoria*, Cali. Mimeografado.

(1979) ____. *Memoria del curso de educación personalizada para profesores*. Cali. Mimeografado.

(1979) COLOM, Antonio. "Fines y objectivos de la educación personalizada." In: *La lectura del discurso pedagógico actual*, Palma de Mallorca, Ediciones Embat, pp. 183-200.

(1983) COURTAY, Marie Claude. "Les outils." In: *Recherche et Animation Pédagogique* (RAP), 47, pp. 6-10.

(1976) DIEM, Jean Marie. "Los métodos de formación en la educación personalizada." In: *Revista de Educación*, Madri, ano 24, n. 247, pp. 105-110, dezembro.

(s/d) *ELABORACIÓN y utilización de las guias en la educación personalizada*, Medellín, Colégio San Ignacio, 3 pp. Mimeografado.

(1976) EZCURRA, Ma. Begoña. "Una experiencia de educación personalizada en un centro de educación preescolar." In: *Revista de Educación*, Madri, ano 24, n. 247, pp. 80-110.

(1995) "FACHADA antiga e alma nova." In: *Nova Escola*, São Paulo, Fundação Victor Civita, 83 (X), pp. 38-39, abril.

(1997) FLORES MONTÚFAR, Mª Concepción. "O sonho pedagógico de Pierre Faure: a educação personalizada e comunitária." In: *Caderno do Ceap*, Salvador, Centro de Estudos e Assessoria Pedagógica, 1, pp. 11-19.

(1997) ____. "O educador personalizado e personalizador: exigências de formação e capacitação." In: *Caderno do Ceap*, Salvador, Centro de Estudos e Assessoria Pedagógica, 1, pp. 38-48.

(1992) ____. *Reflexões pedagógicas do Instituto América de León (México)*, trad. Centro Pedagógico Pedro Arrupe, Rio de Janeiro, 24 pp. Mimeografado.
(1992) KLEIN, Luiz Fernando. *Elementos da educação personalizada e comunitária segundo Pierre Faure*, São Paulo, 25 pp. Mimeografado.
(s/d) *LA FICHA: instrumento en la educación personalizada*. Medellín, Colegio San Ignacio, 7 pp. Mimeografado.
(1988) LE GALL, Monique. "La pédagogie du Père Faure. Le témoignage d'un chef d'etablissement." In: *La Nouvelle Famille Educatrice*, 5, pp. 22-27.
(1976) ____. "Por que y como una pedagogia personalizada? De los objetivos a las tecnicas." In: *Revista de Educación*, Madri, ano 24, n. 247, pp. 11-20, dezembro.
(1997) MAGALHÃES, Sonia. *Educação personalizada e comunitária: uma leitura aplicada da proposta original de Pierre Faure*, Rio de Janeiro, 15 pp. Mimeografado.
(1992) MICHAUD, Pierre et alii. "Une expérience d'enseignement personnalisé: le cheminement d'enseignantes et d'enseignants témoins." In: *Vie pédagogique*, 81, pp. 17-20.
(s/d) PATTYN, Isabelle Delcroix. "Enseignement personnalisé: utopie ou échec à l'Eche?" In: *Enseigner autrement*, pp. 15-17.
(1984) PAZ, Rafael. *A acolhida*. Guadalajara, 4 pp. Mimeografado.
(1990) PERRUCHON, Lucienne. *Pour une pédagogie personnalisée et communautaire*, Paris, 4 pp. Mimeografado.
(1954) PORTER, Fernand. "Faure, Pierre SJ. Biographie." In: *Guides en éducation*, Montreal, Les Éditions Franciscaines, pp. 86-88.
(s/d) RIQUET, Michel. *Un maître en pédagogie: Le père Pierre Faure*, Paris, 2 pp. Mimeografado.
(s/d) *TEXTO para el video sobre instrumentos de la educación personalizada*, Bogotá, Colegio San Bartolomé "La Merced", 60 pp. Mimeografado.
(1997) VÉLEZ ESCOBAR, Alvaro. *La inspiración ignaciana en la educación personalizada*, Bogotá, Universidad Javeriana, 10 pp. Mimeografado.
(s/d) ____. *El educador personalizado*, id., 10 pp. Mimeografado.
(s/d) ____. *Hacia una dirección educativa personalizada*, id., 9 pp. Mimeografado.
(s/d) ____. *Implementación de la educación personalizada. Sugerencias practicas*, id., 5 pp. Mimeografado.
(1992) VIEIRA, Aurora Castro. *El segundo ciclo básico y la innovación curricular*, Santiago, Colégio San Ignacio-Alonso Ovalle, 9 pp. Mimeografado.

– Breves referências

(1951) ANAIS DO IV CONGRESSO INTERAMERICANO DE EDUCAÇÃO CATÓLICA, Rio de Janeiro, AEC do Brasil, pp. 50, 117 e 607.
(1991) AVANZINI, Guy. *L'école hier et à demain*, Toulouse, Erès, p. 66.
(1996) ____. "Unité et diversité de la pédagogie chrétienne." In: *Pédagogie chrétienne et pédagogues chrétiens. Actes du Colloque d'Angers de 28 au 30 septembre 1995*. Paris, Don Bosco, pp. 7-17.

(1989) DI GIORGI, Cristiano. *Escola Nova*, São Paulo, Ática, p. 64.
(1983) ESCALONA, Sara López. *Antropologia e educação*, São Paulo, Paulinas, p. 74.
(1991) FERRINI, Rita. *Hacia una educación personalizada*, México, Limusa, p. 45.
(1990) GHIRALDELLI JR., Paulo. *História da Educação*, São Paulo, Cortez, p. 126.
(1992) GUERELLO, F. & SCHIAVONE, P. *La Pedagogia della Compagnia di Gesù*, Atti del Convegno Internazionale, Messina, ESUR Ignatianum, pp. 177, 213, 331 e 501.
(1987) HOFFMANS-GOSSET, Agnès. *Apprendre l'autonomie. Apprendre la socialisation*, Lyon, Chronique Sociale, p. 70.
(1991) SAVIANI, Dermeval. *Pedagogia histórico-crítica: primeiras aproximações*, 3ª ed., São Paulo, Cortez & Ed. Autores Associados, p. 92.
(1955) SEMANA DE ESTUDOS. In: *Servir*, Rio de Janeiro, AEC do Brasil, 2 (VIII), p. 23.
(1955) SEMANA PEDAGÓGICA. In: *Servir*, Rio de Janeiro, AEC do Brasil, 3 (VIII), pp. 13-14.
(1972) ZULUAGA, Isabel. *Historia de la educación*, Madri, Narcea, 4ª ed., p. 447.

3. SOBRE A EDUCAÇÃO PERSONALIZADA EM GERAL

(1985) AGUILÓ, Alejandro et alii. *Aplicaciones de los principios de la educación personalizada en algunos colégios de Santiago*, Santiago, Universidad Católica, 150 pp.
(1981) AGUIRRE R., Victoria et alii. *El sistema Lesmes en educación personalizada y su aplicación en Chile*, Santiago, Universidad Católica, 123 pp.
(1977) CHICO GONZÁLEZ, Pedro. *Estilo personalizado en educación. Técnicas y princípios*, Madri, Bruño, 515 pp.
(1994) COLBERT, Vicky et alii. "La Escuela Nueva en Colombia." In: GAJARDO, Marcela (ed.). *Cooperación internacional y desarrollo de la educación*, Santiago, Agencia de Cooperación Internacional de Chile, pp. 347-383.
(s/d) CORCHADO MORENO, J. M. *Programación y educación personalizada*, Madri, Magistério Español.
(1959) DOTTRENS, Robert. *La enseñanza individualizada*, Buenos Aires, Kapelusz.
(1983) EQUIPO de perfeccionamiento docente (MEP). *Enseñanza personalizada*, 3ª ed., San José de Costa Rica, Ministério de Educación Pública, 126 pp.
(1972) ERCOLANI SALDANHA, Louremi. *Ensino personalizado. Modelo de organização do ensino com vistas à individualização*, Porto Alegre, Editora da Universidade Federal do Rio Grande do Sul; São Paulo, Rio de Janeiro, McGraw-Hill do Brasil, 131 pp.
(1973) ESTARELLLAS, Juan. *Enseñanza individualizada*, Barcelona, Ediciones Promoción Cultural.

(1978) FERRANDEZ, Adalberto. *La enseñanza personalizada*, Barcelona, CEAC, 267 pp.
(1991) GARCIA, José Maria Valero. *Educación personalizada. Utopia o realidad?*, Buenos Aires, Gram Editora, 263 pp.
(1993) GARCIA HOZ, Victor et alii. *Educación infantil personalizada*, Madri, Rialp (Col. Tratado de Educación Personalizada[3], 10), 464 pp.
(1996) ____ et alii. *Formación de profesores para la educación personalizada*, Madri, Rialp (Col. Tratado de Educación Personalizada, 32), 389 pp.
(1993) ____ et alii. *Introducción general a una pedagogia de la persona*, Madri, Rialp (Col. Tratado de Educación Personalizada, 1), 323 pp.
(1993) ____ et alii. *La educación en el nivel primario*, Madri, Rialp (Col. Tratado de Educación Personalizada, 11), 349 pp.
(1994) ____ et alii. *La educación personalizada en el mundo del trabajo*, Madri, Rialp (Col. Tratado de Educación Personalizada, 30), 304 pp.
(1996) ____ et alii. *La educación personalizada en la universidad*, Madri, Rialp (Col. Tratado de Educación Personalizada, 27), 480 pp.
(1995) ____ et alii. *La personalización educativa en la sociedad informatizada*, Madri, Rialp (Col. Tratado de Educación Personalizada, 31), 400 pp.
(1988) ____. *La practica de la educación personalizada*, Madri, Rialp (Col. Tratado de Educación Personalizada, 6), 314 pp.
(1997) *GLOSARIO de Educación personalizada. Índices*, Madri, Rialp (Col. Tratado de Educación Personalizada, 33), 350 pp.
(1978) LAGRANGE, Georges. *Educación psicomotriz. Guia práctica para niños de 4 a 14 años*, Barcelona, Fontanella.
(1974) MARTINEZ, Amparo. *Formación de actitudes y educación personalizada*, Madri, Narcea, 214 pp.
(1990) MEDINA Rubio, Rogelio et alii. *La educación personalizada en la familia*, Madri, Rialp (Col. Tratado de Educación Personalizada, 7), 374 pp.
(1979) MORENO, Salvador. *La educación centrada en la persona*, México, El Manual Moderno.
(1964) MORY, F. *Enseñanza individual y trabajo por equipo*, Buenos Aires, Kapelusz.
(1993) MOUGNIOTTE, Alain. *La pratique personnelle de l'enfant*, Lyon, Presses Universitaires de Lyon, 182 pp.
(1989) PALACIOS, Leopoldo-Eulogio et alii. *El concepto de persona*. Madri, Rialp (Col. Tratado de Educación Personalizada, 2), 293 pp.
(1991) POLAINO-LORENTE, A. et alii. *Educación especial personalizada*, Madri, Rialp (Col. Tratado de Educación Personalizada, 29), 432 pp.
(1976) ROSA, Dig. *Como usamos las fichas?*, Buenos Aires, Kapelusz.
(1992) SCHIEFELBEIN, Ernesto et alii. *En busca de la escuela del siglo XXI*, Santiago, Cooperación de Promoción Universitaria (CPU) e Oficina Re-

3. O Tratado de Educación Personalizada é dirigido pelo professor Victor Garcia Hoz, catedrático da Universidad Complutense de Madrid. Os 33 volumes publicados pela Editora Rialp, de Madri, com a colaboração de 216 especialistas, apresentam os fundamentos doutrinais, o sentido e a aplicação prática do enfoque de educação pedagógica trabalhado por esse grupo.

gional de Educación de la Unesco para América Latina y el Caribe (OREALC), 150 pp.

(1996) SECCHINI ESTRADA, J. A. et alii. *Personalización en la educación física*, Madri, Rialp (Col. Tratado de Educación Personalizada, 19), 410 pp.

(1970) THOMAS, Georgei & CRESCIMBENI, Joseph. *Enseñanza individualizada por materias*, Madri, Magisterio Español.

(1986) UNIGARRO GUTIERREZ, Manuel Antonio. *Personalismo y concientización dos movimientos complementarios*, Bogotá, Indo-American Press Service, 151 pp.

(1982) VALERO, José M. *Educación personalizada*, México, Progreso, 197 pp.

(1979) ZIER, Ursula. *Hacia una enseñanza centrada en el alumno*, Cali, Universidad del Valle.

O AUTOR

Luiz Fernando Klein, nascido em São Paulo (SP), ingressou na Ordem dos Jesuítas em 1963 e foi ordenado sacerdote em 1974. Cursou o Ensino Fundamental e o Ensino Médio nos Colégios Santo Américo e São Luís, respectivamente, em São Paulo. É licenciado em Filosofia pela Faculdade de Filosofia de Braga (Portugal) e em Pedagogia pela Faculdade Nossa Senhora Medianeira, de São Paulo (SP). É bacharel e mestre em Teologia pela Pontifícia Universidade Católica do Rio de Janeiro (RJ), tendo apresentado em 1979 a dissertação *Comunidades eclesiais de base no Brasil: descrição fenomenológica, avaliação teológica e perspectivas pastorais.*

Foi reitor do Colégio Santo Inácio, do Rio de Janeiro, de maio de 1985 a fevereiro de 1991, e do Colégio São Luís, em São Paulo, desta data até março de 1994. Integrou a Comissão Internacional para o Apostolado Educativo Jesuítico (CIAE), que elaborou o documento *Características da Educação da Companhia de Jesus.* Foi membro e coordenador da Comissão Nacional da Educação Jesuíta no Brasil (CONEJ). Atualmente é membro do Centro Pedagógico Pedro Arrupe, no Rio de Janeiro, que dirigiu no triênio 1989-1991 e no biênio 1994-1995.

Publicou *Atualidade da pedagogia jesuítica* (São Paulo, Loyola, 1997, 171 pp.), além de artigos e conferências.

DISTRIBUIDORES DE EDIÇÕES LOYOLA

Acre

M. M. PAIM REPRESENTAÇÃO E COMÉRCIO
Rua Rio Branco do Sul, 331
69908-340 **Rio Branco,** AC - ✆ (068) 224-3432

Amazonas

PAULINAS
Rua 24 de Maio, 233 - Centro
69010-080 **Manaus**, AM
✆ (092) 233-5130 /Fax: (092) 633-4017

Bahia

DISTR. BAIANA DE LIVROS COM. E REPR. LTDA
Rua Clóvis Spínola, 40 - Orixás Center - loja II
Pav. A - 40080-240 **Salvador,** BA
✆ /Fax: (071) 329-1089

LIVRARIA E DISTRIBUIDORA MALDONADO LTDA.
Rua Direita da Piedade, 203
Bairro Piedade - 40070-190 **Salvador,** BA
✆ (071) 321-4024

EDITORA VOZES LTDA
Rua Carlos Gomes, 698A - Conj. Bela Center - loja 2
40060-330 **Salvador,** BA
✆ (071) 322-8666/ Fax: (071) 322-8666

PAULINAS
Av. 7 de Setembro, 680 - São Pedro
40110-001 **Salvador,** BA
✆ (071) 243-2477/ 243-2805/ Fax: (071) 321-5133

Brasília

EDITORA VOZES LTDA.
CRL/Norte - Q. 704 - Bloco A n. 15
70730-731 **Brasília,** DF
✆ (061) 223-2436/ Fax: (061) 223-2282

LETRAS E LÁPIS
SCS Quadra 01 Bloco D loja 11 Ed. JK
70350-731 **Brasília**, DF
✆ : (061)223-2684 — Fax: (061) 323-5414

PAULINAS
Bl. C - Lojas 18/22 - SCS - Q. 05
70300-909 **Brasília**, DF
✆ (061) 225-9595/ 9664/ 9219 / Fax: (061) 225-9219

PAULINAS
Rua CNB, 13 - Lote 5 - Loja 1
72115-135 **Taguatinga**, DF - ✆ (061) 352-2625

Ceará

EDITORA VOZES LTDA.
Rua Major Facundo, 730 - 60025-100 **Fortaleza,** CE
✆ (085) 231-9321/ Fax: (085) 221-4238

PAULINAS
Rua Major Facundo, 332 - 60025-100 **Fortaleza,** CE
✆ (085) 226-7544/ 226-7398/ Fax: (085) 226-9930

Espírito Santo

"A EDIÇÃO" LIVRARIA E DISTRIBUIDORA
Av. Vitória, 787 - Forte São João
29010-580 **Vitória**, ES - ✆ (027) 223-5690/222-8628

PAULINAS
Rua Barão de Itapemirim, 216 - 29010-060 **Vitória,** ES
✆ (027) 223-1318/ Fax: (027) 222-3532

Goiás

EDITORA VOZES LTDA.
Rua 3 n. 291 - 74023-010 **Goiânia,** GO
✆ / Fax: (062) 225-3077

LETRAS E LÁPIS
Rua 03 n. 288 — Centro
✆ / Fax: (062) 224-0905 - 70306-900 **Goiânia**, GO

LIVRARIA EDIT. CULTURA GOIÂNA LTDA
Av. Araguaia, 300 - 74030-100 **Goiânia,** GO
✆ (062) 229-0555/ Fax: (062) 223-1652

Maranhão

PAULINAS
Rua de Santana, 499 - Centro - 65015-440 **São Luís,** MA
✆ (098) 221-5026/ Fax: (098) 232-2692

Mato Grosso

MARCHI LIVRARIA E DISTRIBUIDORA LTDA.
Av. Getúlio Vargas, 381 - Centro
78005-600 **Cuiabá,** MT
✆ (065) 322-6809 e 322-6967/ Fax: (065) 322-3350

Minas Gerais

EDITORA VOZES LTDA.
Rua Mármore, 326 - 31010-220 **Belo Horizonte**, MG
✆ (031) 461-1157

EDITORA VOZES LTDA.
Rua Espírito Santo, 963 - 36010-041 **Juiz de Fora,** MG
✆ / Fax: (032) 215-8061

ACAIACA DISTR. DE LIVROS LTDA.
Rua Itajubá, 2125 - 31035-540 **Belo Horizonte**, MG
✆ (031) 481-1910

ACAIACA DISTR. DE LIVROS LTDA.
Rua 129, nº 384 - Sta. Maria - 35180-000 **Timóteo**, MG
✆ / Fax: (031) 848-3225

ACAIACA DISTR. DE LIVROS LTDA.
Rua João Lustosa, 15/201 - Lourdes
36070-720 — **Juiz de Fora**, MG - ✆ / Fax: (032) 235-2780

PAULINAS
Av. Afonso Pena, 2.142 - 30130-007 **Belo Horizonte,** MG
✆ (031) 261-6623/ 261-7236 / Fax: (031) 261-3384

PAULINAS
Rua Curitiba, 870 - 30170-120 **Belo Horizonte,** MG
✆ (031) 224-2832/ Fax (031) 261-3384

PAULINAS
Rua Januária, 552 - 31110-060 **Belo Horizonte**, MG
✆ (031) 444-4400/ Fax: (031) 444-7894

Pará

PAULINAS
Rua Santo Antonio, 278 - Bairro do Comércio
66010-090 **Belém,** PA
✆ (091) 241-3607/ 241-4845/ Fax: (091) 224-3482

Paraná

EDITORA VOZES LTDA
Rua Dr. Faivre, 1271 - Centro - 80060-140 **Curitiba,** PR
✆ (041) 264-9112/ Fax: (041) 264-9695

EDITORA VOZES
Rua Voluntários da Pátria, 41 - centro
80020-000 **Curitiba**, PR - ✆ (041) 233-1570

EDITORA VOZES LTDA.
Rua Piauí, 72 - Loja 1 - 86010-390 **Londrina,** PR
✆ / Fax: (043) 337-3129

A LORENZET DISTRIB. E COM. DE LIVROS LTDA.
Av. São José, 587 loja 03 - 80050-350 **Curitiba,** PR
✆ (041) 262-8992

EXPRESSÃO CULTURAL LIVR. E PAPELARIA
Rua Alfredo Bufreu, 139 loja 05 - Centro
80020-000 **Curitiba**, PR - ✆ / Fax: (041) 224-2994

PAULINAS
Rua Voluntários da Pátria, 225 - 80020-000 **Curitiba,** PR
✆ (041) 224-8550/ Fax: (041) 226-1450

PAULINAS
Av. Getúlio Vargas, 276 - 87013-130 **Maringá,** PR
✆ (044) 226-3536/ Fax: (044) 226-4250

Pernambuco, Paraíba, Alagoas, R. G. do Norte e Sergipe

EDITORA VOZES LTDA.
Rua do Príncipe, 482 - Boa Vista - 50050-410 **Recife,** PE
✆ (081) 221-4100/ Fax: (081) 221-4180

PAULINAS
Rua Joaquim Távora Alegria, 71 - 57020-320 **Maceió,** AL
✆ (082) 326-2575/ Fax: (082) 326-6561

PAULINAS
Av. Norte, 3.892 - 52110-210 **Recife,** PE
✆ (081)441-6144/ FAX (081) 441-5340

PAULINAS
Rua Frei Caneca, 59 - Loja 1 - 50010-120 **Recife,** PE
✆ (081) 224-5812/ 224-5609/ Fax: (081) 224-9028

PAULINAS
Rua Felipe Camarão, 649 - 59025-200 **Natal,** RN
✆ (084) 212-2184/ Fax: (084) 212-1846

R. G. do Sul

EDITORA VOZES LTDA.
Rua Riachuelo, 1280 - 90010-273 **Porto Alegre**, RS
✆ (051) 226-3911/ Fax: (051) 226-3710

EDITORA VOZES LTDA.
Rua Joaquim Nabuco, 543
93310-002 **Novo Hamburgo**, RS - ✆ / Fax: (051) 593-8143

ECO LIVRARIA E DIST. DE LIVROS
Rua Cel. Ilário Pereira Fortes, 138/202 - Camaquã
91920-220 **Porto Alegre**, RS
✆ (051) 485-2417/ 241-2287

PAULINAS
Rua dos Andradas, 1.212 - 90020-008 **Porto Alegre,** RS
✆ (051) 221-0422/ Fax: (051) 224-4354

Rio de Janeiro

ZÉLIO BICALHO PORTUGAL CIA. LTDA
Av. Presidente Vargas, 502 - 17º andar
20071-000 **Rio de Janeiro**, RJ
✆ / Fax: (021) 233-4295/ 263-4280

EDITORA VOZES LTDA
Rua Senador Dantas, 118-I
20031-201 **Rio de Janeiro**, RJ - ✆ / Fax: (021) 220-6445

EDITORA VOZES LTDA
Rua Frei Luís, 100
Cx. Postal 90023 - 25685-020 **Petrópolis,** RJ
✆ (0242) 37-5112/ Fax: (0242) 31-4676

PAULINAS
Rua 7 de Setembro, 81-A - 20050-005 **Rio de Janeiro,** RJ
✆ (021) 224-3486/ Fax: (021) 224-1889

PAULINAS
Rua Doutor Borman, 33 - Rink - 24020-320 **Niterói,** RJ
✆ (021) 717-7231/ Fax: (021) 717-7353

Rondônia

PAULINAS
Rua Dom Pedro II, 864 - 78900-010 **Porto Velho,** RO
✆ (069) 223-2363/ Fax: (069) 224-1361

São Paulo

DISTRIBUIDORA LOYOLA DE LIVROS LTDA
Rua Senador Feijó, 120 - 01006-000 **São Paulo,** SP
✆ / Fax: (011) 232-0449/ 287-0688

DISTRIBUIDORA LOYOLA DE LIVROS LTDA.
Rua Barão de Itapetininga, 246
01042-000 **São Paulo**, SP - ✆ (011) 256-8073

DISTRIBUIDORA LOYOLA DE LIVROS LTDA.
Rua Quintino Bocaiúva, 234 - centro
01004-010 **São Paulo**, SP - ✆ (011) 232-1871

EDITORA VOZES LTDA.
Rua Senador Feijó, 168 - 01006-000 **São Paulo, SP**
✆ (011) 605-7144/ Fax: (011) 607-7948

EDITORA VOZES LTDA
Rua Haddock Lobo, 360 - 01414-000 **São Paulo,** SP
✆ (011) 256-0611/ 256-2831/ Fax: (011) 258-2841

EDITORA VOZES LTDA
Av. Rodriguez Alves, 10-37 - 17015-002 **Bauru,** SP
✆ / Fax: (0142) 34-2044

EDITORA VOZES LTDA.
Rua Barão de Jaguara, 1164/1166
13015-002 **Campinas, SP**
✆ (0192) 31-1323/ Fax: (0192) 34-9316

PAULINAS
Rua Domingos de Morais, 660 - 04010-100 **São Paulo,** SP
✆ (011) 549-9777 - R. 213/ 214/ Fax: (011) 549-9772

PAULINAS
Rua 15 de Novembro, 71 - 01013-001 **São Paulo,** SP
✆ (011) 606-4418/ 606-0602/ 606-3535/ Fax: (011) 606-3535

PAULINAS
Via Raposo Tavares, km 19,5 - 05577-200 **São Paulo,** SP
✆ (011) 810-1444/ Fax: (011) 810-0972

PAULINAS
Av. Marechal Tito, 981 - São Miguel Paulista
08020-090 **São Paulo,** SP - ✆ (011) 956-0162

Sergipe

LIVRARIA KYRIE
Av. Augusto Maynard, 543 49015-380 **Aracaju,** SE
✆ (079) 224-6279/ Fax: (079) 224-5837

Portugal

MULTINOVA UNIÃO LIV. CULTURAL
Av. Santa Joana Princesa, 12 E - 1700 **Lisboa,** Portugal
Fax: 848-3436/ 88-3365

LIVRARIA LER LTDA
Rua 4 de infantaria, 18-18A - 1350 **Lisboa**, Portugal
Tel.: 388-8371/ 60-6996/ Fax: 395-3471

Se o(a) senhor(a) não encontrar este ou qualquer um de nossos títulos em sua livraria preferida ou em nosso distribuidor, faça o pedido por reembolso postal diretamente a:

Edições Loyola

Rua 1822 nº 347 - Ipiranga - 04216-000 São Paulo, SP
C.P. 42.335 - 04299-970 São Paulo, SP / ✆ (011) 6914-1922/ Fax: (011) 6163-4275
Home page: www.loyola.com.br
e-mail: loyola@ibm.net

Se você gostou desta publicação e gostaria de conhecer outras obras desta editora, preencha a ficha de cadastramento, nos envie e receba em casa informações atualizadas de nossas publicações.

FICHA DE CADASTRAMENTO

NOME: ______________________________

ENDEREÇO: ______________________________

______________ CEP: ______________ FONE: ______________

CIDADE: ______________________________ ESTADO: ________

PROFISSÃO: ______________________________

FORMAÇÃO: ( ) 1º Grau ( ) 2º Grau ( ) Superior

FAIXA ETÁRIA: ( ) De 0 a 14 ( ) De 15 a 30
( ) De 31 a 60 ( ) Mais de 60

RENDA FAMILIAR: ( ) Mais de 30 salários
( ) De 20 a 30 salários
( ) de 10 a 20 salários
( ) de 3 a 10 salários
( ) Menos de 3 salários

ÁREAS DE INTERESSE

☐ 000 Política/Sociologia
☐ 300 Ciências Sociais
☐ 160 Parapsicologia
☐ 100 Filosofia
☐ 380 Livros Didáticos
☐ 650 Comunicação
☐ 500 Educação
☐ 850 Literatura Inf.-Juvenil
☐ 700 Arte
☐ 150 Psicologia
☐ 001 Toda linha Loyola
☐ 320 Economia
☐ 200 Teologia/pastoral
☐ 400 Espiritualidade
☐ 800 Literatura
☐ 653 Relações Públicas
☐ 610 Saúde
☐ 900 História/Geografia

ENVIAR ESTA FICHA PARA EDIÇÕES LOYOLA

Rua 1822 nº 347 – Ipiranga – 04216-000 São Paulo, SP • C.P. 42.335 - 04299-970 São Paulo, SP

Edições
Loyola
RUA 1822, 347
IPIRANGA
SÃO PAULO SP
IMPRESSÃO